江苏高校现代服务业协同创新中心研究报告

江苏文化产业发展研究报告

(2014)

张为付　主 编

南京大学出版社

图书在版编目(CIP)数据

江苏文化产业发展研究报告. 2014 / 张为付主编.
—南京：南京大学出版社，2016.11
ISBN 978-7-305-17761-3

Ⅰ.①江… Ⅱ.①张… Ⅲ.①文化产业—产业发展—研究报告—江苏—2014 Ⅳ.①G127.53

中国版本图书馆 CIP 数据核字(2016)第 258396 号

出版发行 南京大学出版社
社　　址 南京市汉口路 22 号　　　邮　编 210093
出 版 人 金鑫荣

书　　名 江苏文化产业发展研究报告(2014)
主　　编 张为付
责任编辑 王日俊

照　　排 南京紫藤制版印务中心
印　　刷 江苏凤凰数码印务有限公司
开　　本 787×1092 1/16 印张 13.5 字数 340 千
版　　次 2016 年 11 月第 1 版 2016 年 11 月第 1 次印刷
ISBN 978-7-305-17761-3
定　　价 78.00 元

网址:http://www.njupco.com
官方微博:http://weibo.com/njupco
官方微信号:njupress
销售咨询热线:(025)83594756

指导委员会

主　　任　陈章龙　宋学锋

委　　员　章寿荣　徐　莹　赵芝明　鞠兴荣

　　　　　王开田　潘　镇　谢科进　邢孝兵

　　　　　党建兵　张为付　宣　烨

主　　编　张为付

副 主 编　张　敏

编写人员　王洪平　吴淑娟　顾　薇

本书为江苏高校优势学科建设工程资助项目(PAPD)、江苏高校人文社会科学校外研究基地“江苏现代服务业研究院”、江苏高校现代服务业协同创新中心的阶段性研究成果。

书　　名　江苏文化产业发展研究报告(2014)
主　　编　张为付
出 版 社　南京大学出版社

目　录
Contents

综　合　篇

区　域　篇

行　业　篇

园 区 篇

企 业 篇

政 策 篇

数 据 篇

综合篇

第一章　中国文化产业发展概述

一、文化产业的概念

文化产业随着中国经济快速发展而不断成长起来，并且随着人们日益增长的精神文化需要而不断发展。作为一个附加值高、拥有广阔市场的朝阳产业，文化产业的发展日新月异。在现今经济一体化背景之下，文化资源、文化产品、文化消费以及文化市场也日趋国际化，文化产业日益成为一个国家软实力的体现，也是省域竞争力的重要方面。

根据中共中央宣传部、国家统计局 2012 年发布的《文化及相关产业分类(2012)》规定：文化及相关产业是指为社会公众提供文化产品和文化相关产品的生产活动的集合。根据以上定义，我国文化及相关产业的范围包括以文化为核心内容，为直接满足人们的精神需要而进行的创作、制造、传播、展示等文化产品(包括货物和服务)的生产活动、为实现文化产品生产所必需的辅助生产活动、作为文化产品实物载体或制作(使用、传播、展示)工具的文化用品的生产活动(包括制造和销售)和为实现文化产品生产所需专用设备的生产活动(包括制造和销售)。本研究主要讨论核心文化产品的发展状况，包括：新闻出版业，广播、电视、电影和音像服务业。

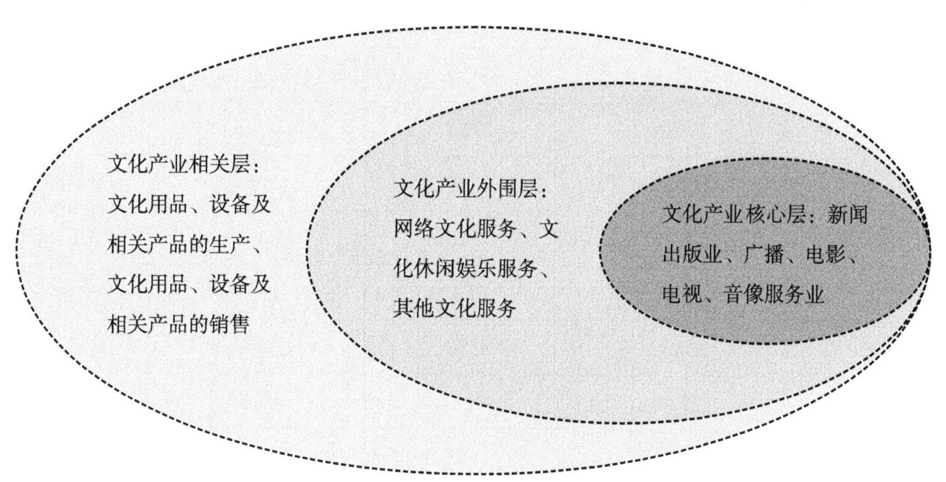

图 1　文化产业三个层次示意图

文化产业发展范畴在不断扩大和延伸，其发挥的作用涵盖到社会多个领域，已成为社会发展和大众生活必不可少的物质要素和精神要素，所形成的优秀文化不断引领着社会文明的发展方向，进一步推进国家文化产业整体实力的上升。

二、中国文化产业发展基本情况

中国文化产业近年来获得了快速发展，内容和范围在不断丰富和扩大。目前，中国文化产业的发展呈现以下特点：(1) 文化产业结构渐趋合理，产业总量不断增加；(2) 文化产业发展环境不断优化；(3) 数字化文化产业快速发展，成为经济领域新的增长点；(4) 文化产业转型初见成效，国际化合作不断加快。

据统计，2011 年中国文化产业法人单位增加值达 13479 亿元，占 GDP 比重达 2.85%；文化产业法人单位增加值占 GDP 比重从 2004 年的 1.94%增至 2011 年的 2.85%，年平均增长 23.35%。2011 年，我国新闻出版业实现营业收入已经达到 14569 亿元，增加值达 4022 亿元，图书出版品种和日报总发行量已居世界第一位，电子出版物总量居世界第二位。2012 年，中国文化产业总产值突破 4 万亿元，占 GDP 比重达 8.5%，总额和比重都得到进一步提升。2012 年 1 月至 10 月底，国产故事片已经生产了 638 部，电影的票房收入达到了 132.72 亿元，已经超过了上一年全年的票房收入。票房收入相比增长了 40%。但是，国产影片的市场份额只有 48.5%，同期明显下降；2013 年中国文化产业增加值达到约 2.1 万亿元人民币，占 GDP 比重的 3.77%，对社会经济的拉动作用进一步加强。

文化及相关产业(简称文化产业)法人单位是推动文化产业发展的基础。根据第三次全国经济普查的结果，2013 年，我国共有文化产业法人单位 91.8 万家，各省份具体分布情况如下表。

表 1　我国文化及相关产业法人单位分布(2013 年)

地　区	法人单位数	文化制造业	文化批零业	文化服务业
全　国	918482	162478	139885	616119
北　京	97752	2418	16200	79134
天　津	19912	3134	4164	12614
河　北	28826	5286	5238	18302
山　西	14227	1075	1843	11309
内蒙古	9396	572	1391	7433
辽　宁	26565	3226	3677	19662
吉　林	7920	916	861	6143
黑龙江	9673	1029	952	7692
上　海	38551	4232	7823	26496
江　苏	94856	22880	15712	56264
浙　江	85683	30320	13292	42071
安　徽	35100	4846	4512	25742

续 表

地 区	法人单位数	文化制造业	文化批零业	文化服务业
福 建	34194	8283	4979	20932
江 西	15969	4116	1050	10803
山 东	59169	12924	13188	33057
河 南	35082	5249	4735	25098
湖 北	33683	2856	5473	25354
湖 南	35978	6180	3422	26376
广 东	104311	29538	15903	58870
广 西	17464	1787	2224	13453
海 南	3566	227	463	2876
重 庆	21110	2014	2999	16097
四 川	26339	2633	1713	21993
贵 州	9941	1910	1121	6910
云 南	14200	986	1830	11384
西 藏	846	104	130	612
陕 西	17118	1571	2214	13333
甘 肃	8859	1033	1236	6590
青 海	2162	241	263	1658
宁 夏	2756	241	416	2099
新 疆	7274	651	861	5762

从上表可看出，文化产业法人单位主要分布在经济相对发达的东部地区。东部地区共有文化产业法人单位 56.7 万家，占全部文化产业法人单位的 61.7%；中部地区、西部地区和东北地区分别为 17.0 万家、13.7 万家和 4.4 万家，分别占 18.5%、15.0%和 4.8%。文化产业法人单位数位居前六位的地区分别是广东(10.4 万家)、北京(9.8 万家)、江苏(9.5 万家)、浙江(8.6 万家)、山东(5.9 万家)、上海(3.9 万家)，全部为东部地区省(市)，6 个地区的单位总量占全国文化产业法人单位总数的 52.3%。

文化创意和设计服务企业(简称文创企业)是文化产业的重要组成部分，涉及广告服务、文化软件服务、建筑设计服务和专业设计服务等行业。据第三次全国经济普查结果，2013 年末我国共有文创企业 24.1 万家，占全部文化产业法人单位的 26.2%；文创企业年末从业人员 284.3 万人，全年实现主营业务收入 11889.6 亿元，分别占全部文化产业法人单位的 16.2%和 14.4%。

表 2　2013 年文化创意和设计服务企业经营情况

	法人单位数	年末从业人员	企业平均年末从业人员	主营业务收入	企业平均主营业务收入
	(个)	(人)	(人)	(亿元)	(万元)
合　　计	241006	2842551	11.8	11889.6	493.3
按企业规模分					
规上企业	7827	941538	120.3	7160.4	9148.3
规下企业	233179	1901013	8.2	4729.2	202.8
按行业类别分					
广告服务	144906	1120949	7.7	5344.0	368.8
文化软件服务	21971	575824	26.2	2275.3	1035.6
建筑设计服务	35156	730474	20.8	2876.9	818.3
专业设计服务	38973	415304	10.7	1393.4	357.5
按企业类型分					
内资企业	237922	2629398	11.1	10082.7	423.8
私营企业	170352	1541057	9.0	4974.9	292.0
港澳台商投资企业	1309	74745	57.1	817.8	6247.5
外商投资企业	1775	138408	78.0	989.1	5572.4
按地区分					
东部地区	159536	1969455	12.3	9435.2	591.4
中部地区	37557	417969	11.1	1256.6	334.6
西部地区	32479	326591	10.1	901.0	277.4
东北地区	11434	128536	11.2	296.8	259.6

如表 2 所示,我国文创企业的发展有以下特征:(1) 从企业规模看,骨干企业数量少,但实力较为雄厚(规模以上企业法人单位有 7827 家,少于规下企业,但是其主营业务收入达 7160.4 亿元,高于规下企业);(2) 从行业来看,广告服务企业最多,文化软件服务企业创收能力最强(广告服务企业共有 144906 家,文化软件服务业主营业务平均收入达 1035.6 万元);(3) 从企业类型看,内资企业是主体,但经营能力低于港澳台资和外资企业(内资企业有 237922 家,远远多于港澳台资和外资企业;但是,港澳台商投资企业的主营业务平均收入高达 6247.5 万元,是内资企业的 14.74 倍);(4) 从地区分布看,企业分布集中,东部地区发展占据明显优势(东部地区企业数为 159536,主营业务收入为 9435.2 亿元,是中、西部地区企业主营业务收入之和的 4.73 倍)。

进入 2014 年以来,我国文化产业板块令人瞩目。2014 年底,由中国人民大学和文化部文化产业司共同主办了第六届“文化中国:中国文化产业指数发布会”,会议发布了“中国省市文化产业发展指数(2014)”和“中国文化消费指数(2014)”。

2014 年中国省市文化产业发展指数包括综合指数、生产力指数、影响力指数和驱动力指数 4 个方面。总体来看,与 2013 年相比,我国区域文化产业综合发展格局基本未变,各省综合指数排名有小幅度变动，河北、湖南、江西挤进全国前十名；生产力指数全国排名变化较小，东部地区凭借丰富的文化资源、资本以及人才投入，在前十中占据八个席位；影响力指数排名有一定浮动，前十名的省市中，除了湖南、江西、安徽，其他均来自东部沿海发达地区。值得注意的是，驱动力指数排名前十位的省市中，有近一半出自中西部地区，并且，青海、宁夏、西藏三省区进入驱动力指数前五名。

表 3　中国省市文化产业发展指数(2014)得分及排名情况

排名	综合指数	生产力指数	影响力指数	驱动力指数
1	北京　82.1	广东　83.9	上海　84.7	北京　83.5
2	江苏　81.1	江苏　80.8	江苏　84.6	辽宁　81.5
3	浙江　79.7	山东　80.8	北京　83.6	青海　80.3
4	广东　79.6	北京　79.1	浙江　83.6	宁夏　80.1
5	上海　78.8	浙江　78.3	广东　79.7	西藏　78.9
6	山东　77.7	四川　76.8	湖南　79.0	江苏　78.0
7	辽宁　77.2	上海　76.1	山东　78.1	浙江　77.1
8	河北　75.2	河北　75.7	江西　77.6	山西　76.5
9	湖南　75.1	河南　74.9	辽宁　76.5	河北　76.5
10	江西　74.2	辽宁　73.8	安徽　76.3	上海　75.4

而根据 2014 年中国文化消费指数的分析，我国文化消费整体情况优于 2013 年。其中，文化消费环境、文化消费意愿和文化消费水平提升较大，但文化消费满意度不升反降，说明居民对文化产品的质量要求更高。具体如图 2 所示，文化消费意愿指数绝对值变动最大，从 2013 年至 2014 年上升 11.2%，说明我国居民对文化消费的意愿更加强烈，文化及相关产品的消费群体逐渐扩大。文化消费环境指数上升最快，涨幅达 16.1%，说明我国文化消费市场在相关政策的指导下愈加规范，文化市场管理工作取得较大成效。文化消费满意度的下降，

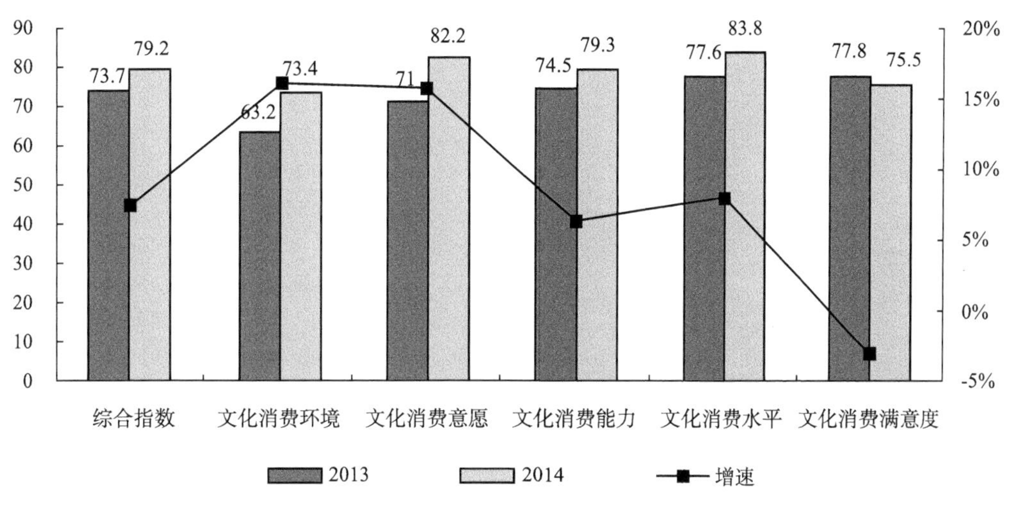

图 2　2014 年中国文化消费指数总体变动

说明文化及相关产品未能满足人们对品种、质量等方面的要求,这在一定程度上对文化创作人员和文化产品提供者提出了新的要求。

全国文化消费指数分地区来看,东部地区文化消费整体优于中西部地区。其中文化消费水平、文化消费能力、文化消费意愿优势明显,但文化消费满意度和文化消费环境方面不存在此优势。文化消费综合指数显示东部地区的北京、天津和上海名列前茅,宁夏回族自治区作为西部地区的省份在文化消费环境和文化消费满意度方面位居首位。具体如下表所示。

表 4 中国文化消费指数(2014)得分及排名情况

排名	综合指数	文化消费环境	文化消费意愿	文化消费能力	文化消费水平	文化消费满意度
1	北京 85.6	宁夏 83.5	北京 91.9	北京 94.8	天津 93.5	宁夏 84.5
2	天津 85.1	海南 83.2	天津 89.5	浙江 92.7	北京 92.1	海南 83.6
3	上海 84.7	甘肃 82	江苏 87.9	上海 92.7	江苏 90.5	吉林 83.4
4	福建 82.9	吉林 81.8	陕西 87.1	广东 89.0	广东 89.3	上海 83.1
5	广东 82.5	贵州 81.5	山东 86.0	福建 87.3	福建 86.5	甘肃 82.4
6	江苏 82.4	黑龙江 81.1	安徽 85.9	江苏 86.5	安徽 85.9	贵州 81.7
7	浙江 81.6	内蒙古 81.1	广东 85.7	天津 86.0	陕西 85.7	浙江 81.3
8	山东 79.8	青海 80.5	辽宁 84.6	山东 85.5	山西 85.4	黑龙江 81.0
9	安徽 79.6	上海 80.5	福建 84.4	江西 78.9	山东 85.2	内蒙古 80.5
10	江西 79.5	云南 77.2	河北 83.5	重庆 78.5	河南 84.9	青海 79.7

如图 3 所示,2014 年全国城镇居民文化消费综合指数为 80.1,高于农村居民文化消费综合指数。但同时应该看到农村居民文化消费指数为 82.6,高于城镇居民文化消费意愿指数的 82,意愿比较强烈,文化消费市场成长空间相对较大。这对江苏这类城镇、农村发展水平都比较高的地区意味着文化产业发展的良好基础和巨大潜力。随着工业化水平在江苏城乡地区日益成熟,无论文化消费意愿、消费水平都有巨大增长潜力,随着文化消费环境、消费能力以及随之而来的文化产品服务水平的提高,江苏文化产业发展在全国的排名仍有继续提升的空间,对优化区域产业结构、增强第三产业实力、挖掘经济新增长点都有重要意义。

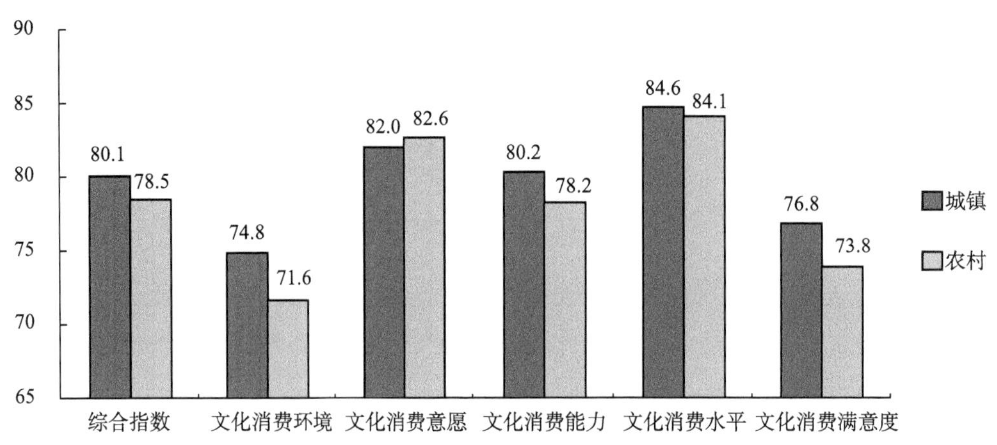

图 3 2014 年城乡文化消费指数

第二章　2013年江苏省文化产业发展概况

党的十六大以来，江苏省积极推进文化体制改革，在产业结构优化调整过程中，把文化产业作为区域经济新增长点和支柱产业来培育，并以多种方式进行文化改革探索，创新体制机制，力争使文化产业持续保持较快的增长势头，文化产业总量规模不断扩大，发展逐步进入快速运行轨道。近年来，江苏文化产业在全国进位争先成效显著。据第一次经济普查统计资料测算，2004年江苏省文化产业实现增加值258.6亿元，至2009年全省文化产业实现增加值突破1000亿元。自2007年开始，江苏文化产业增加值已连续五年保持在20%以上的增速。2004年，江苏文化产业法人单位实现增加值居全国第6位；发展至2008年，江苏文化产业法人单位实现增加值达795.3亿元，跃居全国第3位；2010年，江苏文化产业法人单位实现增加值已达1186.9亿元，在全国各省市中仅低于广东，升至第2位；2011年全省文化产业法人单位完成增加值1535.8亿元，按不变价计算，比上年增长21.1%，比全省生产总值的增长速度(11%)高10.1个百分点；比第三产业增加值的增长速度(11.1%)高10个百分点；2012年，全省文化产业法人单位实现增加值2096.6亿元，比上年增长22.5%，比全省生产总值的增速高12.4个百分点，比第三产业增加值增速高12.8个百分点，表明文化产业继续在经济结构的优化和调整中发挥着重要作用。

一、文化产业规模化、集约化、专业化水平不断提高

近年来，江苏文化体制改革继续保持强力推进态势，文化产业规模化、集约化、专业化水平不断提高，文化产业与关联产业实现了多业联动和融合式发展，既增加了相关产业文化含量，又延伸了文化产业链，提高了附加值，在发掘文化资源，建设特色文化城市和特色文化街区，加强文化遗产保护利用等方面均取得重大进展，文化产业发展总体呈现出崭新的面貌和良好态势。目前，增势强劲的文化产业已成为江苏省经济增长的新亮点，对全省国民经济发展的支撑作用亦显著增强。2011年，江苏全部文化产业(含个体经营户)增加值占地区生产总值的比重为3.69%；法人单位文化产业实现增加值占GDP的比重为3.16%，比2010年(2.87%)提升0.29个百分点；比2004年(1.72%)提升1.44个百分点。文化产业在国民经济中的地位日益提高，市场竞争力显著增强。

从2009～2013年江苏文化产业发展的统计数据来看，江苏省文化产业发展的增速明显快于国内生产总值的发展，占国内生产总值的比重也呈逐年上升的趋势，文化产业对全省经济增长的贡献率逐年提升。根据国家统计局和江苏省统计局资料显示，2012年，江苏省文化产业(含个体经营户)增加值为2330亿元，占地区生产总值比重的4.3%，比上年(3.69%)提升0.61个百分点，比2010年(3.34%)提升0.96个百分点。另据统计：2012年，江苏省文化产业增加值增量占地区生产总值增量的比重为10.9%，比2011年的5.3%提升5.6个百

分点,表明文化产业增加值在地区生产总值中的比重稳步提高,对国民经济的贡献率持续攀升,文化产业已成为全省经济转型升级、实现跨越式发展的重要引擎。2013 年江苏省全部文化产业增加值 2700.8 亿元,对 GDP 的贡献度为 4.6%,比上年提高 0.26 个百分点。文化产业法人单位数 9.4 万家,比上年增长 16.1%;文化产业法人单位增加值为 2500.7 亿元,比 2012 年增长 19.8%。

表 1 2007—2013 年江苏省文化产业发展规模及增加值占 GDP 的比重 (单位:亿元)

年份	江苏省国内生产总值	同比增长	文化产业增加值	同比增长	占 GDP 比重
2009	34457.30	10.09%	1065	25.35%	3.09%
2010	41425.48	16.82%	1385.5	23.13%	3.34%
2011	49110.27	15.60%	1631	15.05%	3.32%
2012	54058.22	9.15%	2330	30%	4.31%
2013	59161.75	9.6%	2700	13.70%	4.60%

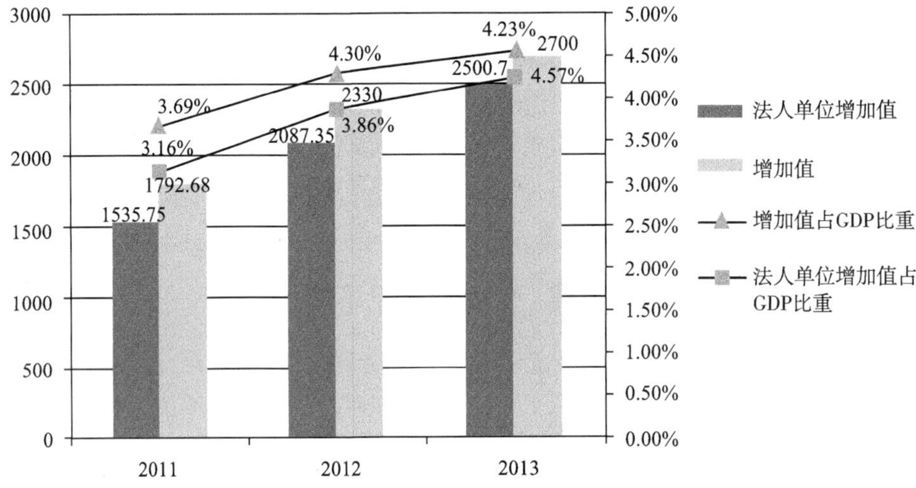

图 1 近 3 年江苏省文化产业增加值、增速及占 GDP 比重情况

二、传统文化产业改造和提升成就显著

江苏省一直是传统文化产业的强省,近年来传统文化产业总产值不断增加,各行业规模也不断扩大。2013 年,江苏省继续充分利用传统文化产业的优势资源和产业基础,改造和提升传统文化产业,成绩斐然。2013 年,全省广播电视总收入 259.74 亿元,与上年同口径比较增长 6.95%,全省新闻出版业营业收入 1616.53 亿元,同比增长 12.9%;全省有线电视用户数为 2249.44 万户,位居全国第一;广播覆盖率 99.99%、电视综合覆盖率 99.88%、有线电视入户率 93.1%、城市电影票房 20.21 亿元。

表 2　2013 年江苏省传统文化产业发展情况

行业	单位数	从业人员（人）	营业收入（亿元）	利润总额（亿元）	增加值（亿元）
影视制作行业	152	11516	62.3	9.2	32.9
演艺	136	9127	41.0	6.5	16.2
娱乐	399	39523	157.3	22.9	76.7
新闻	2	428	1.2	0.2	0.4
出版发行	165	21902	181.6	22.0	49.1
印刷	642	104814	657.9	49.2	168.2
广告	409	17457	153.8	25.2	45.3
会展	64	5071	35.3	3.8	11.2
总计	1969	209838	1290.4	139.0	400.1

数据来源：江苏省统计局社会和科技统计处。

从表 2 所示的各传统文化行业具体发展情况来看，印刷行业的发展状况较其他行业更为成熟，规模较大，其单位数最多，有 642 家；相应的，吸纳的从业人员最多，有 104814 人；营业收入和利润总额最大，分别为 657.9 亿元、49.2 亿元。其次单位数较多的是广告业，有 409 家，但其吸纳的从业人员仅为 17457 人，低于娱乐业和出版发行业。单位数最少的是新闻业，仅有 2 家。2013 年，全省规模以上文化制造企业、限额以上文化批零企业、重点以上文化服务企业（以下简称三上文化企业）法人单位中，共有传统文化产业 1969 家，占三上文化企业法人单位的 33.4%；同时，吸纳就业人数 20.98 万人，占三上文化企业法人单位从业人数的 20.8%；营业收入总额为 1290.4 亿元，利润总额 139.0 亿元，实现增加值 400.1 亿元，占三上文化企业法人单位实现增加值总量的 21.7%。传统文化产业的各项指标都在三上文化企业法人单位中占有较大比例，人均创造增加值 19.1 万元，也高于全社会人均创造增加值水平。与 2012 年相比，三上文化企业法人单位中传统文化产业数量由 1264 家上升至 1969 家，增幅达 55.8%；而增加值由 329.4 亿元增长到 400.1 亿元，增幅为 21.5%，增加值的增长速度和企业数量的增长速度均稳步提升。

三、新兴文化产业发展迅速

在传统文化产业发展提升的同时，江苏省新兴文化产业的发展也较为迅速。以数字技术、互联网技术、信息通信技术为主要特征的现代科技，与文化产业相融合，不断产生新的文化产业的形态和种类。据统计，江苏新兴文化产业在文化产业中的比重持续扩大，并逐渐成为引领文化产业发展的潮流。

表 3 2013 年江苏省新兴文化产业发展情况

行业类型	单位数	从业人员(人)	营业收入(亿元)	利润总额(亿元)	增加值(亿元)
电子出版物出版	5	553	2.1	0.4	0.7
互联网信息服务	101	19315	69.0	7.5	23.5
其他出版业	2	27	0.2	0.0	0.1
其他电信服务	20	3357	8.7	1.5	3.9
软件开发	344	65893	279.7	22.3	95.6
数字内容服务	20	2543	5.4	1.0	3.1
工程勘察设计	451	60377	248.3	35.3	104.1
专业化设计服务	120	9894	72.0	6.7	24.3
总计	1063	161959	685.4	74.7	255.1

数据来源:江苏省统计局社会和科技统计处。

从表 3 所示的 2013 年江苏省新兴文化产业各行业的具体发展情况来看,工程勘察设计和软件开发行业较其他行业规模较大,发展较快。工程勘察设计行业单位数最多,共有 451 家,其利润总额也是最大,为 35.3 亿元;软件开发行业吸纳的从业人员数最多,共有 65893 人。从事电子出版物出版行业的单位数较少,仅有 5 家,从业人员 553 人,但是其创造的人均营业收入达 37.97 万元。据不完全统计,2013 年全省三上文化企业法人单位中,共有新兴文化产业企业 1063 家,占文化服务业企业总数的 45.1%;同时,吸纳就业人数 161959 人,占文化服务业企业从业总人数的 56.1%;营业收入总额达 685.4 亿元,利润总额 74.7 亿元,实现增加值 255.1 亿元,占文化服务业企业实现增加值总量的 46.7%。新兴文化产业各项指标在文化服务业中占有很大的比例,同时新兴文化产业人均创造增加值 15.8 万元,高于全社会从业人员人均创造增加值水平。与 2012 年相比,三上文化企业法人单位中新兴文化产业数量由 742 家上升至 1063 家,增幅达 43.3%;而增加值由 183.8 亿元增长到 255.1 亿元,增幅为 38.8%,增加值的增长速度与企业数量的增长速度皆保持高速增长。

文化产业发展壮大的同时也带动了江苏居民的文化消费,城镇居民的人均文化娱乐消费从 2007 年的 972.8 元增加到 2012 年的 1966.12 元。其中 2012 年文化娱乐服务费用为 1295.52 元,文化娱乐用品消费为 670.60 元。

四、公共文化服务水平不断提高

2013 年末全省共有文化馆、群众艺术馆 118 个,公共图书馆 113 个,博物馆 282 个,美术馆 17 个,综合档案馆 172 个,向社会开放档案 392 万卷(件、册)。共有广播电台 14 座,中短波广播发射台和转播台 21 座,电视台 14 座,广播综合人口覆盖率和电视综合人口覆盖率分别达 99.99%和 99.88%。有线电视用户 2244.6 万户,比上年增长 3.1%。生产故事影剧片 21 部。全年报纸出版 28.6 亿份,杂志出版 1.2 亿册,图书出版 5.3 亿册。

根据江苏省统计年鉴数据,江苏省文化艺术事业机构、单位个数从 2009 年到 2013 年基本保持不断增加,江苏省文化艺术事业机构数、单位个数分别从 2009 年的 17444 个和

110177 人增加到 2013 年的 18979 个和 158483 人，其中，2012 年从事文化艺术事业的员工增幅最快，达 18.46%。(见图 2)

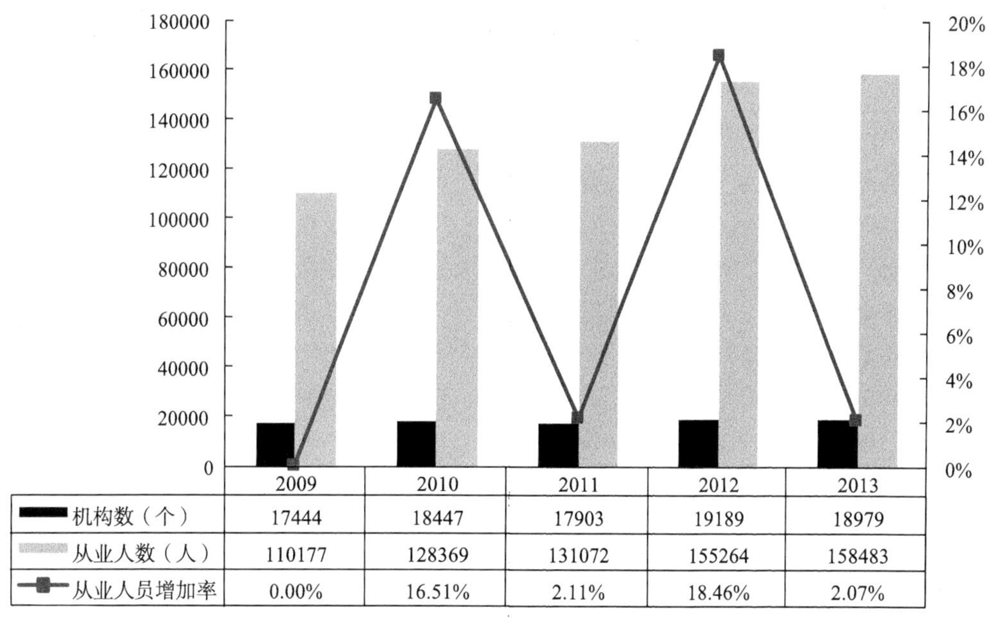

图 2　2009—2013 年江苏省文化艺术事业人员情况

江苏省在自然地理结构上形成了“苏南”“苏中”“苏北”三个区块，江苏省经济发展状况由南至北呈梯状分布，而文化产业的发展情况也有相似的区位特点。

表 4　2013 年江苏省三上文化企业法人单位地区情况

地区	单位数	从业人员(人)	营业收入(亿元)	利润总额(亿元)
苏南	3496	687654	6030.3	503.7
南京	929	142834	1719.8	219.3
苏州	969	249251	2071.7	118.0
无锡	558	119046	1016.7	63.6
常州	783	137080	868.2	76.0
镇江	257	39443	353.8	26.8
苏中	1063	158606	1182.0	78.1
扬州	207	47425	367.3	22.4
南通	684	90712	640.5	44.3
泰州	172	20469	174.2	11.4
苏北	1334	162024	1177.9	93.6
徐州	275	25331	192.7	21.2
连云港	210	20849	179.3	13.2

续 表

地区	单位数	从业人员(人)	营业收入(亿元)	利润总额(亿元)
宿迁	283	37228	214.6	21.1
淮安	256	32961	268.1	15.0
盐城	310	45655	323.2	23.0

数据来源:江苏省统计局社会和科技统计处。

从企业单位数量,从业人员数,营业收入,利润总额各方面看(见表4),苏南地区都占有明显优势,苏中苏北地区相当。2013年,全省三上文化企业法人单位中,苏南地区企业数量有较大优势,共有3496家,占总量的59.3%;苏中地区企业数量为1063家,占总量的18%;苏北地区企业数量为1334家,占总量的22.7%。具体来说,在苏南地区,苏州和南京文化产业法人单位数量相对较多,分别为969家和929家,占总量的16.4%和15.8%;在苏中地区,南通的文化产业法人单位数量明显高于其他两市,数量达到684家,占总量的11.6%;在苏北地区,各地市企业数量相当,发展相对均衡。

纵观近年来江苏省文化产业发展态势,由于受到重大文化产业政策相继出台,公共文化服务体系不断完善,文化产业体制改革渐入佳境,文化产业融资渠道多元创新等诸多因素的影响,江苏省文化体制改革持续保持强力推进态势,文化产业规模化、集约化、专业化水平不断提高,发展速度持续提升。文化产业实现了与关联产业的多业联动和融合式发展,文化产业结构日趋合理。文化产业创造效益的能力显著提升,既增加了相关产业文化含量,又延伸了文化产业链,提高了附加值。文化产品和服务出口取得较大进展,原创力有所提升,核心文化内容产品和服务出口实现新突破。在发掘文化资源,建设特色文化城市和特色文化街区,加强文化遗产保护利用等方面均取得重大进展。文化产业发展总体呈现出崭新的面貌和良好态势。

第三章　江苏省文化产业结构特点

按照国家统计局颁布的《文化及相关产业分类 2012》标准(下文统称为分类标准),文化产业被划分为十大类别,细分行业跨越第二、第三产业的 123 个行业。据初步分析,江苏三上文化企业行业业态分布特征如下:

一、所有制结构

1. 内资企业、民营企业单位数量居主体地位

2013 年,全省三上文化企业法人单位中,内资企业 5067 家,占总量的 85.5%;港澳台商投资企业 325 家,占总量的 5.5%;外商投资企业 534 家,占总量的 9.0%。在内资企业中,国有企业 278 家,占总量的 4.7%;民营等其他经济形式企业 5648 家,占总量的 95.3%。从企业数量上来看,三上民营企业、港澳台商投资企业、外商投资企业,成为江苏文化产业发展的主要力量。

2. 民营企业、外资企业吸纳就业能力领先

2013 年,全省三上文化企业法人单位中,内资企业期末从业人数 615481 人,占总量的 61.0%;港澳台商投资企业从业人数 165661 人,占总量的 16.4%;外商投资企业从业人数 227142 人,占总量的 22.5%。具体来看,国有企业吸纳从业人数 51993 人,占总量的 5.2%;民营等其他经济形式企业从业人员 956291 人,占总量的 94.8%,民营企业和外资企业吸纳大量社会从业人员。

表 1　2013 年江苏省三上法人单位分所有制情况

注册类型	单位数	从业人员(人)	营业收入(亿元)	利润总额(亿元)	增加值(亿元)
内资	5067	615481	4449.3	377.4	1085.8
国有	278	51993	424.6	54.9	137.4
民营	4789	563488	4024.6	322.7	948.6
港澳台商投资	325	165661	1243.7	60.0	227.5
外商投资	534	227142	2697.3	238.0	486.9
合计	5926	1008284	8390.3	675.4	1800.2

二、行业结构

截至 2013 年底,全省文化及相关行业机构共计 18979 个,比上年减少 191 个。从业人员 158483 人,比上年增加 4085 人,具有高级职称(含副高)的人员占从业人员的比重为

2.2%。其中文化部门直属各类机构2401个,从业人员42584人。文化产品的生产和文化相关产品的生产单位数量逐步上升。2013年,全省三上文化企业法人单位中,属于文化产品的生产企业共有3243家,占总量的54.9%,比上年增加865家,增幅为36.4%;属于文化相关产品的生产企业共有2650家,占总量的45.1%,比上年增加632家,增幅为31.1%,三上文化产品的生产企业增幅高于文化相关产品的生产企业。具体来看,在文化产品的生产企业中,文化创意与设计服务法人单位数量最多,达到1338家,占总量的22.7%;在文化相关产品的生产企业中,文化用品的生产企业数量最多,数量为1609家,占总量的27.3%。

表2 2013年江苏省三上法人单位分行业情况

行业类型	单位数	从业人员(人)	营业收入(亿元)	利润总额(亿元)	增加值(亿元)
文化产品的生产	3243	415852	2417.3	269.5	748.5
一、新闻出版发行服务	175	22910	185.1	22.6	50.3
二、广播电视电影服务	152	11516	62.3	9.2	32.9
三、文化艺术服务	136	9127	41.0	6.5	16.2
四、文化信息传输服务	185	49254	217.1	50.6	119.9
五、文化创意和设计服务	1338	156164	759.2	90.5	272.4
六、文化休闲娱乐服务	386	39523	157.3	22.9	76.7
七、工艺美术品的生产	871	127358	995.3	67.2	180.1
文化相关产品的生产	2650	592432	5973	405.9	1051.7
八、文化产品生产的辅助生产	776	114132	748.4	56.4	187.7
九、文化用品的生产	1609	406560	4496.0	306.3	754.1
十、文化专用设备的生产	265	71740	728.6	43.2	109.9

三、地区结构

江苏在自然地理上形成了“苏南”“苏中”“苏北”三个区块,江苏省经济发展状况由南至北呈梯状分布,而文化产业的发展情况也有相似的区位特点。

表3 2013年江苏省三上文化企业法人单位分地区情况

地区	单位数	从业人员(人)	营业收入(亿元)	利润总额(亿元)
苏南	3496	687654	6030.3	503.7
南京	929	142834	1719.8	219.3
苏州	969	249251	2071.7	118.0
无锡	558	119046	1016.7	63.6
常州	783	137080	868.2	76.0
镇江	257	39443	353.8	26.8

续 表

地区	单位数	从业人员(人)	营业收入(亿元)	利润总额(亿元)
苏中	1063	158606	1182.0	78.1
扬州	207	47425	367.3	22.4
南通	684	90712	640.5	44.3
泰州	172	20469	174.2	11.4
苏北	1334	162024	1177.9	93.6
徐州	275	25331	192.7	21.2
连云港	210	20849	179.3	13.2
宿迁	283	37228	214.6	21.1
淮安	256	32961	268.1	15.0
盐城	310	45655	323.2	23.0

从单位总量看,苏南地区单位数量优势明显。2013 年,全省三上文化企业法人单位中,苏南地区企业数量有较大优势,共有 3496 家,占总量的 59.3%;苏中苏北地区企业数量相当,苏中地区企业数量为 1063 家,占总量的 18%;苏北地区企业数量为 1334 家,占总量的 22.7%。具体来说,在苏南地区,苏州和南京文化产业法人单位数量相对较多,分别为 969 家和 929 家,占总量的 16.4%和 15.8%;在苏中地区,南通的文化产业法人单位数量明显高于其他两市,数量达到 684 家,占总量的 11.6%;在苏北地区,各地市企业数量相当,发展相对均衡。

在各种所有制中,国有文化企业创造效益且充满活力。2013 年,全省三上文化企业法人单位中,内资企业营业收入总额 4449.3 亿元,利润总额 377.4 亿元,实现增加值 1085.8 亿元,占增加值总量的 60.3%;港澳台商投资企业营业收入总额 1243.7 亿元,利润总额 60.0 亿元,实现增加值 227.5 亿元,占增加值总量的 12.6%;外商投资企业营业收入总额 2697.3 亿元,利润总额 238.0 亿元,实现增加值 486.9 亿元,占增加值总量的 27.0%。其中:国有企业单位平均创造利润 0.1975 亿元,远高于其他类型 0.0877 亿元;国有企业单位创造增加值 0.494 亿元,也远高于其他类型企业 0.2 亿元。由此可以看出,国有企业在承担社会责任为重点的同时,不断增强企业活力,提高企业效率,成为文化产业的中坚力量。民营企业继续发挥活力,共实现增加值 948.6 亿元,占总量的 52.7%;而港澳台商投资和外商投资企业实现增加值 714.4 亿元,以不到 15%的企业数量实现了近 40%的增加值。

在主要行业中,文化产品的生产、文化相关产品的生产双翼齐飞。2013 年,全省三上文化企业法人单位中,文化产品的生产企业营业收入总额达 2417.3 亿元,利润总额 269.5 亿元,实现增加值 748.5 亿元,占增加值总量的 41.6%;文化相关产品的生产企业营业收入总额达 5973 亿元,利润总额 405.9 亿元,实现增加值 1051.7 亿元,占增加值总量的 58.4%。在文化产品的生产中,文化创意设计服务企业的各项经济指标均排在第一位,营业收入达 759.2 亿元,利润总额 90.5 亿元,实现增加值 272.4 亿元,占增加值总量的 15.1%;在文化相关产品的生产行业,文化用品的生产企业各项经济指标均排在第一,其中营业收入总额达

4496.0 亿元,利润总额 306.3 亿元,实现增加值 759.1 亿元,占增加值总量的 42.2%。

近年来,江苏文化企业着力提升创意创新能力,版权贸易等核心文化内容出口取得较大进展,核心文化内容产品和服务出口实现新突破。除此之外,文化企业纷纷通过海外并购、设立海外分公司、建设海外文化中心等方式,加强海外平台建设。据省文化厅不完全统计,2013 年文化系统已转制院团赴境外商演 169 场次,观众总人次 31.75 万,演出收入 59.5 万美元。其他文化产品与服务出口总额为人民币 19.56 亿元、美元 15.48 亿元,总计约美元 19 亿。据商务部相关统计资料显示,2013—2014 年度江苏共有国家文化出口重点企业 28 家,重点项目 6 个,涵盖图书出版、动漫制作、印刷复印、工艺美术、加工制造、演艺娱乐等多个行业,版权贸易等取得较大进展。

第四章　江苏省文化产业发展存在的问题

一、存在的问题

江苏文化产业近年来呈现出健康良好的快速发展新局面，但总体来看，文化产业的发展还是落后于经济社会发展，尤其是与其他发达省份（城市）相比还存有不少差距。具体表现在：

1. 文化产业占全省经济的比重较低

2012年江苏省文化产业增加值占国内生产总值的4.31%，比2011年增加0.63个百分点，而广东省在2004年文化产业总产值占GDP的百分比就已经达到6.6%。

2. 文化产业内部结构不尽合理

2008年江苏文化产业核心层、外围层、相关层三者的增加值之比分别为24.06∶21.49∶54.45，2009年为21.56∶24.98∶53.46，2010年为21.54∶27.95∶50.52。统计数据表明，江苏文化产业核心层在全部增加值中所占比重较低，约为20%；外围层呈上升趋势；相关层2008年为54.45%，2009年为53.46%，2010年为50.52%，略有下降。这说明，在江苏文化产业增加值中，多半是文化产品制造业及其销售的相关层所贡献的，而新闻服务、出版发行和版权服务、广播、电视、电影服务、文化艺术服务这些高度依赖科技的核心层所占的比重还不高，因而在人力和财力等生产要素的配置上江苏省还有待调整。

3. 文化产业主体实力不强

文化企业单体规模较小，市场竞争能力较弱。目前，全省文化企业中，除凤凰出版传媒集团、江苏省广播电视集团、新华报业集团、省文化产业集团、省演艺集团等少数企业规模和水平较高外，很少有在国内有较大影响的大型文化企业集团。随着科学技术在文化产业中的应用，尤其是由于信息技术的发展，动漫、手机报、手机电视、移动电视、网络电视、数码媒体等新兴文化业态在江苏快速崛起，但这些新兴产业多数还处在幼稚产业阶段，产出不大。虽然江苏省经过多年的发展逐步形成了出版发行、广播电视、工艺美术、文化旅游、软件设计等优势文化产业，但统计数据显示，在江苏文化企业中，规模上亿元的企业还比较少，大多数文化企业规模小、盈利水平低、与科技结合少、品牌意识不强，缺少知名的大型文化企业，龙头带动作用不强。

4. 文化产业缺乏创新意识和创新型人才

文化企业大多是内容创意产业，只有具有原创性的产品才能最终赢得消费者，而在现有的文化企业中，具有研发、创意能力的企业仍比较少，企业的产品科技含量也不高。文化产业能够健康快速发展的前提是拥有一支高素质、复合型的人才队伍，尤其是具有创意与技术背景、实现创意内容产业化的高层次的人才。而江苏文化产业人才数量较少、专业化程度不高,文化人才的开拓能力、创新精神和创新能力都还不够强。江苏的一些高校开设艺术管理专业的时间还不长,人才培养才刚刚起步,需要引进人才以填补信息时代文化产业高技术化的人才短缺。为了满足江苏文化人才的需求,南京大学、南京师范大学、南京艺术学院等都开办了与动漫相关的专业或课程,江苏各高校在动漫专业人才培养方面的教育优势初步形成,但文化产业人才的培养还处于弱势。江苏文化产业发展所需要的既懂文化生产,又懂电脑制作技术、动漫艺术并具备艺术素养功底的复合型人才还很缺乏。

5. 产学研结合不够

经过多年的发展,江苏已经建立了 4 万多家文化企业,形成了 300 多家文化产业基地、园区和主题公园,在促进江苏文化产业发展方面都发挥了积极的作用。江苏是科教资源大省,拥有的普通高校和研究机构在全国名列前茅。江苏科研院所的文化科技成果虽然层出不穷,但很多文化企业缺乏将产业发展与科技进步相结合的能力,而且不知如何运用现代高科技改造和创新传统文化产业。因此,长期以来,现有的资源优势并未真正转化为产业优势,数字、网络等现代信息技术在文化产品创作、生产上并没有得到充分利用,不能开发基于自有品牌和自有文化内核的文化创意产品,因而一些文化企业的经营对象依旧停留在传统服务业,经营能耗少、附加值高、科技含量高的文化产品的企业还比较少。科学技术在文化产业发展中没有起到真正的引领和支撑作用,将在一定程度上抑制和影响文化产业的可持续发展。

二、制约江苏省文化产业进一步发展的因素剖析

1. 文化产业发展格局尚需优化

首先,江苏省文化市场体系(包括文化商品市场、文化产业要素市场、文化融资市场等)均有待进一步构建和完善,文化企业需要从转型经济中寻找突破路径。二是江苏文化产业传统门类比较强,而新兴业态相对较弱,特别是缺乏国内一流的有实力、有影响的文化科技企业,也没有产生知名的大型网络企业。三是从文化产业的经济类型和行业角度观察,江苏省民营文化企业占绝大多数,处于产业链的低端,且发展滞后。四是尚未形成有特色、差异化发展的区域文化产业发展格局,表现为区域发展不平衡及存在着明显的区域文化产业结构趋同现象。

2. 文化产业集聚化规模化专业化效应不够明显

据 2013 年统计数据,在三上文化企业法人单位中,产值亿级企业的数量为 1342 家,占总数的 22.7%;百亿级企业仅有 5 家。从行业集中度视角分析:江苏省三上文化产业法人单位总营业收入达 8390.3 亿元,其中排名前 4 企业的营业收入合计 1051.9 亿元,占总营业收入的 12.5%;营业收入排名前 8 的企业营业收入合计 1445.7 亿元,占总营业收入的 17.2%,由此可见,江苏省文化产业以中小型企业为主,"小"、"散"、"弱"现象较为普遍,产业集中度不高,产业集聚化规模化专业化效应不够明显。

3. 文化产业扭亏增盈任务仍有挑战

根据三上文化企业法人单位数据显示,亏损企业共有 786 家,平均亏损 497.4 万元;实现盈利的企业数量为 5140 家,平均盈利 1390.2 万元,虽整体呈现为盈利状况,但亏损情况不容忽视(见表 1)。

表 1 2013 年江苏省三上文化企业法人单位总体盈亏情况

盈亏情况	企业数量(家)	占比	利润总额(亿元)
亏损	786	13.3%	−39.10
盈利	5140	86.7%	714.55

2013 年,从三上文化企业法人单位的利润实现情况来看,文化服务业实现利润总额193.4 亿元,上缴税金总额 68.9 亿元,占上缴税金总量的 20.7%;文化产(用)品制造业企业实现利润总额 436.0 亿元,上缴税金总额 235.0 亿元,占上缴税金总量的 70.5%;文化产(用)品批零业实现利润总额 46.0 亿元,上缴税金 29.3 亿元,占上缴税金总额的 8.8%;而实现利润总额排名前三的行业分别为文化产品的生产、文化创意和设计服务、工艺美术品的生产;亏损面较大的行业主要分布于广播电视电影服务、文化信息传输服务、文化休闲娱乐服务等。

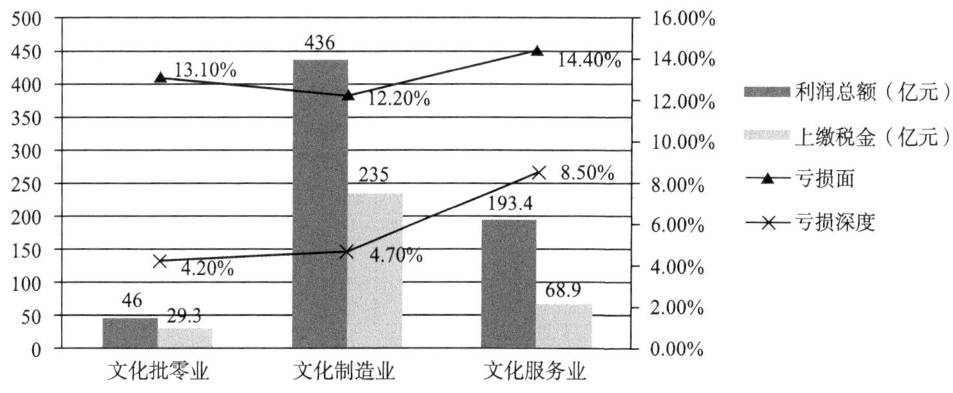

图 1 2013 年江苏省三上文化企业法人单位三大行业盈亏情况

再从 2013 年三上文化企业法人单位的利润情况看,文化产业利润总额前五的地区有南京、苏州、常州、无锡、南通,而亏损面较大的五个城市则分别为苏州、无锡、南京、泰州、常州,亏损深度排名前五的地区为苏州、南通、泰州、连云港、无锡。可以看出,亏损面和亏损深度较靠前的地区多为文化产业发展较快的地区。究其原因,既有这些地区的不少企业处于投入期,且投资额较大,而利润回报周期较长,还未能实现实质性的回报所致;也有文化产品原创力不强,缺乏知名品牌,文化企业体制、机制创新不快,缺乏有效地开拓市场的手段和方法等因素影响。

4. 文化贸易“走出去”存在障碍,整体实力尚需加强

文化产业在跨入国际市场的过程中,急需相关部门的统筹、协调和指导。从江苏来看,文化“走出去”涉及宣传、外事、商务和海关等 18 个部门,目前,文化走出去整体还缺少统筹协调机制,依然存在主体多、资源分散、力量不集中等问题。首先,政府部门对文化产业“走出去”的支持力度尚显不足,没有建立起完善的对外文化贸易的政策扶持体系,在资金补助、税收减免、出口奖励等方面力度有待加强。如果缺乏协调,则导致文化产业内部各行业、各文化企业单打独斗,无法形成整体合力。其次,江苏文化企业整体实力不够强大,尚缺乏开拓国际文化市场的意识和经验,获知市场信息的能力不足,对国外市场和受众的调研明显不

够。江苏文化产业出口主要集中在文化产品制造方面,诸如文化用品和设备制造、设计产品、加工印刷等低端产品,缺乏核心的版权产品和富含科技创意含量的内容产品输出,出口规模较小,文化产品国际化水平偏低。

5. 江苏文化资源挖掘不足,新兴文化产业亟须提升

江苏文化产业内部各层级发展不均衡,产品结构和档次不尽合理,文化资源挖掘不够。在江苏省文化产业发展中,工艺美术品的生产、文化产品生产的辅助生产和文化用品的生产始终占据文化产业增加值比重的大头,而新闻出版发行服务、广播电视电影服务、文化艺术服务、文化休闲娱乐服务、文化专用设备的生产等占文化产业增加值的比重总体水平仍然较低。而知识密集型、人才密集型、技术创新型等产业价值链高端环节密切相关的、具有高附加值的行业,如文化信息传输服务、文化创意设计服务的产业规模不及文化用品生产等行业,发展还很不成熟,另外由于行业边界越来越模糊,文化产业内部行业壁垒逐步被打破,文化要素与其他生产、运营方式更加紧密地交融,在其产业融合发展上还需释放活力。

第五章　加快发展江苏文化产业的对策措施

我们要以更开阔的思路和更加有力的措施，加快推动建设文化强省的步伐，将文化资源优势转变为产业优势和竞争优势，努力把文化产业培育成为江苏的支柱产业和新经济增长点。因而，针对江苏省文化产业发展存在的上述问题，现提出以下几点对策建议：

一、将文化产业发展纳入经济社会发展的总体规划

规划与发展文化产业，必须要与经济社会发展全局紧密相连，才能获得跨越发展的重大平台和载体，并拥有政策支持的优良环境，从而吸纳各种资源的深度投入。要把加快发展文化产业作为一项重要战略任务，把文化产业纳入经济社会发展的总体布局之中，形成文化产业与其他产业相互推动、共同发展的格局。要制定和完善文化产业发展的投融资政策，推行重点项目论证制，推动文化与科技的融合，拓展文化产业发展空间。江苏文化产业发展应当以提高经济增长的质量和效益为中心，深化改革创新为根本动力，产业优化升级为主攻方向，强化资源整合为主要途径，繁荣文化市场为重要支撑，文化创意和设计服务与相关产业多向交互融合发展为新趋向，并进一步加快构建结构合理、科技含量高、竞争力强的现代文化产业体系，从而更加有力地促进江苏经济社会发展和文化强省建设，使文化产业尽快成为国民经济的支柱产业。目前，江苏省文化产业发展地区差异明显，因而需要根据区域资源禀赋及发展进程的不同科学布局，形成苏南、苏中、苏北区域间的错位竞争和优势互补。如苏南地区加快发展动漫游戏、创意设计、网络文化、数字文化服务等行业、培育科技型文化产业集群，苏中、苏北地区则重点发展演艺、文化旅游、艺术品、工艺美术、节庆会展等文化产业。

二、培育文化消费观念

加大文化教育的投入，扩大文化消费市场，调整文化产品结构，形成文化培训、文化娱乐、文化休闲、文化旅游、文化交流、文化展演等市场，使文化市场能够满足不同层次的消费者的需求。加强培育和发展各类文化市场，加快发展艺术品展示、收藏、拍卖等文化商品交易市场。积极发展动漫、音像、广告、展览、咨询、版权等文化产品服务市场和文化要素市场，根据不同行业特点，重点扶持一批具有本地特色的文化产业核心骨干群体，进行市场推广，打造系列精品品牌，为形成产业连锁、联盟规模化经营夯实基础。从经济影响力、文化影响力及文化产业与相关产业融合发展趋势的角度考量，江苏文化产业应将跨地区、跨行业、跨所有制文化企业集团的打造作为发展的重要目标，并引导文化产业向集聚化、规模化、专业化方向发展。第一，整合现有文化产业园区或文化产业集聚区，重点挖掘园区或集聚区的产业集聚效应。第二，扶持建设一批集技术研发、产业孵化、产品交易、人才培训于一体的重点文化创意产业园区和专业化生产基地，鼓励、支持各地根据自身优势建设各具特色的文化产

业带和集聚区,形成具有强大带动效应的区域文化产业孵化器和发展极。第三,重点培育或引进骨干文化企业,使各个文化产业园区或集聚区的企业能够互相利用所产生正向外部效应,形成产业链效应。

三、加大对特色文化产业项目的扶持力度

文化产业不仅能创造经济价值,还能创造社会价值和文化价值,因此,要加大对特色文化产业项目的支持力度,引导文化产业走“专、精、特、新”的发展道路,尤其要大力推动文化创意产业、文博企业、民间工艺企业和文化产品交易市场的快速成长,促进文化产业转型升级。发展文化产业要立足文化消费市场和有效满足群众文化消费需求紧密相连,以满足不断提升的人民群众的精神文化生活需求。要按照市场需求确定文化产业发展的重点方向,避免重复建设和恶性竞争,以便形成各地的产业特色和发展空间,提升文化产业的市场竞争力。江苏省文化产业法人单位增加值尽管仍然保持高速发展态势,但增速明显放缓,虽部分原因是受宏观经济周期波动等诸多因素的影响,但据中国社会科学院专家分析,导致增速下滑的更深层次原因是产业政策效应已接近尾声。为了保持文化产业持久的盈利能力,还需要制度创新。以制度创新推动发展,形成一个新的“制度红利期”,成为文化产业发展以及从根本上提升文化产业盈利能力的关键。同时,江苏文化产业企业效益的实现也取决于人力资本,而产业特性决定了企业家在文化产业发展中的重要作用,因此江苏文化产业的发展需要重视人才队伍建设和团队建设,特别是一大批优秀企业家群体家的培养和造就,各类高层次团队以及既懂文化又懂经营管理的复合型高层次人才的建设。

四、优化民营文化企业发展环境

制定出台文化产业发展保障政策,加大对重点项目、重点企业的扶持奖励力度。降低投资门槛,畅通投资渠道,支持和引导民间资本以股份制、合资合作方式及个体私营等多种形式参与兴办文化产业,参与国有文化企业的改组、改制。对引进社会资本发展文化产业新增的税收,可集中滚动用于文化产业发展。要通过技术开发与共享、金融服务、信息服务、中小企业创业孵化等公共服务平台的搭建,为民营文化产业发展营造良好的平台环境。要加快培育一批重点民营文化企业,努力打造成为文化骨干企业和知名品牌企业。

繁荣发展文化产业离不开完善的文化市场体系,市场发展的程度决定着产业发展的水平,因此江苏可以以实施居民收入倍增计划为契机,着力开拓大众性文化消费市场,提供大众参与性体验性的文化产品供给,开发中高端消费市场,培育特色文化消费,引导企业投资兴建更多适合普通群众的文化消费场所,鼓励推动电影院线和演出院线向县乡延伸、演艺团体到基层演出、新闻出版单位推出适应农民群众购买能力的图书报刊、网络文化运营商开发更多低收费业务;可以举办各种艺术节,组织演出季活动,还可以采取积极措施降低影院、剧院票价等,有针对性地培育文化消费市场,让高雅艺术和高品质的文化消费内容以较低的价格或群众能够承担的价格走入寻常生活。

五、加强对外文化交流,推进对外文化贸易

拓展文化产业国际合作,扩大对外文化交流,拓展江苏各地交流合作领域,鼓励人民团

体、民间组织、民营企业和个人从事对外文化交流，在境外组织综合性的文化产品和服务出口展览会和项目招商洽谈活动，支持文化企业开阔视野，树立全球化的市场理念，以提高江苏文化产业的竞争力和国际化水平。江苏文化“走出去”必须用全球的视野进行整体的布局，以世界市场作为文化产品策划的基本出发点和立足点，积极发展外向型文化企业。可以赋予有条件的文化企业外贸自营权，引导和支持江苏文化企业参与国际文化市场竞争，深化对港澳台文化交流。鼓励和扶持更多的江苏文化特色产品打入国际市场，扩大江苏民间艺术、工艺美术等传统文化产品在海外的知名度和市场占有份额。以江苏文化产品“走出去 ”带动文化企业 “走出去”，推动江苏文化产业走向国际市场，增强文化产业的国际影响力，积极服务国家文化外交大局。此外，扶持具有较强创新能力、拥有自主知识产权的大型文化企业做强做大对外文化贸易品牌，重点支持具有江苏特色的动画片、民族音乐舞蹈等文化产品和服务及动漫游戏等新兴文化产品进入国际市场，形成一批具有国际竞争优势的品牌文化企业和品牌文化产品，提升对外文化交流层次。

六、挖掘文化资源，将文化资源转变为文化资本

江苏是人文荟萃之地，江苏地方戏曲、曲艺历史悠久、剧种品种繁多，当下需要在保存、借鉴、重构中寻求发展与繁荣。江苏是名士迭出之乡，文学资本深厚，应该加以利用，打造相应的文化品牌，同时也为江苏民族文化的延续和传承作出历史性贡献。江苏是工艺大省，传统工艺和民间文化精彩纷呈。拯救保护民间文化，采用商业化手段的保护挖掘是当务之急。此外，江苏拥有国家历史名城 10 个，总数居全国第一。江苏需在充分保护现有文化遗产基础上，大力挖掘特色文化遗产，针对江苏文化产业资源特点，打造独特的吴文化、楚汉文化、淮扬文化和金陵文化品牌，进而实现特色文化与动漫游戏、创意设计等新兴文化，以及电影电视、文化旅游等传统文化产业互促共进融合发展。

区 域 篇

第一章　苏州文化产业发展研究

苏州作为一座具有2500余年历史的文化古城，其深刻的文化底蕴不言而喻。今天，这座古城依托文化实现产业的跨越式发展，正在改革浪潮中不断奔涌向前，成为城市经济发展的新加速器。区位交通优势和良好的人文精神是其传统文化产业形成的基础。以此为基础，近年来，苏州市出台了一系列促进文化产业发展的扶持政策，资金的支持便是其中一项。自2009年《关于推动苏州文化产业跨越发展的意见》出台后，每年从市级财政预算中安排3000万元，建立市级文化产业专项引导资金。2012年，苏州市财政将引导资金数额更提升至4000万元，并将逐年递增1000万元。苏州地区按照中央文化体制改革的精神和苏州市委、市政府加快发展产业的要求，以发展为主题，以改革为动力，以创新为重点，苏州文化产业的发展取得了明显成效和长足进步，并形成了文化经济的诸多亮点。通过了解苏州文化产业发展现状，明晰其中的问题和不足，并据此寻求可能的对策，可以进一步提升苏州文化产业发展水平和层次。

一、苏州文化产业发展概况

2013年，苏州市文化产业实现营业收入约3000亿元，文化产业增加值约720亿元，在全市GDP中所占比重约5.5%，在第三产业增加值中所占比重为9.6%。基本形成了以文化艺术、印刷出版、影视传媒为代表的核心文化产业群，以文化旅游、演艺娱乐、会展广告为代表的外围文化产业群，以文化用品、文化设备的生产制造和销售为代表的相关文化产业群。

1. 从苏州文化产业发展的速度来看，近年来有加快发展的趋势

例如，苏州文化产业增加值年均增长25%。2012年全市文化产业营业收入2600亿元，在全市GDP中占比达5.6%，规模总量进入全国城市前10位。2007年苏州文化产业的营业收入约为400亿元左右，而到了2011年，苏州市文化产业更是实现了营业收入2093.9亿元的好成绩，文化产业增加值占全市GDP的比重也因此超过了5%；2012年，苏州市文化产业营业收入2600亿元，文化产业增加值在全市GDP中占比超过5%，占全省文化产业增加值的近三分之一。2013年，苏州文化产业的营业收入已经突破了3000亿元，增速20%，文化产业增加值占地区生产总值比重达到6%。从2007年到2013年的六年间，苏州文产业营业收入增长了7.3倍，年均增长率高达145%，远远超出了GDP的增长速度。由此也可以看出文化产业作为苏州地区国民经济的组成部分，有着加速发展的趋势，并在拉动经济增长中发挥着越来越重要的作用，已然成为苏州经济转型升级的“新引擎”。再比如，从文化产业基地来看，在苏州全市，目前共有7个国家级、5个省级文化产业示范基地。文化产业示范基地（园区）在全市文化产业发展中发挥着积极的示范带动与引导作用，也正是以文化产业基地的快速发展为依托，从而实现了前文所述的苏州文化产业以营业收入额为表现形式的规模快速扩张。再以文化产业中的新闻出版、广播电视产业发展为例,2009 年年末数字电视用户 215 万户,总数以及跃居全省各市之首;2010 年年末全市数字电视用户达到 220 万户,比上年增加 6 万户;2011 年全市有线数字电视高清、双向升级更是进行了有序实施。与新兴文化产业一样,苏州传统文化产业也在积极寻找实现产业优化和突破的路径,推动文化产业与科技融合发展、实现数字化转型便是其中之一。2012 年全市新增影院 4 家、银幕 30 块,实现票房收入逾 3 亿元。传统印刷向数字印刷、绿色印刷转型,初步形成了一批数字出版和印刷复制企业群、现代设计和数字传媒企业集群,新闻出版行业总量达 490 亿元,在全国同类城市中继续保持前列。

2. 从苏州文化产业发展的方式来看,规模化和集约化发展近年来成为突出特征

近几年,苏州文化产业发展通过规模化、集约化,在国家、省等文化部门的支持、扶持下,逐步形成了国家级的"苏绣文化产业群"、"苏州国家动画产业基地"、"胥口书画全国文化(美术)产业示范基地"以及省级和市级的多个文化产业基地。就国家级文化产业基地发展状况来看,目前,苏绣产业群拥有 8000 个绣娘,300 余家绣庄,全国 270 多个刺绣工艺店,年销售 4.98 亿元,有着 2000 年历史的苏绣在苏州高新区镇湖镇形成了文化产业集群。作为文化产业的苏绣产业群以低消耗、少污染、高效益越来越受到青睐,可以说,苏州镇湖的苏绣产业群,创造了一个将文化资源变成文化产业的成功范例。作为国家级文化产业基地的苏州东渚百匠街工艺美术产业基地,工艺从业人员达到 13000 多人,特别是玉雕、刺绣、缂丝等传统"百匠",已形成了较大的产业基础和规模效应。百种工艺产品不仅畅销国内,而且远销日本、韩国、东南亚和欧美等国家与地区。现代动漫产业作为信息技术与艺术结合的产物,被称为 21 世纪最有希望的朝阳产业,也被称为世界经济中"无烟的重工业"。苏州的"动画产业基地"明确定位于大力发展软件产业,历经几年的开发建设,有针对性地形成了六大服务体系和建成了集成电路设计、软件开发测试和知识产权保护三大公共服务平台。目前基地已形成了良好的投资环境、浓郁的文化氛围、繁荣的市场经济、充足的人力资源、超前的网络平台、优质的动漫企业和专业的融资服务相结合的优势。2012 年,苏州国际科技园数码娱乐产业发展令人瞩目,园内苏州国家动画产业基地全年原创动画产量达 16945 分钟,增长 56%,产量排名江苏省第一,约占我国国家级动画产业基地总产量的 13.7%,位居全国第二。动漫游戏全年产值达 5.17 亿元,同比增长 40%。作为省级文化产业示范基地的苏州沧浪文化产业街区而言,2012 年,文化产业增加值占全区 GDP 的比重达到了 8%,成为沧浪区经济发展的重要增长点和支柱产业之一。发展创意设计业、文化旅游业、工艺美术业、教育培训业、新闻传媒业、数字内容业、演艺娱乐业、文化中介业这八类具有一定发展基础和较大发展潜力的文化产业,是苏州沧浪文化产业街区重点打造和发展的文化产业。

3. 从苏州文化产业发展的内部结构来看,产业结构进一步优化

近年来,依托文化产业基地的建设,苏州文化产业不仅实现了规模的快速扩张,同时在文化产业的产业结构上,也得到了进一步优化。内部结构得以升级优化,创新设计业、数字内容和动漫业、印刷复制业、文化旅游业、演艺娱乐业等新型文化产业发展迅速;现代传媒广场、中国工艺文化城、阳澄湖国家数字出版园区等一批重大载体项目建设进展顺利,已经形成了以 7 大国家级文产业示范基地领衔的产业群。显然,苏州文化产业内部结构的不断优化,对于文化产业的转型升级,建立特色鲜明、产业集聚、品牌突出、相互带动、链条延伸、拉

动明显的文化产业结构,进一步实现文化产业的规模化和集聚化,都有着极为关键的意义。

二、苏州文化产业发展的不足

在看到苏州文化产业迅猛发展的同时,更应该认识到其发展过程中所面临的一些问题和不足,由此才能做到"对症下药",为进一步推动苏州文化产业发展贡献具有针对性的对策建议。概括起来,目前苏州文化产业发展存在以下几个方面的不足和问题。

1. 文化产业总量比重偏低,对经济增长的贡献还不算大

通常而言,某一行业或者产业是否能够成为一国或地区的主导产业(支柱产业),主要看其在经济总量即GDP中所占的比重,当某一产业(行业)所创造的GDP占该国(地区)的总量GDP比重超过10%时,即可认为是主导产业或者说支柱产业。目前,苏州文化产业呈现良好的发展势头,行业的营业收入规模也在不断扩大,占GDP的比重呈现明显上升趋势,但犹如前文分析中指出,2012年其营业总收入达到了2600亿元,但所创造的附加值占全市GDP的比重还不足10%,换言之,苏州文化产业发展对全市GDP的贡献还不够大,苏州文化产业要成为支柱产业还有一段距离。

2. 文化产业结构不平衡

2012年国家统计局《文化及相关产业分类2012》将文化及相关产业的统计范围细分为:新闻出版发行服务、广播电视电影服务、文化艺术服务、文化信息传输服务、文化创意和设计服务、文化休闲娱乐服务、工艺美术品的生产、文化产品生产的辅助生产、文化用品的生产、文化专用设备的生产十个大类。其中前七类是文化产业的主导部分,在产业分类中称之为"文化产品的生产",在实践中通常称为"文化服务",而后三类在产业分类中称之为"文化相关产品的生产"。2011年,苏州文化服务业增加值占文化产业增加值的比重约为43.1%,这一点说明苏州文化产业发展主要依赖文化制造业,文化服务所占比重相对较低,虽然在分类条目所占总数较多,但是在增加值创造方面却没有发挥出主导作用,产业结构不平衡。

3. 龙头企业仍然较少,难以发挥有效的示范带动作用

通常而言,龙头企业对区域中小企业能起到辐射带动作用,这一点对于文化产业来说同样如此。近年来,苏州虽然培育出了一批有较强市场竞争力的企业集团和重大文化产业项目,但是从文化产业中企业规模来看,总体仍以中小企业为主。上规模有影响的文化产业重点企业和大型文化产业集团企业相对较少,目前文化产业领域有上市企业的数量还极少。苏州市龙头文化产业企业数量少、规模小,从而在一定程度上制约了文化产业集约化、规模化的发展水平。

4. 文化产业的科技创新活力不够,发展后劲还有待进一步增强

科技和文化之间的关系可谓紧密结合。在国内有些地方,比如深圳,"文化创意+科技创新"就是其文化产业大发展的成功经验。虽然近年来苏州总体科技实力有了显著提高,但科技创新的活力仍然不够,因此,文化产业发展的后劲受到很大约束。文化产业的科技创新能力有待进一步加强。2012年,苏州市专利申请量139965件,专利授权量98276件,比2011年分别增长37.0%和27.2%,专利申请量和授权量继续位居全国城市首位,但发明专利申请量和授权量占比却低于全国平均水平。

三、苏州文化产业发展对策建议

文化产业的发展,展示的不仅是“软实力”,更是“硬实力”。苏州文化产业近几年的发展取得了骄人的成就,但如何更好地提升苏州文化产业的产业发展水平,争取跻身国内文化产业强市第一方阵,还有很长的路要走。为此,应该着重做好以下几个方面的工作。

1. 要制订科学的顶层规划,总体谋划

文化产业的发展,要求做到四个方面的协同,即战略协同、政策协同、主体协同以及产业协同。因此,加快文化产业的发展,苏州在统筹规划上,需要注重科技创新的引领作用,加强文化原创的激励作用,推动创新平台的建设作用,加强文化产业品牌的孵化作用,注重文化产业航母的打造,着重文化产业总部的培育,加强文化科技复合型人才的培养,并且要注重支持文化产业发展政策框架体系的制定。在主体协同方面,要注意处理好政府和市场以及社会之间的关系,公办与民办之间的关系。在文化产业发展的空间布局上,要把握好因地制宜和多样化发展的原则,在文化产业发展的时间安排上,要处理好文化融合战略分步推动和系统建设的关系。在文化产业的开发效益上,要注重把文化融合切切实实地落在提升产业升级上。

2. 文化产业的发展要有明确、有效的思路,并依靠创新来推动

发展苏州文化产业,一定要坚持融合式的发展思路,推动文化和科技之间的协同创新,形成文化和科技之间融合发展的新优势。文化和科技的融合,其实质就是要推动科技创新成果在文化产业中的转化应用。要注重文化产业的内涵式发展,提升文化产业发展的质量和水平,聚焦文化产业高端环节,注重文化产业的内容品质,优化文化产业的内部结构,吸引更多高端的文化建设项目和优质的文化资源向苏州集聚。在加大文化产业投资力度的同时,努力扩大惠民式的文化消费,从而促进文化产业发展向消费和投资协同拉动模式的转变。特别要强调文化产业的品牌化发展战略,增强文化产业企业的市场竞争力。要选择一批具有成长潜力和潜在竞争力的优秀企业和优质项目进行培育,在资金支持、财税优惠、资源分配、上市融资等方面给予大力支持;鼓励企业和企业之间以及项目和项目之间进行强强联合,以此为平台将苏州文化产业做大做强,把苏州文化产业的品牌做响做亮。

3. 彰显苏州地方特色,发展过程中能够做到错位共进

借鉴“地方全球化”的新理念,苏州文化产业的发展要强调苏州的地方特色,突出苏州的地方优势资源,注重文化产业的异质性,明确文化产业创新发展的内容、方向以及路径,促进文化产品和文化服务与市场的融合发展。要有针对性和倾向性地引导企业和项目向文化领域投资,扩大文化产业的整体规模,提高文化产业的市场竞争力;加强文化产业领域的产、学、研之间的战略合作,实现人才、信息、技术以及资本在产、学、研之间的共享;着力优化文化产业内部的结构关系,推动文化产业的产业转型升级,建立起更加具有鲜明特色、品牌突出、产业集聚、链条延伸、相互带动的文化产业结构,实现文化产业的规模化发展和集聚化发展。

第二章　无锡文化产业发展研究

近年来，无锡加强文化产业发展力度，《无锡市人民政府关于加快文化产业发展的实施意见》确定了重点发展的文化产业和领域，形成以重点文化产业为主导、相关产业联动发展的格局。

一、无锡文化产业发展概况

1. 从文化产业发展速度和规模来看，近年来无锡文化产业呈现快速发展之势

近几年无锡文化产业正以高于GDP增长的速度快速发展，无锡文化产业增加值自“十一五”以来保持了年均20%以上的增幅。据统计，2007年，无锡市全市文化产业营业收入447.09亿元，实现增加值151.30亿元，文化产业增加值占GDP的比重达到3.92%；2008年，无锡市全市文化产业增加值达207亿元，占GDP比重达到4.68%；2009年，无锡市全市文化产业增加值达到255亿元，占GDP比重达到5.1%；2010年，无锡文化产业增加值为353.63亿元，排在全省第三，占GDP的比重高达6.13%，其中文化创意产业营业收入为107.8亿元；2011年，全市文化产业增加值达204.54亿元，占地区GDP比重2.97%，其中，以影视传媒、创意设计、数字出版、动漫网游等为代表的新型文化业态营业收入达140亿元，占文化产业的比重达到36%。2012年前三季度，全市新型文化业态和工业设计实现营业收入约334亿元，文化创意产业已逐步成为无锡经济发展新的增长点。

2. 从载体建设角度来看，无锡以文化产业园区等为载体所带动的产业集聚效应日益显现

建设文化产业集聚地是实现文化创意产业大发展的有效途径，无锡结合本市的具体实际，根据无锡未来发展的空间布局，规划和建设一批文化产业集聚区，重点发展国家动画产业基地、国家动漫游戏振兴基地和江苏省文化创意产业园，努力形成具有无锡地方特色和辐射效应的文化产业空间布局。目前，全市拥有5个国家级文化产业园区和6个省级文化产业园区。国家动画产业基地、国家动漫游戏产业振兴基地相继落户无锡，数字电影产业园揭牌运营，吴文化博览园、二胡产业园、古运河历史街区、惠山古镇、江苏国家数字出版基地的建设进程持续加速。全市逐步形成“国家级——省级——市级文化产业示范基地(园区)”三级空间布局架构。

3. 从文化产业发展的专业化角度来看，无锡文化产业发展的专业化平台建设成效显著

文化产业的发展不能面面俱到，既要在文化产业领域中选择自己的优势产业，也要在每个产业内部走精品带动的发展之路，形成亮点，打出品牌，一方面能形成效益，另一方面也能带动发展。从某种意义上说，文化品牌是文化产业的无形资产，所以无锡要发展文化产业，就必须开阔视野，拓宽思路，在文化产业的专业领域中都打造一两个知名度高、影响力大、社会效益和经济效益双丰收的精品。无锡数字动漫创业服务中心成为融创意、培训、制作一体

的动漫服务平台。中国动漫作品版权服务平台南方中心,可以为动漫作品、人才和商业机构提供从线上电子商务到线下对接活动的全方位服务。亿唐动画公司开发的“动漫衍生产品产业化平台”围绕动漫衍生商品搭建样品开模和小批量样品生产,积极为动漫衍生商品的发展提供产业支撑,并入选文化部“2011 年度国家文化创新工程项目”。无锡(国家)数字电影产业园的“影视云计算平台”,以特效制作,软件开发、数据服务等为核心业务,全面搭建影视产业专业化平台。

4. 从原创能力角度来看,近年来无锡文化产业中的原创能力明显提升

近年来,在市委、市政府的高度重视和职能部门的努力下,广大文化产业从业人员和艺术创作人员积极创新,努力工作,创作了一大批优秀的文化艺术作品。如大型舞剧《红河谷》《西施》,锡剧《江南雨》《霞客行》,歌曲《宇宙的种子》,滑稽戏《亲亲一家人》,多媒体舞台剧《玉飞凤》等。近几年来平均每年演出 3000 余场,观众 180 万人次。投资拍摄的《出水芙蓉》《中年计划》《大人物》《遍地英雄》等十余部电视剧,已在中央电视台和省市电视台播出。《东方神娃》《尾巴梦幻曲》《秦汉英杰》《吉娃娃和他的伙伴们》《秦汉英杰》《哈皮父子》等动画原创作品制成播出,取得了令人瞩目的成绩。原创动画片数量从 2005 年的 1 部、312 分钟到 2010 年的 40 部、10521 分钟,名列省内第一、全国第二,不仅实现了量的飞跃,而且质量很高。据国家广电总局发布数据显示,2012 年全国原创电视动画片生产企业前五位分别为:东莞水木动画衍生品发展有限公司、福建神画时代数码动画有限公司、深圳华强数字动漫有限公司、波水木动画设计有限公司以及无锡亿唐动画设计有限公司。生产数量排在全国前列的国家动画产业基地是:杭州高新技术开发区动画产业园、深圳市动画制作中心、沈阳高新技术产业区动漫产业园、无锡国家动画产业基地。《东方神娃》《吉娃娃》《尾巴梦幻曲》《哈皮父子》等作品先后十多次获得国家、江苏省的各类奖项,长度为 100 集、2300 分钟的偶型动画片《秦汉英杰》,还首次出口到动画片大国——日本。

5. 从文化产业发展的区域布局来看,无锡文化产业发展中的区域差异化战略较为明显

文化产业覆盖面广、产业领域众多,其涵盖的范围包括提供文化产品、文化传播服务和文化休闲娱乐等多个方面。在培育和扶持文化产业发展上,无锡既着眼于促进产业的全面繁荣,更立足无锡城市实际,因地制宜,扬长避短,选择确定创意设计、数字动漫、旅游、会展等重点发展的文化产业领域,通过优势领域的重点突破,努力塑造文化发展的特色与魅力,形成以重点文化产业为主导、相关产业联动发展的格局。江阴大力实施新兴产业发展,重点创建江苏金一“创意亚洲”文化产业示范基地等一批具有核心竞争力的特色文化产业示范园区(基地);宜兴充分发挥自然资源优势和历史文化优势,发挥名人效应,筹建吴冠中艺术馆等标志性文化场馆;锡山区江苏新广联科技股份有限公司发展为年光盘生产能力为 3 亿片的国内光盘行业龙头企业;惠山区全力打造数字信息产业为主导的创新型高科技园区;滨湖区以影视文化、工商文化等形成了各具特色、功能完善的文化产业发展格局,涌现了灵山公司、凤凰画材等一批超亿元文化企业;崇安区着力“倶崇安”、北仓门艺术中心等文化服务业载体;南长区积极建设清名桥古运河文化服务业集聚区等产业园区;北塘区先后引进耘林艺术交易中心等一批文化项目;新区创新创意产业园聚集文化创意产业达 100 多家,当当网、慈文传媒集团等一批大型骨干企业先后引进落地。

二、无锡文化产业发展的不足

尽管无锡文化产业取得了长足的发展，但与无锡社会经济可持续发展的目标还有一定的差距。概括起来，主要表现为以下几个方面。

1. 在文化产业发展过程中，文化体制创新还比较滞后

无锡文化产业的产业发展还存在一些体制性障碍，诸如多头管理、职能不清、产权单一、管理资源分散等问题比较突出。有些文化单位缺乏按市场要求适时转换经营机制的积极性，缺乏开拓文化产业的进取精神。同时，文化产业行业性自律组织尚未完善，文化市场中低水平、无序竞争的矛盾比较突出。

2. 文化产业的产业规模效应还不够突出

文化产业组织形式还呈现出小而散的状态，特别是民营企业基本上还处于小规模的经营状态。无锡目前上规模、上档次具有较强竞争力和品牌效应的文化产业集团在数量上总体而言还比较少，尚未形成有实力的支柱性文化产业，如何走特色化发展道路，培育具有地方优势和无锡特色的文化产业门类还值得研究。

3. 文化产业的内部产业结构还不尽合理

产业链不够完善，上游原创不足，中游生产环节集约化程度不高，下游营销能力不强。传统文化企业的科技含量普遍不高，文化产品生产和服务手段也比较落后，在影视制作、艺术创作和娱乐设施等领域应用高科技的能力有限，科技创新能力薄弱，惠山泥人、宜兴紫砂等有无锡特色传统工艺产品和服务的市场开拓不足，产品和服务“走出去”目前还比较少。

4. 文化产业领域内具有创意运作的人才还较为稀缺

文化产业的发展需要高素质的人力资源的支撑，尤其是高素质的领导和管理人才、专业艺术人才、经纪人才以及科技人才。一方面，各门类文化艺术生产人才短缺，特别在数字网络、动画设计等科技含量较高和需要综合性人才的领域，高新技术和先进装备引入文化服务业十分有限，导致文化产品质量档次、科技含量不高。另一方面，文化产品和服务的市场开发、推广等经营人才也十分匮乏，既懂专业艺术又懂经营管理的综合型人才更是严重不足。文化产业企业迫切希望社会上能提供人才培训社会化服务。

5. 文化产业发展中的投融资体系尚不健全

文化投资体制主体多元化不够。政府对文化产业投资主要以财政拨款、宣传文化基金投入为主。而企业、社会民营资本投资文化服务业，则由于某些行业的市场准入门槛过高、产业政策不稳定，频频受限。

总之，从无锡全市文化产业的发展状况看，文化产业规模较小，缺少国内外著名公司，知名品牌也很少，需要政府加大扶持力度；从产业形态而言，组织形式还比较分散，产业集聚区相对较少，分散化经营还较严重，整个产业没有形成良好的互动和链接；从企业生产管理来讲，规模还比较小，资金比较缺乏，个性化、特色化还不明显，生产和服务手段较为落后，开拓市场和走出去的能力还不强；从从业人员来讲，还缺乏高学历和复合型的人才，特别是文化产品研发、市场运作的人才，是整个产业和企业急需的；从经营情况来看，无锡整个文化创意产业投融资服务体系尚未形成，目前企业融资的主要方式还是自身积累和政府扶持，融资渠道比较单一，也比较困难。这是目前制约整个产业和企业发展的一个重要原因。文化产业

资源丰富,但资源整合有待进一步加强,市场运作有待进一步提高,需要培养和引进既懂文化创意又懂技术和管理运作的复合型专业人才等。

三、无锡文化产业发展举措

在未来一段时期内,促进无锡文化产业的进一步发展,需要在以下三个方面做足、做好功课。

1. 在文化产业发展的产业选择上,要做到有重点地发展

比如,在发展方向上,围绕打造"区域性文化中心城市"和"文化影视之都"的发展定位,着力构筑区域性的文化创新创意中心、文化资源配置高地、市场信息交流平台和文化产业集聚基地。发挥产业政策的导向性、杠杆性作用,重点支持文化产业和文化企业市场化、集聚化和专业化发展,坚持聚焦重点、战略突破,大力发展影视传媒、创意设计、数字出版、文化旅游、广告会展、动漫网游、演艺娱乐、文化遗产开发利用等产业,着力推进文化与科技、金融、旅游、体育等产业融合发展,分层次、分类别实施有针对性的引导和扶持政策,形成发展特色和竞争优势。进一步提升文化产业增加值占地区生产总值的比重,使其成为地区国民经济重要支柱性产业。

2. 注重培育文化产业发展中的市场主体

一方面,要鼓励领军企业加快发展,形成一批规模型、龙头型的领军企业,打造一批年营业收入超 10 亿元、50 亿元的现代大型文化企业集团。另一方面,要大力引进国内外知名文化企业,重点引进符合无锡市文化产业发展重点领域的国内外知名企业,按照无锡市发展总部经济的有关规定给予相应的优惠政策,吸引国内外知名文化企业在锡设立企业总部。此外,还要积极发展国有文化企业,以及大力发展民营企业。培育一批核心竞争力强的国有或国有控股大型文化企业或企业集团,对国有文化企业跨地区、跨行业、跨所有制兼并重组和上市融资给予资源和政策支持,在发展产业和繁荣市场方面发挥主导作用。放宽市场准入,按照"非禁即入"原则,鼓励和引导非公有资本以独资、合资、合作、联营、参股、特许经营等多种形式公平进入文化产业领域。

3. 提升文化产业领域的自主创新能力

要鼓励原创文化产品生产,对于具有自主知识产权的原创影视产品在中央台主要频道、省级上星频道黄金时段首轮播出的,或获得国际 A 类电影节主要奖项、国家级政府奖项的,应给予奖励。要鼓励原创文化项目研发。对产业化前景好、带动效应强和贡献率大的重点原创文化项目,经认定后,按项目创新程度、社会和经济效益等要件,实行政府拨款资助、贷款贴息等方式,给予大力支持和扶持。要支持文化产业核心技术研发,鼓励文化企业加强核心技术、关键技术、共性技术攻关。加大文化领军人才培养和引进力度。经认定的高层次文化产业领军人才,以及文化艺术产业领军型人才,应给予相关政策予以优先照顾,做到事业留人、创业留人、环境留人。

第三章　常州文化产业发展研究

当前，伴随文化产业的迅猛发展和国家大力实施文化产业发展战略，文化“软实力”的“硬实力”特征越来越明显，文化产业建设在“四位一体”的总体布局中愈发显现出其突出的地位和作用。党的十七大把文化“软实力”建设提升为国家层面的发展战略，并制定出了专门的规划纲要；十七届五中全会又提出推动文化服务业大发展大繁荣，提升国家文化软实力的任务；十七届六中全会的召开，进一步明确了坚持中国特色社会主义文化发展道路，努力建设社会主义文化强国的战略构想，为中国文化产业发展吹响了“冲锋号”。在此背景下，常州作为一座有着2500多年文字记载历史的文化古城，历来重文兴教，在经济快速发展的同时，文化产业发展也取得了显著成效。

一、常州文化产业发展概况

1. 从文化产业发展速度和规模来看，常州近年来呈快速发展之势

常州文化产业发展与苏州和南京等城市相似，近年来也呈现了快速发展之势。通常，衡量文化产业发展的核心指标——文化产业增加值占GDP的比重。常州统计信息网的统计数据表明：2005年至2009年五年期间，常州文化产业增加值年均增速达到23%；全市重大文化产业项目有50多个，总投资规模超过300亿元，其中投资超亿元的有36个，超10亿的有8个；中华恐龙园、春秋淹城、动漫嬉戏谷、炮炮兵、美丽新世界等一大批文化品牌都已逐渐为大家熟知和喜欢；首批安排专项资金近700万元用于扶持重点文化产业项目发展，文化发展绩效考评工作顺利开展，常州文化产业网也正式上线，常州文化产业发展取得了显著的成效。2010年常州文化产业增加值是70.15亿元，占同期2976亿元GDP的比重为2.35%，比2009年提高了约0.19个百分点；到2011年，常州文化产业实现跨越式发展，文化产业增加值突破百亿元大关，增长到139.29亿元，占同期3580亿元GDP的比重为3.88%，比2010年提高了1.53个百分点；2012年常州文化产业增加值达到196.75亿元，占同期3969亿元GDP的比重为4.95%，比2011年提高了1.07个百分点。从上述变化趋势来看，常州文化产业增加值占GDP的比重已经趋近5%，这意味着文化产业已经成为常州经济发展中的支柱产业和主导产业。2013年常州文化产业总产值突破210亿元，省内排名仅次于南京、苏州。全市文化产业的企业数已超过8500家，约占全市企业总数10.5%。据此可以看出，常州文化产业近年来在发展速度和规模扩张方面，取得了较为显著的成就。

2. 常州文化产业快速发展中，依托载体带动的特征十分明显

例如，在依托大型项目建设来带动文化产业发展方面，由南至北已经形成了以环球动漫嬉戏谷为龙头引导的太湖湾文化产业片区、淹城春秋乐园为支撑引领的春秋淹城文化产业园区以及中华恐龙园领衔主导的常州市创意产业基地；着力建设现代传媒中心、运河五号创

意街区、国家动画产业西太湖基地、武进中华孝道园、溧阳天目湖旅游文化产业园、金坛东方盐湖城等一批龙头项目。再比如,在依托研发投入带动文化产业发展方面,玉宇电器依靠自主研发,已经成为在数字电影放映方面的国内独家(世界第三家)掌握特种光源核心技术的民族企业,一举打破了国外文化产业企业在该领域的长期垄断局面,终结了我国特种光源技术长期依赖进口的困境;金刚网络以民族文化题材为依托,开发出了拥有自主知识产权的多人在线角色扮演类的大型3D网络游戏,被列入《中国2010年网络游戏名作谱》,是江苏省4家、全国10家获得数字出版资质的文化产业企业之一;吟飞电子在电子乐器领域进行深耕,建立起了自主研发中心,一系列电子乐器产品都采用了高新技术进行开发,目前其生产总量已达到10万架,其中产出的75%进入外销市场,销量名列全国第二,全省第一。还比如,在以品牌建设带动文化产业发展方面,“中国(常州)国际动漫艺术周”已经连续举办8年,现已逐渐成长为有区域影响力的动漫产业交易、生产、展示和推广中心;在主旋律影视剧制作上,常州亚细亚影视不断取得突破,出品了《秋之白华》、《郭海的家事》、《邓稼先》等电影、电视剧,每部电影(电视剧)都实现了盈利,打造的文化精品叫好又叫座。

3. 常州文化产业快速发展过程中,文化与科技融合发展的良性模式基本显现

文化消费的快速成长点中“文化+旅游”的作用已日益突出。春秋淹城园的春秋文化、中华恐龙园的恐龙文化、环球动漫嬉戏谷的游戏动漫文化,是支撑这三大文化产业园区的灵魂,也是其创新开拓、挖掘创意的源泉;在推动文化产业向高端拓展“文化+科技”的作用日益凸显。科技手段的运用使得常州市重点文化项目构筑了持续吸引力。在“十二五规划”中,常州提出重点发展文化创意产业,形成产业新优势,希望“十二五”期末文化创意产业增加值占GDP的比重达到8%,总量达到350亿元以上;占服务业增加值比重达到15%以上,使文化创意产业成为常州市支柱产业。主要任务如下:第一,优化产业布局,实现集聚发展。建设文化创意产业三大板块。形成以规划面积8平方公里的常州市创意产业基地为主体的北部板块,以古运河沿线文化创意街区为主体的中部板块,以及以常州科教城、国家动画产业太湖基地、江苏环球数字狂欢谷为主体的南部板块。第二,拉长产业链条,实现融合发展。开展动漫游戏、影视传媒、数字出版等领域衍生品的开发,大力推动版权交易、文化产权交易、文化产品和服务进出口贸易、演艺经纪、文物艺术品拍卖等服务。加强版权生产品等的市场化运作,进行产业化运营,形成产业化链条。第三,构建公共平台,实现快速发展。鼓励文化创意产业基地和园区投资行业公共服务平台;鼓励重点文化创意企业承担本行业共性技术研发、市场推广等公共服务平台的建设;鼓励企业设立或院校、企业合作设立独立核算的公共服务支撑平台,向行业内企业提供服务。

4. 常州文化产业发展过程中,伴随规模不断扩张的同时还有内部结构的不断优化

从内部结构来看,文化旅游、创意动漫、新闻出版、工艺美术、影视传媒等产业优势凸显,网络文化、体育会展、手机报等新兴业态不断拓展;以文化产业载体为依托而发展起来的新兴产业业态,已经初见成效。创意产业基地、动漫嬉戏谷、环球恐龙城、春秋淹城、运河五号、华夏艺博园等重点文化产业园区建设,已经初具规模,现代传媒中心投资近30亿元,现已开工建设;文化产业集群正在加速形成。2010年全市印刷发行跨上50亿元台阶,文化旅游总收入突破260亿元;动漫企业在创意产业基地的集聚效应业已显现,中国(常州)动漫艺术周已连续举办八届,在国内外已经形成了较大品牌影响力;影视动画的生产在全省具有领先地

位，文化产业发展过程中的“文化”内涵进一步凸显，从而推动了文化产业内部结构的转型升级。

二、常州文化产业发展的不足

当然，在看到常州文化产业发展取得显著成就的同时，我们也要清醒地看到，从总体上来讲，常州的文化产业还处于起步和培育阶段，文化产业的发展明显滞后于经济的发展，与人民群众日益增长的文化精神需求相比，与发达城市尤其是与发达国家相比，还存在着较大差距，也存在不少问题。概括起来，主要表现为以下几个方面。

1. 文化产业领域的人才与科技制约还比较明显

就目前而言，常州现有的文化产业领域人才，整体呈现供给不足状态，特别是高端的经营管理和科技型文化人才，而专业的文化产业领域经纪人更是“凤毛麟角”。文化产业领域的创作人才甚至存在着青黄不接的问题，文化产品中拥有自主知识产权的较为稀少，而文化产业领域的科技研发力量严重不足，以及文化企业技术水平总体比较低，文化产品的创新能力不强，从而导致文化产品质量档次和科技含量都不高，所能形成的经济效益也就极为有限，在国内外市场上的竞争力还不高，这些均成为制约文化产业发展的瓶颈。

2. 文化产业对经济总量的贡献率不足

国外发达国家文化产业对 GDP 的贡献份额已达 20%甚至高达 25%，上海的比例是 9%，北京、广州、南京、苏州等城市的文化产业增加值占 GDP 的比重均已超过 5%，而常州市的文化产业总体而言规模还不大、基础还不够厚、资本投资还不够足，文化产业的产业增加值占 GDP 的比重不足还不到 5%，尚未成为常州经济发展中的主导产业和支柱产业。具有较高知名度和竞争力的诸如中华恐龙园的文化企业还为数不多。

3. 文化产业的产业意识比较薄弱

长期以来，在文化行业中计划经济思想一直占主导地位，文化的事业属性在一些文化部门被过分强调，文化产业的产业属性被忽视，“等、靠、要”等不适宜的思想较为严重。有关文化产业的理论研究也比较滞后，对文化产业在社会主义市场经济条件下所具有的性质、特点、地位、规律等缺乏分析，对策思路模糊不清，许多文化产业领域的企业得不到有效指导。

4. 文化产业领域的体制改革还比较滞后

与经济体制等其他经济领域的改革相比，文化体制的改革相对缓慢。政企不分以及事企不分等现象在文化产业领域较为突出，直接由文化主管部门兴办的文化企业还比比皆是，从而导致管办合一，方式陈旧，文化企业也缺乏足够的活力。而且在宏观管理层面，往往是多头管理，标准不一。在文化产业的发展政策上，绝大多数是事业性的，文化产业的产业扶持政策还相对较少，而且缺乏连续性和稳定性。

5. 文化产业的市场运作还不够规范

到目前为止，还没有形成有效、规范、公平、竞争性的统一文化市场。文化产业市场对人才、技术、资金、项目、信息等文化资源的配置，还没有起到基础性作用，文化资源闲置和浪费的现象还比较突出；地方保护主义、行业壁垒严重、利益分割、市场垄断都在不同程度上存在；缺乏行业自律规范，文化中介组织不健全；文化市场的管理上存在着一定的偏差，还存在着一管就死、一放就乱的现象，等等。

6. 文化产业领域的投资氛围还不够浓厚

尽管关于加快发展文化产业的意识水平在不断提高,但由于上述一系列问题,许多有实力的企业在考虑投资文化产业时仍然具有徘徊心态,常常持有观望态度,大规模向文化产业进行资本集聚的现象还没有出现,文化产业的集群效应仍然有待进一步提高。

三、常州文化产业发展举措

促进常州文化产业的进一步发展,需要在以下三个方面做足、做好功课。

1. 加快常州文化产业发展,注重从发展实力、政策给力、绩效显力等方面入手

所谓发展实力,就是加快文化产业发展,提升文化发展的硬实力。应该按照做强重点文化行业、做优特色文化园区、做大骨干文化企业的重点发展模式和思路,统筹发展。应该根据常州的区位优势和地理特征,重点构建传统文化产业带、创意文化产业带和生态文化产业带等区域文化产业带。通过有机整合资源,形成完整的城市文化产业体系。以动漫游戏业、文化旅游业、影视传媒业、工艺美术业、广告会展业、印刷复制业等六大行业为主,演艺娱乐业、出版发行业、创意设计业等三大行业为辅,进一步打造动漫游戏、文化制造、文化旅游三大品牌。

所谓政策给力,就是要做好文化产业发展中的统筹规划、公共服务、政策引导等保障工作,重点要为文化产业企业提供需要的政策,创造好文化产业的发展环境。开展有重点的文化产业招商;进一步加大政府投入,设立文化产业专项引导资金;鼓励社会投入并重点引导和推进"银企合作",鼓励金融机构对文化产业企业给予贷款支持。

所谓绩效显力就是要加强大局观,进一步加强加快文化产业发展的紧迫感,提高文化产业统计和绩效考评工作实效。通过各种有效措施和手段,加快文化产业的发展,加强文化产业的产业统计工作,提高文化产业的发展绩效。

2. 加强文化产业领域的人才培育和队伍建设

重视文化产业领域的人才队伍建设,增强文化产业的创新能力。着力营造一种鼓励和支持创新、创业,有利于吸纳和积聚文化产业领域人才进行生产经营的精神氛围,拓宽人才选拔途径,完善人才引进和利用的激励机制,为优秀人才的脱颖而出创造条件。

3. 着力推进文化产业管理体制的创新,进一步解放和发展文化产业生产力

要进一步突破长期以来所形成的文化管理中的条块矛盾,深化转变政府职能。进一步根据文化产业的性质及其产业关联性,借鉴构建大文化管理模式的国际管理经验,转变政府职能,加大改革力度,逐步建立起政府进行管理、行业自觉自律、文化产业经营单位依法营运的管理体制。

第四章　镇江文化产业发展研究

发展文化产业是实现产业升级,结构转型的重要举措,更是改善民生,提升城市核心竞争力的重要手段。镇江历史文化底蕴丰厚、综合优势明显,为了加快文化产业建设,镇江市设有专职工作机构和总额约1400万元的文化产业引导资金,整合全市资源,出台了一系列扶持文化产业发展的政策文件,形成了文化产业招商、大项目引荐奖励、国有文化资产监管、在建项目推进、文化产业统计等一整套政策保障体系。近年来又在全国范围内征集《镇江市文化产业发展规划》的最佳规划设计方案,以期实现镇江市文化产业高起点的、健康快速发展,最终把文化产业培育成新的经济增长点和支柱性产业。也正是在这一系列重要举措的推动下,近年来镇江文化产业在一定程度上得到了发展,而从发展速度和规模上来看,镇江文化产业的快速发展,投资驱动的因素发挥着极为重要的作用。

一、镇江文化产业发展概况

1. 从发展速度和规模上来看,近年来,投资驱动镇江文化产业的快速发展

2009年以来,镇江市通过文化产业招商,累计签约项目67个,总投资378亿元,招商签约项目开工率达到80%,美国IBM、德国KBA、深圳华强集团等一批战略投资者先后落户镇江。镇江现有文化企业6200家,从业人员12万人,拥有国家级文化产业园区1个、省级文化产业园区5个。随着近几年镇江市文化产业的发展,投资的作用日渐突出,通过加快招商引资,加大项目投资力度,全市涌现出一大批文化产业项目。随着项目建设的深入,镇江市文化产业得到快速发展,文化产业对全市经济社会发展贡献率稳步提高,并在2009年和2010年全省文化发展绩效考核中名列第三。有关统计数据显示:2011年镇江市文化产业投资继续高速发展,全市完成文化产业投资60.54亿元,比2010年增长68.2%,连续三年增长速度超过50%。

分析镇江市文化产业投资,主要有以下特点:一是项目数量和规模快速增长。全市在建项目81个,计划总投资124.13亿元,平均项目规模1.53亿元,分别比上年增长28.6%、50.1%和16.8%。在文化产业投资项目中,2011年新开工项目59个,比上年增长31.1%;项目总规模62.65亿元,比上年增长58.1%;项目平均规模1.06亿元,比上年增加20.6%。二是投资各主体积极性高涨。在完成的文化产业投资中,内资企业完成投资54.86亿元,比上年增长54.4%;港澳台商企业完成投资0.86亿元,比上年增长220.1%;外商企业完成投资4.82亿元,比上年增长33.3倍。在内资企业中,私营企业完成投资20.47亿元,比上年增长155.3%,私营企业已成为拉动文化产业投资快速增长的最大支柱,对文化产业增长的贡献率达50.7%。三是资金保障有力。2011年全市文化产业项目累计到位资金59.42亿元,比上年增长60%,其中国家预算内资金0.96亿元,比上年增长7.2倍,金融企业贷款7.81亿

元,比上年增长18.2%,企业自筹资金49.78亿元,比上年增长70.6%。由于资金保障有力支撑,全市在建文化产业项目有44个竣工,将陆续投入运行,全年新增固定资产53.05亿元,比上年猛增140.7%。四是投资结构继续优化。按产业分,全市完成二产类文化产业投资11.69亿元,比上年增长44.1%,完成三产类文化产业投资48.85亿元,比上年增长75.3%,二三产比例从上年1:3.44提升为1:4.18,三产占比为80.7%,比上年提升3.2个百分点,为打造服务业强市的发展战略,作出很大贡献。五是主要行业成绩斐然。在文化产业投资中,文化艺术产业完成投资9.25亿元,比上年增长54%;文化用品产业完成投资9.61亿元,比上年增长68.8%;文化娱乐产业完成投资24.15亿元,比上年增长43.5%。经过几年发展,截至2010年底镇江市已拥有省级文化产业示范基地2个,文化企业2858家,从业人员约5万人,其中省级重点文化企业146家,年销售突破亿元的10家。初步形成了以文化旅游、演艺娱乐、新闻出版、创艺设计、印刷复制和文化休闲服务为优势的文化产业体系。在强劲的投资驱动下,2012年,镇江市文化产业发展态势良好,完成营业收入约410亿元,实现文化产业增加值135亿元,增幅达到52%,GDP占比4.95%,文化产业发展单项指标位列全省第二,连续三年被表彰为江苏省文化发展水平先进地区。固定资产投资和重点项目建设加快推进,全市去年完成文化产业投资约91亿元。镇江市大力扶持重点文化企业做大做强,推进文化与科技、金融、信息、旅游等产业融合发展,使文化产业成为镇江新的支柱产业。在上述因素的共同作用下,2013年,镇江市文化产业实现营业收入453亿元,实现增加值153亿元,GDP占比达到了5.1%,连续两年被中宣部等四部委评定为全国文化体制改革先进地区,连续三年被评定为全省文化发展先进地区;2014年上半年全市完成投资74亿元,占年计划的74%;文化产业实现营业收入265亿元,占年计划的51%;完成增加值82亿元,占年计划的46%,占GDP比重5.3%,超年度目标0.1个百分点。

2. 一批新文化产业正在形成,并成为镇江文化产业发展中的亮点

首先,创意产业的发展为镇江文化产业增添了新的亮点。比如,港澳创新创意中心着重吸引广播影视、动漫、视觉艺术、表演艺术、广告装潢、服务设计等方面的创新型项目,发展全方位的创意产业群,在镇江新区打造独具特色的"港澳创意集聚区";而丹阳则针对当地眼镜、汽配、服装、家纺等产业较为发达的特点,整合大型工业企业的创意设计资源,推动文化创意设计产业集群迅速形成和持续发展。有关研究表明,丹阳2013年成立了15—20家工业创意设计中心,初步形成一批优秀设计成果、知名设计品牌和优秀设计团队,争创省级工业设计中心。其次,河豚文化产业的发展同样为镇江文化服务业的发展增添了亮点。河豚文化是扬中一张响当当的文化名片,2013年,扬中打响河豚文化品牌。扬中以园博园展馆后续使用为契机,引入民间资本,共同打造集河豚文化研发中心、河豚养殖、河豚餐饮、河豚展示、河豚动漫影院、河豚衍生品制作及营销等功能于一体的江苏扬中河豚文化创意产业基地。儿童旅游产业的发展填补了镇江文化产业发展中缺少孩子游玩场所的空白,地球宝贝·国际欢乐城项目总投资2.6亿元,以15岁以下儿童及其家庭为核心,打造一站式儿童及家庭的亲子生活中心、儿童职业体验馆、社交体验中心、教育成长中心。

3. 从所有制结构来看,镇江文化产业发展呈现出国有、民营平等竞争,共同发展的良好格局

在出版发行、媒体传播等行业,国有经济优势较为明显,而且优势企业已经具备了一定的规模优势,镇江报业集团、镇江文广产业集团等骨干企业正向集团化方向发展。而在文博展会、文化旅游、文化体育以及文娱演艺等文化服务业行业，民营经济则占据主导地位。比如，在文化产品制造业领域，有关统计数据表明，目前在产业的单位数量上，民营企业所占的比重为65.9%，而在工业总产值上所占比重为55.7%，这充分说明民营企业已经占据了整个文化产业的主导地位。尤其是在最近几年的文化产业招商活动中，民营资本和外来资本进军镇江文化产业的势头更加迅猛。

二、镇江文化产业发展的不足

虽然近年来镇江文化产业的发展，尤其是文化产业的投资呈现出较好的发展态势，并取得了一定成就，但是与此同时，我们还应清醒地看到，目前全市现有文化产业中镇江地方特色不浓厚，还没有形成有较大体量的文化产业门类，全行业缺乏核心竞争力，尚未培育出大型、特大型文化产业企业，以及以特大型企业为核心的产业链。概括起来，镇江文化产业发展中，目前面临以下几个方面的问题和不足。

1. 镇江文化产业虽然发展良好，但规模、速度与周边城市相比还有差距

近年来，镇江文化产业发展稳健，在国民经济中的地位不断提升。2013年，镇江文化产业实现增加值153亿元，GDP占比达到了5.1%，但从整个江苏省来看仍有不足，周边城市南京和常州2013年文化产业增加值分别为432.6亿元和210亿元，相比之下镇江与南京已有较大的差距，与常州相比也逐渐拉开差距。而镇江文化服务业在GDP中的比重与世界平均水平67.7%更是有着很大的差距。

2. 文化产业结构不断优化，但新兴文化产业发展仍需进一步提速

经过多年的发展，镇江的文化产业呈现多层次发展态势，目前，已初步形成了以商贸、物流、通信、餐饮、金融保险业为主体的多层次产业格局。新兴文化产业也迅速崛起，金融、房地产、信息、会展、中介等新型行业在文化产业中的比重不断提高。但是镇江的文化产业的内部结构还不尽合理，传统的批发零售、住宿餐饮业所占比重较高，2008年全市实现社会消费品零售总额410.21亿元，比上年增长23.8%，其中：批发零售贸易业零售额357.44亿元，增长25.7%；餐饮业零售额50.1亿元，增长24.4%；批发零售、住宿餐饮业实现增加值164.52亿元，占三产增加值的32%。而新兴文化产业和现代文化产业所占比重依然偏低，物流、金融、电信、房地产、信息服务等现代文化产业发育不足，导致文化产业仍处于低层次结构水平。如，2008年镇江物流业增加值为65.18亿，占文化产业增加值的14%，占全市GDP的4.6%，比全省水平分别低2个百分点和1.6个百分点，物流业一直是镇江重点发展的行业，但目前的发展规模较小，发展速度较慢。

三、镇江文化产业发展举措

1. 高起点制定镇江市文化产业发展规划

在兼收并蓄各方意见和建议基础上，组织专家学者对规划进行深入讨论修改，制定以十年到二十年为期限的具有镇江深厚历史人文底蕴的中长期发展规划，并经广大市民讨论和人大等权力部门审议通过后，颁布实施。规划一经制定应具备法律效应，任何单位和个人不能随意更改规划，更不允许项目招商和企业发展凌驾在规划之上。

2. 继续加强招商引资力度

争取引进一批起点高、理念新且愿意积极投身镇江文化产业发展的大型企业和人才，同

时加大文化产业投资扶持和奖励，在出台并完善文化产业政策保障政策的同时，强化相关文件执行力，真正让有关奖励和优惠落到实处。在加强文化产业招商引资的同时，鼓励和帮助本土有志于镇江文化产业发展的企业和个人，积极创业和扩大产业规模及生产能力，对已经基本饱和和即将饱和的行业，要制定一定限制措施，防止新的资源浪费，应在资源合理配置的前提下，实现镇江市文化产业高品位、高档次，最终实现高效益。

3. 继续强化投资环境优化，做好文化产业快速发展保驾护航工作

建立“问需于企”机制，鼓励企业积极向政府建言献策，构建政府和企业沟通平台，帮助企业解决投资中需要解决的各类难题；继续深入做好上门为企业服务工作，并做好签约企业和在建项目的跟踪服务工作，提高企业投资热情和投资进度。

4. 要优化和完善文化服务业载体

镇江现有六大文化产业园区(分别为西津渡文化产业园、南山文化休闲园、健康路健身休闲文化园、丹阳文化产业科技园、句容“茅山乡村旅游大观园”、丹徒长山文化园)、两大文化产业带(北部滨水区旅游文化产业带和古运河文化产业带)、六大文化产业基地(分别为江苏艺道文化传媒有限公司、江苏名通信息科技有限公司、江苏恒华传媒有限公司、江苏鸿昌乐器有限公司、江苏尚阳数字科技有限公司、江苏奥博洋信息技术有限公司)，但到目前为止还看不出显著特色，产业集聚效能发挥也不显著。因此，对镇江市文化产业载体必须优化整合，合理布局，实行创意产业园的错位发展，注重园区的功能定位和效能集聚，以创新理念打造创意产业园的品牌和特色。建立起真正意义上的政府、企业、高等教育、科研机构四位一体的文化创意产业合作模式，驱动和引领全市文化产业的发展。

第五章　南京文化产业发展研究

党的十七大报告提出:“大力发展文化产业,实施重大文化产业项目带动战略,加快文化产业基地和区域性特色文化产业群建设,培育文化产业骨干企业和战略投资者,繁荣文化市场,增强国际竞争力”。胡锦涛同志在中央政治局第二十二次集体学习时强调“一定要从战略高度深刻认识文化的重要地位和作用”。在上述精神的指引下,如何切切实实地满足人民群众日益增长的基本文化需求、多样化的文化需求,以及打造和提升南京文化产业的竞争能力,推动南京文化产业建设的快速发展,是南京文化产业建设和发展所面临的现实性的问题。南京作为六朝古都和十朝都会,地处中国沿海开放地带与长江流域开发地带的交汇部,是长三角经济核心区的重要区域中心城市,可以说在发展文化产业方面有着得天独厚的地理优势与人文条件。近年来,南京坚持以“民生为先、生态为基、统筹为要、文化为魂”的文化产业发展为指导方针,认真贯彻落实市委“建设现代化国际性人文绿都”的决策部署以及“1+5+1”文化建设体系(即《关于加快文化建设,提升文化实力,打造独具魅力的人文都市和世界历史文化名城的决定》、《关于深化文化体制改革的意见》、《关于促进文化产业跨越式发展的意见》、《关于加强文化人才队伍建设的意见》、《关于坚持文化为魂加强文化遗产保护的意见》、《关于加快完善公共文化体系建设的意见》、《南京市重点文化工程项目计划》)精神,积极推进文化产业发展和建设,提升文化产业的软实力和硬实力,将南京打造成为独具魅力的人文都市和全球历史文化名城。近年来,文化产业越来越成为南京市经济结构调整和产业转型升级的一个极其重要的选择方向,已经成为提升经济发展质量、促进产业结构调整,以及提高居民消费水平的重要手段,在经济增长中扮演着越来越重要的作用。

一、南京文化产业发展概况

1. 从文化产业发展速度和规模来看,南京文化产业近年来呈现了快速发展之势

“十一五”期间,南京市文化产业增加值年均增幅达20%左右,2010年达到194.71亿元,占GDP的比重为3.9%,荣获“全国文化体制改革工作先进地区”和“江苏省文化发展水平先进地区”称号。2011年文化产业增加值262.04亿元,同比增长27.5%;文化产业增加值占GDP比重达到4.26%,比2010年上升0.26个百分点。2012年文化产业增加值约为335亿元,比2011年增长25%以上,超过同期GDP增速约13%,占同期7200亿元GDP的比重超过4.65%,比2011年又上升了0.39个百分点。2013年,南京文化产业增加值为432.6亿元,占地区GDP的比重达到5.4%,居江苏省第一,这标志着文化服务业初步成为南京市国民经济发展的支柱性产业。2014年南京市文化产业发展目标为力争全年文化产业增加值540亿元,占全市GDP5.7%以上。总体来看,近年来南京文化产业发展速度明显快于南京市地区生产总值增幅,表现出强劲的发展势头。文化产业增加值占全市生产总值比重进一步提升,

对全市经济增长的贡献进一步凸显。在亚太文创产业协会新近公布的2013年度两岸城市文化竞争力排行榜上,南京位居北京、上海、台北、杭州之后,名列第五,文化影响力和整体竞争力不断提升。《“十二五”时期文化产业倍增计划》,提出要在“十二五”期间,文化部门管理的文化产业增加值年平均现价增长速度高于20%,2015年比2010年至少翻一番,实现倍增。文化产业增加值从4000亿至4300亿元,提升到8000亿至9000亿元。“倍增计划”共确定了11个重点行业,包括演艺、娱乐、动漫、游戏、文化旅游、艺术品、工艺美术、文化会展、创意设计、网络文化、数字文化服务业。它们将成为“十二五”期间文化部重点扶持对象。

2. 从南京文化产业发展的举措来看,各项措施得力

注重顶层设计、推进重大项目建设、做强基地园区、深化文化产业改革以及优化服务环境,是推动南京文化产业快速发展的重要保障。

(1) 在注重顶层设计方面。为了加快南京文化产业的发展,南京市委出台《关于加快文化建设,提升文化实力,打造独具魅力的人文都市和世界历史文化名城的决定》,紧紧围绕文化体制的深化改革、保护历史文化遗产、促进文化产业跨越式发展、加强文化产业领域的人才队伍建设等方面出台一系列文件,初步构建起富有南京地方特色的文化产业发展政策支撑体系。

(2) 在推进重大项目建设方面。发展南京文化产业过程中,能够做到紧紧围绕文化与旅游、科技、创意等融合的重点文化领域,聚焦于动漫游戏、创意设计、新媒体和数字出版等新兴文化业态,加快推进牛首山遗址公园、大报恩寺遗址公园、国家数字出版基地南京园区、中国科举博物馆等60余个市级重点文化工程项目的建设与发展。

(3) 在做强基地园区方面。到目前为止,南京共有9个国家级文化产业园区,7个省级园区和一大批特色园区,载体面积超过了300万平方米。2012年南京市又出台了《全市文化产业园认定管理办法》,重新评出第一批8个市级重点园区,据此努力打造出具有先进业态和完善功能的示范性文化服务业产业集群。

(4) 在深化文化改革方面。在发展文化产业的过程中,通过组建南京市市属国有文化资产监督管理办公室,整合和组织资源成立南京市文化集团和出版传媒集团,推动南京市报业传媒集团和广电集团朝着大而强的方向发展。南京市作为全国文化体制改革的试点城市,目前已经率先基本完成南京属文化事业单位向企业转变的改制,国有文化企业的整体实力得到不断提升,发展活力也明显增强。

(5) 在优化产业环境方面。主要是重点建设动漫等新兴产业发展的公共技术平台,积极扶持和建设文化产权交易平台,充分发挥文化产业对资金的引导作用,成立南京市文化科技小额贷款公司,先后多次举办南京文化创意产业交易会和名城博览会,以“321计划”(即大力引进3000名领军型科技创业人才,重点培养200名科技创业家,加快集聚100名国家“千人计划”创业人才)为抓手,大力引进和培养文化产业领域的高层次人才,努力构建项目、金融、企业、人才融合发展的有效生态系统。

3. 南京文化产业内部结构的变动趋势来看,文化产业不断实现优化升级

有关统计数据表明,南京市文化产业中“核心层”、“外围层”、“相关层”实现的增加值之比由2006年的38.1∶22.1∶39.8,逐步调整为2010年的29.7∶21.7∶48.6(“核心层”包括新闻服务、出版发行和版权服务、广播电视电影服务、文化艺术服务等4个行业大类;“外围层”包括了网络文化服务、文化休闲娱乐服务、其他文化服务等3个行业大类;“相关层”则包括

了文化用品设备及相关文化产品的生产、文化用品设备及相关文化产品的销售两个行业大类。)。文化产业相关层中文化用品、设备及相关文化产品的生产和销售所占份额进一步提高,特别是文化用品、设备及相关文化产品销售额的提高,进一步凸显南京的文化产业发展提升较快,对整个文化产业发展的促进作用增强。

二、南京文化产业发展的不足

在看到南京文化产业迅猛发展的同时,更应该认识到其发展过程中所面临的一些问题和不足,由此才能做到"对症下药",为进一步推动南京文化产业发展贡献具有针对性的对策建议。概括起来,目前南京文化产业发展存在以下几个方面的不足和问题。

1. 文化产业中核心层所具有的地位呈现逐年减弱之势

根据国家统计局发布的《文化及相关产业分类 2004》中对文化产业统计的规定,按其产业活动性质将文化产业统计划分为文化产业和相关文化产业。文化产业又分为核心层文化产业和外围层文化产业。文化产业核心层占全部文化产业增加值的比重也呈逐年下降趋势,2006 年至 2010 年的五年间,由 38.1%下降到 29.7%,减少了 8.4 个百分点。这表明以新闻服务、出版发行和版权服务、广播电影电视服务、文化艺术服务为代表的文化产业核心层,尽管每年仍保持一定的增长,但其与文化产业中的外围层和相关层相比,其增长速度已远远落后,比全部文化产业和全市 GDP 的增速都要低不少,影响了文化产业总的增长。

2. 上规模的文化产业生产企业数量偏少

南京市虽培育了一批具有较强市场竞争力的大企业集团和文化产业的重大项目,但文化产业企业总体仍以中小企业为主。具有规模化影响力的文化产业生产重点企业和大型文化产业生产集团企业相对较少。在文化产业企业中,年主营业务收入过亿元的基本上是凤毛麟角,上规模文化产业生产企业数量偏少,比例偏低,会直接影响南京市文化产业的集约化、规模化的发展水平及其提高,也影响了文化产业增加值占 GDP 的比重。

3. 新兴文化产业的发展相对滞后

目前,南京市仍以公有资本为主体的诸如新闻出版、文化艺术和广播影视等传统文化产业为主体,而诸如动漫、文化创意、网络游戏等高科技、具有高附加值以及会展、文化旅游、文化经纪等具有高成长性的新兴文化产业尚处于起步阶段,与文化产业发达城市相比还有很大的差距。

4. 文化产业的产业组织集约化程度不高,整体实力优待进一步加强

南京文化产业领域中的中小微企业居多,导致资源难以集中利用,呈现优势分散化的局面,很那适应强势市场竞争的现实需要。2012 年,南京文化产业的产业增加值可比价增速虽然高达 25%,但文化产业的产业增加值总量依然偏小,仅比苏州就少了 155 亿(其中文化用品、设备及相关文化产品的生产行业增加值少 120 亿元左右),与深圳、上海、北京、广州等发达城市相比差距更大。此外,部分文化产业单位还没有完全转变成为自主经营、自负盈亏的市场经济主体,一些由事业单位改制而来的文化企业组织,其思想观念仍然停留在依赖政府提供资金办文化产业的基础上,缺乏市场经营的活力和团队创新的能力。

三、南京文化产业发展举措

坚持科学发展观,根据构建社会主义和谐社会的内在要求,实施文化产业发展的南京战

略,加快文化产业发展,是优化产业结构、转变增长方式、培育新的经济增长点的战略举措;也是提升城市产业综合竞争力、实现可持续发展、满足人民群众日益增长的精神文化需求的必然选择。因此,南京文化产业的进一步发展,需要在以下三个方面做足、做好功课。

1. 进一步创新完善文化产业的发展机制,激发文化产业的内在活力

一个城市自身的结构状况、一个城市自身的文化发展定位,以及一个城市本地的文化消费方式,三者共同决定了文化产业具有鲜明的本地化特征。对于南京市而言,城市的古迹名胜以及历史文物都非常丰富,广播电视传媒机构以及文艺表演艺术院团都比较集中,还集聚了一批比较有市场运作经验和艺术眼光的文化产业领域专家,同时还建有一批不同层次的艺术类院校,为文化产业的发展奠定了良好基础。发展文化产业,就要实现各种文化资源的有效连接和融合,实现各种文化资源之间的相互促进、共同发展,要让市场的力量在其中发挥更充分的作用,或者说发挥市场在文化资源配置和使用上的积极作用,实现文化价值和经济价值之间合理有效的转化。以体制创新、机制转换、增强活力、面向市场为重点,发展文化产业。着力增强文化产业领域的创新能力,以新的机制盘活现有文化产业的存量资产,扩张文化产业领域资产增量,拓展文化产业的发展空间,培育文化产业的新增长点。

2. 文化产业的发展要注重大力推行"品牌战略"

文化产业的品牌,其实质就是包含深刻文化内涵和特色服务的名牌产品,它既可以是一种物理形态的产品,也可以是一种无形的产品并可以反复演化为物质财富。很长一段时间以来,我们对创造和培育文化产业领域的无形资产重视不够,对文化产业中的产品和服务所内含的文化价值未能给予充分的认识。从发达国家的跨国公司发展实践来看,可以清晰地观察到在文化产业发展过程中品牌所能发挥的核心作用,由于在发展文化产业过程中创立了自有品牌,即使企业自身不直接从事文化产品的生产和服务提供,也能依托品牌而获得丰厚收益。南京有着悠久的历史,有着极为深厚的历史文化底蕴,因此,在发展文化产业过程中,如果能够大力实施"品牌战略",提高文化领域的研究、设计能力和创意水平,以创意、设计、品牌为载体,提升文化产品和服务的内在价值水平,从而能够转化为更高的经济价值,不仅能够带动南京文化产业价值链的转型升级,还能更好地发挥文化产业在引领南京经济结构调整和产业结构升级中的重要作用。

3. 注重文化消费意识的引导,提升文化服务和产品的消费水平

消费和投资都是拉动经济增长的重要动力,与其他产业相比,文化产业的发展更依赖于文化的消费需求,因此,积极培育和引导文化消费意识,有利于促进文化产业的发展。提升文化消费水平,发展文化产业,一是要充分利用南京所具有的丰富文化资源和独特文化优势,振兴本地文化产业。在文化产业中注入更为丰富和更为深刻的文化元素,在兼容并蓄中使自己的文化产业愈发具有自身特色,在对比中使自身文化优势更凸显。二是要通过学习教育和正确引导,提高消费者自身的文化素质,提升消费者的精神层次和审美高度,培养消费者高品位的、健康的文化消费观念。三是加强文化产业发展的市场制度建设,推动公共文化产品和服务的市场化水平,营造一个公平、公正和透明的体制、机制以及政策环境,维护文化产品和服务消费的正常市场秩序。四是进一步加大投资力度,尤其是文化消费基础设施的投入,充分发挥社区力量,在社区里增加公共文化消费设施,使更多消费者能够有时间且更为便利地接近和消费文化产品和服务。

第六章　泰州文化产业发展研究

泰州，简称“泰”，中国历史文化名城，地处长江下游北岸、长江三角洲北翼，是上海都市圈的中心城市之一。泰州有2100多年的建城史，秦称海阳，汉称海陵，州建南唐，文昌北宋，兼融吴楚越之韵，汇聚江淮海之风。泰州区位优越，有“水陆要津，咽喉据郡”、“儒风之盛，夙冠淮南”之誉。700多年前，马可·波罗游历泰州，称赞“这城不很大，但各种尘世的幸福极多”。如今，泰州所辖县市（区）全部建成国家级生态示范区、全国百强县，同时泰州也是国家环保模范城市、江苏省园林城市、中国优秀旅游城市。

一、泰州文化产业发展概况

泰州与扬州同属“淮扬文化”板块，重点发展旅游、美食等休闲产业。泰州市的文化产业虽然起步较晚，但是在市委、市政府的高度重视下，已经取得了可喜的成绩。自2013年起，市政府每年都设立有1000万元的文化产业发展专项资金，引导和支持市区文化产业发展。2013年9月，市政府又下发了《泰州市市区文化产业发展专项资金管理办法》，并于11月首次启动了该专项资金的申报工作。首批17项扶持项目已批准并公示。泰州在文化产业发展方面的主要情况如下：

1. 传统文化产业尤其旅游业发展较快

泰州传统文化产业在融合了新技术、新工艺后，借助其前期已经获得的市场份额，发挥了其更高的潜能。如在黄桥有50多年历史的提琴生产行业，从当初的小作坊，到如今文化产业园区，再到正在积极打造的“中国乐城”，正在发挥全国最大的提琴、吉他生产基地的优势，建设一个融乐器制造、文化旅游、创意设计、教育培训、文化演艺等位一体的乐器制造产业集聚区。

同时，泰州传统文化产业在融合了新的表现形式后，凭借其对消费者的感官冲击，可以培养其新的增长支点。如姜堰区已连续10年举办了以会船民俗为特色的中国姜堰溱潼会船节，溱湖风景区入选首批国家生态旅游示范区，并创成国家5A级旅游景区；兴化被评为全国休闲农业与乡村旅游示范县；凤城河风景区成为全省唯一的国家级城市中央休闲区。

2013年，泰州市接待国内旅游者1640.46万人次，增长12.6%；实现国内旅游收入186.19亿元，增长15.7%。全年入境旅游人数2.66万人次，增长16.0%；创汇0.20亿美元，增长15.0%。年末国家A级以上景点20个，其中，AAAA级景点2个，AAAAA级景点1个；全国工农业旅游示范点6个，国家红色旅游经典景区2个，江苏省星级乡村旅游点31个。全市旅行社个数116个，持有导游员资格证书的人员1606人，旅游星级饭店数30个，其中三星级19个、四星级7个、五星级1个。此外，泰州2013年全年限额以上书报杂志类商品零售额4.33亿元，增长0.2%；文化办公用品商品零售额3.16亿元，比上一年有所下降。

2. 文化融合特色产业优势明显

转换当前的文化产业的发展方式，提升文化产业的发展层次，培育新的文化业态，实现文化产业自身的升级换代已成为各地文化产业发展的新命题。作为文化强省的一支承载力量，泰州市十分重视新兴文化产业的培育和发展。

如作为泰州文化产业发展众多亮点之一的壁纸产业，2011 年作为特色产业写入泰州市政府工作报告，市专程配套组建了版权管理办公室和省墙纸质量检测中心。2012 年，高港区文化产业增加值占比同比提升了 1.63 个百分点①。截至 2013 年 7 月，高港壁纸产业园现有壁纸生产企业 48 家，已建和在建墙纸生产线 50 条，年产墙纸 2600 万卷，产量占全国的 30%。

3. 文化产业园区建设逐步推进

据介绍，近年来，泰州市以发展文化创意、文化旅游为主攻方向，正在加快发展一批名品、名企、名园区。泰州文化创意产业园区 2011 年 8 月挂牌成立，是市委、市政府推进转型升级，加快“三个名城”建设的重大决策部署。园区位于主城区东部，是依托省级经济开发区海陵工业园区建设的以文化产业为主题的功能园区，规划面积 5 平方公里，一期规划面积 2.7 平方公里。围绕“高新化、特色化、现代化”的目标定位，泰州文化创意产业园将着力打造“中心绿核＋弹性组团”的空间布局。其中，“中心绿核”占地面积 1500 亩，是文化创意产业园率先启动的核心区，总投资 15 亿元，将于 2015 年底基本建成。在这一核心区内，将重点建设文化创意综合体、人工景观湖、生态文化走廊、中国工业大厦等一批重点建筑。“弹性组团”是文化创意产业园的重点配套区域，建设内容包括文化创意产业片区、商业办公混合片区、现代服务业片区、居住片区等，并配套建设学校、居住社区中心、基层社区中心等，这是新城市板块的重要组成部分。作为泰州市发展文化创意产业的重要载体，产业园依托新技术特别是数字技术，重点发展立体影像制作、新媒体、新一代通讯内容开发及应用、软件外包业务等新兴产业，可容纳 60 家文创企业入驻。而在泰州文创园的孵化中心内，硅盾数码、八尾猫等文创企业已正式入园办公。目前，园区已洽谈引进了服务外包、电子商务、影视和影像制作、动漫游戏开发、工业及建筑设计、第三方支付平台、总部经济等方面的项目 20 多个。

主城区的创意产业核心区、沿江文化制造产业带和里下河生态文化产业带有力推进，逐步彰显出泰州文化产业的地域特色和发展活力。截至 2013 年 7 月，泰州市拥有国家级文化产业基地一家，省级文化产业园区(基地)两家，凤城河文商创意产业园、泰兴古银杏群落森林公园、高港海军舰艇博览园等十大重点园区建设正在顺利推进②。

4. 公共文化服务有所突破

2012 年，泰州市制定实施了“文化名城建设行动计划”，加强历史文化资源保护，加快文化产业发展。截至 2014 年 7 月，泰州的靖江市及靖江市斜桥镇等 7 个乡镇入选第二批江苏省公共文化服务体系示范区，泰州市公共文化服务体系建设取得了突破性进展。这批被命名的 7 个示范乡镇(靖江斜桥镇、孤山镇，兴化市戴南镇、安丰镇，姜堰区俞垛镇、梁徐镇，高港区胡庄镇)，连同第一批命名的 8 个乡镇(靖江市西来镇，泰兴市济川街道办、黄桥镇，兴化

① 张虎林.泰州市文化产业实现快速发展.中国江苏网，2013-7-3.

② 张虎林.泰州市文化产业实现快速发展.中国江苏网，2013-7-3.

市周庄镇、茅山镇，姜堰区白米镇、沈高镇，海陵区京泰路街道)，全市目前已有15个乡镇获得该项荣誉称号。靖江市是被命名的第二批12个县(市、区)之一，该市历时三年，成功创建省公共文化服务体系示范区。

二、泰州文化产业发展的不足

2013年，泰州国内生产总值3006.91亿元，比上年增长11.8%。其中，第一产业增加值205.96亿元，增长3.1%；第二产业增加值1574亿元，增长12.1%；第二产业中工业增加值1362.24亿元，增长12.8%；第三产业增加值1226.95亿元，增长12.7%。三次产业结构调整为6.8:52.4:40.8。按常住人口计算，全年人均地区生产总值64917元，增长11.7%，人均地区生产总值按当年汇率折算突破1万美元，达10483美元。全年固定资产投资1764.17亿元，增长21.0%。从产业看，一产投资14.28亿元，二产投资992.22亿元，三产投资757.68亿元，分别增长11.8%、25.5%和20.1%。经济发展势头良好。全市限额以上批零住餐企业(单位)仍呈现出稳定增长的态势。其中，汽车类、文化娱乐体育健康类商品增速最高，二者同比分别增长24.5%和19.7%，拉动全市限额以上商品零售额增长7.6个百分点。良好的销售业绩说明市文化产业得到了有效的发展，但是在文化产业竞争力的角度看，还存在着文化企业规模较小、文化企业整体素质较低、人才缺乏的问题。

1. 文化企业规模和素质有待提高

2012年，文化制造业企业平均每家从业人数34人，最大的企业有693人，而文化服务业平均每家企业仅有8人，规模普遍较小，生产要素分配相对分散，直接导致文化服务业产业集约化程度低，尚不能形成高质量、高品位，切合文化市场需求的文化产品和服务，以满足当前群众文化消费大幅度增长，文化需求多样性、多层性、个性化的要求。

泰州文化产业大多数为中小经营户，缺乏龙头企业；多数单位经营情况一般，效益不理想，产品档次不高，企业自我发展能力普遍比较薄弱；受产业规模和集约化低的限制，使得文化产业在自主创新方面明显不足，新兴文化产业偏少，对丰富内涵的文化资源缺乏深入的挖掘和创新，无法形成具有核心竞争力的品牌产品和品牌企业，直接导致产业发展后劲不足，表现为文化资源和高新技术结合的高附加值和高回报的文化产品稀少，真正具有核心版权和自主创新的文化产品和服务相对缺乏。这与文化企业人才缺乏，管理缺乏创新有很大关系。

2. 文化产业园区基础薄弱

目前文创园进驻企业较少，只有三十多家企业，从业人员只有一千多人，还未形成比较全面的产业体系。而且泰州周边地区文化产业园区发展相对较早，这给泰州文化产业园区的发展形成一定的阻力。因此，泰州应当深刻挖掘自身产业优势，突出自身特色，大力发展具有泰州特色的文化产业园区。

三、泰州文化产业发展举措

经济的稳健发展，为文化产业的发展和繁荣奠定了坚实的物质基础；人民群众对文化产品的期望，为文化产业的发展带来了巨大的社会需求；厚重的文化底蕴，为文化产业的发展提供了巨大的资源优势。我们要抓住优势，突出文化发展转型和社会管理创新，着力营造特色鲜明的文化环境,塑造奋发向上的精神风貌。

1. 推动文化产业间融合

按照市委、市政府赋予文化创意产业园区的功能,按照城市发展的客观规律,文创园的发展主要围绕三个方向:一是关注动漫研发体验、影视制作创作等文化产业的发展;二是关注基于互联网技术应用产业,特别是电子商务、服务外包等信息服务产业;三是考虑到文创园在泰州市处于中心城区的区位特点,把泰州文创园作为总部经济的基地。这三个方面的发展与文化产业与高新技术融合密不可分。产业融合是产业发展的一个新趋势,那么,文化产业乃至文化产业园区的发展也要重视产业融合,将文化产业园区打造成高科技企业的阵地。

2. 以特色促发展

坚持社会效益与经济效益相统一,把文化产业作为优先发展产业,落实扶持政策,着力培育文化创意产业园等特色文化产业园区,壮大壁纸、小提琴、工艺美术等重点产业;充分发掘盐税文化、戏曲文化、饮食文化、民俗工艺等特色资源,加强对名人旧居、文保建筑、古宅名园的修缮维护;放大"水城水乡"和特色文化资源优势,加快建设休闲型文化生态旅游区,大力发展乡村和工业旅游;完善公共文化服务体系,全面建成博物馆、图书馆、美术馆、文化馆新馆和青少年活动中心,实现各类公共文化设施免费向市民开放,将文化建设与城市发展有机结合,使人民群众充分享受文化产业发展带来的成果。

3. 培养和吸引文化创意人才

不断完善产业链是文化产业发展的关键,而完善产业链的关键是加强对文化人才的培养。而在培养文化产业人才的时候要特别注意针对产业链上不同类型人才的特点来采取不同的培养方式。目前泰州专业的文化产业人才比较匮乏,文化人才在总量、结构和素质上都还不能适应泰州文化产业快速发展的要求。因此,调整人才教育结构,加强对文化产业人才特别是高端人才、复合型人才的培养变得十分重要和迫切。可以通过教育培训机构,以及促进学校与文化组织或企业建立合作伙伴关系,设立基金为文化产业企业和创业者提供创业计划训练或创意奖项等方式,使产学研有机结合,促进文化人才的培养和培育。同时,加大力度引进文化创意人才,及时了解他们的需求,创造良好环境,吸引文化创意人才来泰州发展。

第七章　扬州文化产业发展研究

2014年，是扬州建城2500年。自公元前486年，吴灭邗，筑邗城，开邗沟，扬州有着近2500的历史，曾出现汉、隋唐、明清时期三度辉煌，形成深厚的文化积淀。文化是扬州的“根”，是扬州的“魂”，是扬州宝贵资源和品牌优势。作为一座文化古城，扬州拥有丰富的文化资源。扬州市委、市政府也下发了《关于印发(扬州市文化产业“十二五”规划)的通知》《关于印发(扬州市2011年—2012年文化产业发展行动方案)的通知》和《关于扶持文化产业发展的若干意见》等文件，要求“十二五”计划期间，全市文化产业发展速度高于国内生产总值增长速度，到2015年实现文化产业增加值占GDP比重达6%以上。“十二五”规划中，扬州提出“三个扬州”建设：把扬州建设成为一座文化浓郁、形神兼备的文化遗产城市，一座绿水相依、宁静雅致的秀美宜居城市(精致扬州)，一座布局合理、功能完善的现代开放城市(创新扬州)，一座物质富裕、精神富足的文明幸福城市(幸福扬州)。“三个扬州”建设蕴含丰富的文化含义，离不开扬州文化产业的崛起和发展。

一、扬州文化产业发展概况

2010年扬州文化产业实现增加值约86亿元，同比增长32%，占GDP比重达3.9%，较上年提高0.4个百分点。2011年，扬州文化产业增加值上报数为107.9亿元，同比增长25.5%，占GDP比重4.1%；2012年扬州文化产业增加值114.69亿元，比2008年增长1.7倍，年均增长28.2%；2013年扬州市文化产业完成增加值140亿元，占地区生产总值比重4.3%，比上年提高0.33个百分点。

扬州市文化产业发展结合文化资源优势、发展特点和变化趋势，从“创建基地、搭建平台、扶持重点、打造亮点”等四个方面入手，已基本形成以新闻传媒、出版印刷、文化创意、文化旅游、工艺美术、玩具生产、乐器制造、文博会展、文化娱乐等为主体的门类较为齐全的文化产业体系，以及国有、民营、外资等多种所有制形式并存的产业格局。

1. 产业环境日益优化

(1) 各级政府高度重视。从国际上看，当人类跨过21世纪门槛以来，文化产业的巨大经济潜力已经被大多数国家和地区认可。随着经济全球化的日益加深、消费文化的蓬勃发展、科技与文化日益密切结合以及城市竞争的愈演愈烈，一个全新的文化创意产业生产力空前扩张的时代已经来临。从国家层面，2009年，我国讨论并通过了《文化产业振兴规划》，2013年习近平总书记曾强调指出，要继续推进文化体制改革，推动文化事业全面繁荣和文化产业快速发展、建设社会主义文化强国。李克强总理在2014年亲自部署文化创意产业发展新方略，推进文化创意和设计服务与相关产业融合发展，并最终形成《国务院关于推进文化创意和设计服务与相关产业融合发展的若干意见》。从扬州市层面看，2009年扬州市委、市政府出台了《扬州市文化发展规划纲要(2009—2014)》,2010 年 4 月制定下发了《扬州市 2010 年文化产业发展行动方案》,2011 年出台了《关于扶持文化产业发展的若干意见》,2012 年《扬州文化建设工程实施办法》正式出台,明确了至 2015 年,全市文化改革发展主要目标,扬州市将加快文化产业发展,推进新兴特色文化产业集群,以 1 个千亿级、5 个百亿级产业体和四大国家级基地为依托,引导相关企业集聚,形成新兴特色文化产业。

(2) 宏观经济持续向好。2014 年上半年全市实现地区生产总值 1725.62 亿元,比上年增加 171.01 亿元,增速 11%,全省第二,高于省均 2.1 个百分点。从人均指标看,2013 年扬州人均地区生产总值为 72775 元,增长 11.9%,比上年增加 7083 元,增速高于全省 2.6 个百分点。按美元汇率折算,达到 11751 美元(2012 年人均 GDP 首次突破 10000 美元)。人均 GDP 作为衡量人民生活水平的重要指标,它的持续增长从另一角度说明了扬州经济增长效率的不断提高。根据国际经验,人均 GDP 超过 5000 美元,是居民的消费结构转向精神文化消费为主的时期。理论经验上,扬州市可以预见居民文化消费需求将进入快速扩张阶段。城镇及农村居民文化消费稳步增长。2013 年,扬州城市居民人均可支配收入 30690 元,增长 9.6%;人均消费性支出 19100 元,增长 8.8%。农村居民人均纯收入 14214 元,增长 12%;人均消费性支出 9725 元,增长 11.6%。文化产业的蓬勃发展和城镇居民收入水平的快速提高为扬州居民文化消费的增长打下了坚实基础。

2. 产业规模逐步壮大

(1) 增加值总量逐年增加。最新数据显示,扬州市文化产业增加值为 130.91 亿元,比上年同比增加 12.39%,占 GDP 比重为 4.03%,比上一年提高 0.12 个百分点,文化产业增加值呈现逐年递增的趋势。2013 年的增加值是 2008 年的 2.45 倍,用水平法计算得到平均增长速度为 16.14%,按照此速度 2014 年增加值总量将达到 151.86 亿元。增加值总量和增速指标凸显了文化名城的文化产业发展潜力与发展优势。

(2) 文化创意产业项目建设继续推进。依据《扬州市文化标志性工程建设行动计划》要求,扬州着力推进具有重大示范效应和重大文化创意产业项目的规划建设。2013 年,有 10 个项目获 2013 年度江苏省文化产业引导资金补助项目资助,资助金额达到 820 万。新实施文化博览城重点项目 12 个,大运河申遗文本预提交世界遗产中心。如今,邗江文化创意产业园、江都惠普软件园、仪征物联网产业园等载体建设都已初具规模。

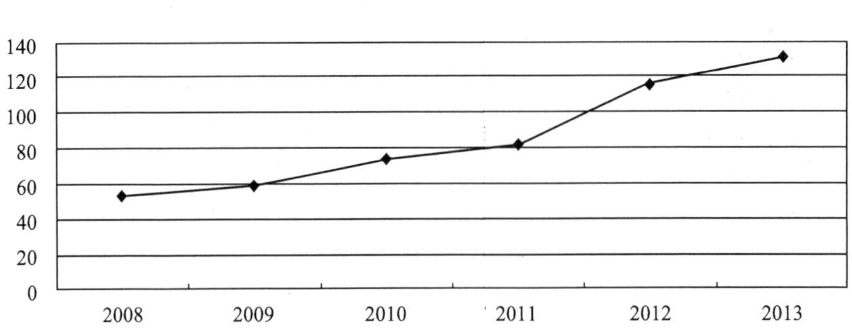

图 1　2008—2013 年扬州市文化产业增加值增长图

(3) 企业数量稳步提升。最新数据显示，文化企业数合计为 5296 家，较去年国家反馈的 4001 家，净增长 1295 家，增幅为 32.37%。其中规模以上工业企业、限额以上批零企业、重点服务业企业(以下合称为“三上”企业)合计 245 家，营业收入合计为 420 亿元，是 2012 年扬州市 198 家“三上”文化产业企业合计营业收入 178.99 亿元的 2.35 倍。随着产业政策的倾斜和扶持，文化产业发展环境日益优化，企业的数量仍有较大提升空间。

(4) 产业载体量质提升。全市拥有各级各类文化产业园、集聚区共 27 个，其中国家级 4 个，蜀冈—瘦西湖风景区成为国内首家国家级文化旅游示范区，工艺美术集聚区先后荣获国家文化产业示范基地、中国传统工艺美术特色基地等称号，扬州智谷文化创意产业园先后获得了江苏省、国家文化产业示范基地，国家数字出版基地扬州园区“花落”扬州经济技术开发区。此外，湾头玉器文化产业园、小官庄圣诞文化产业集聚区入选市级现代服务业(文化类)集聚区，宝应乱针绣文化创意园跻身“江苏省文化产业示范基地”，邗江(智谷)文化创意产业园获批“江苏省文化科技产业园”，江苏信息产业基地、国家数字出版基地扬州园区获得“江苏省重点文化产业园区”称号。这些园区载体的建设，为扬州市文化产业集聚发展提供了良好的平台。

(5) 产业集群规模初具。产业集群是产业发展到一定阶段的产物，也代表着一个产业的发展水平。扬州市传统文化产业主要包括玩具制造业、工艺美术业、文化旅游业、乐器制造业等，新兴产业主要以动漫设计、影视传媒业、新闻出版等。按照产业集群的生长周期理论，可以将产业集群分为萌芽阶段、成长阶段、成熟阶段和衰退阶段。玩具制造业、工艺美术业、乐器制造业等扬州市传统文化产业集群基本上已经处于成长阶段，正在逐步向成熟阶段发展。而电子书、动漫行业、影视传媒等新兴文化产业集群处于萌芽和成长阶段。

3. 产业结构优化升级

(1) 文化产业构成比例趋于合理。文化产品制造业、批发零售业和文化服务业的比例为 74.06∶4.63∶21.31。文化服务业(包括文化产品批发零售)增加值占第三产业的比重为 3.09%，占比上年提高 0.1 个百分点。2013 年，扬州文化服务业(包括文化产品批发零售)实现增加值 41.22 亿元，比上年增长 17.47%；占文化产业增加值的 31.49%。增幅高于整体文化产业增幅 3.33 个百分点，高于同年扬州 GDP 增幅 5.47 个百分点。文化服务业的比重呈现逐年上升趋势，扬州市文化产业结构在稳步发展中优化升级。

(2) 文化旅游业开展颇具成效。旅游业是永远的朝阳产业、绿色产业、富民产业，扬州发展旅游业既具有得天独厚的人文资源和比较优势，更是我们的使命和责任。发展旅游业既是产业发展，又是对城市的宣传和推介；既是利用先人留下的遗产与资源，又是对城市文化精神的传承和弘扬；既是经济转型升级的需要，又是对百姓需求的呼应和满足。目前，全市共有国家 A 级景区 33 家，其中 5A 级 1 家、4A 级 7 家；已有星级酒店 65 家。2013 年扬州市旅游业总收入 501 亿元，增长 15%。旅游业增加值占地区生产总值达到 7%左右①。

(3) 龙头企业引领作用显著。2013 年新增的 46 家“三上”文化产业企业中，有 3 家企业是体量特别突出的企业，分别是永丰余造纸(扬州)有限公司、川奇光电科技(扬州)有限公司、立奇光电科技(扬州)有限公司。3 家公司 2013 年的营业收入合计为 211.19 亿元，已经

① 2014 年扬州市政府工作报告。

超过去年198家“三上”文化产业企业营业收入的总和。按照2012年的国家提供的文化产业增加值系数来计算,3家企业的文化产业增加值为41.33亿元,占全部文化产业增加值比重的31.57%,2014年这三家龙头企业将继续领跑扬州文化产业,龙头企业对整个产业的拉动作用已经显现。

(4) 科技创新能力逐步提高。创新是文化产业发展的原动力。2013年扬州科技创新发展迅速。全年共新增国家高新技术企业85家,培育省级上市入库企业43家,新增省民营科技企业1943家,牧羊集团获批建立国家饲料加工装备工程技术研究中心。全市专利申请首次突破2万件,达22825件,增长13%;其中发明专利申请5159件,增长22%;授权专利11416件,增长41%;万人发明专利拥有量3.70件,增长27.2%。扬州市成为国家创新型试点城市、国家智慧城市试点示范市,连续五年蝉联“国家科技进步先进市”。

(5) 公共文化事业处于全省前列。2013年,全市新建农村文化广场189个、村级文化广场实现全覆盖。文化惠民活动广泛开展,文化惠民公益演出211场次。8处省级文物保护单位晋升为国家重点文物保护单位。木偶剧《胡桃夹子》等入选中国艺术节优秀展演剧(节)目。编制完成国家级非遗项目中长期规划。大运河申遗工作通过联合国教科文组织专家考察。隋炀帝墓考古发掘入选2013年全国考古六大新发现。全市共有文化馆、群众艺术馆7个,公共图书馆7个;广播电台7座,中短波广播发射台和转播台12座,广播综合人口覆盖率和电视综合人口覆盖率均达100%。有线电视用户125.4万户,增长2.6%,生产故事影剧片5部。

二、扬州文化产业发展的不足

尽管扬州文化创意产业正稳步发展,从历史数据看,扬州市取得了显著的进步。但是,从横向数据看,扬州与先进地区的差距依旧存在。同时,产业发展水平的高低不仅看速度还要看质量,质量则包括文化产业发展的环境是否适宜、产业结构的设置是否合理、有没有结合当地特色形成联动发展等。扬州文化产业发展还存在一些不足:

1. 文化丰富,但创意不足

扬州市文化产业缺乏创意,虽然有着丰富的文化资源,但是却没有发挥出应有的产业价值,关键的原因就是缺乏创意。江苏其他地方有着许多文化与创意经典结合案例,比如无锡的“三国城”、“水浒城”、“唐城”影视产业,还有文化创意和佛教文化旅游产业相结合的灵山大佛景区,常州的“无中生有的恐龙园”、“借题发挥的淹城”等。扬州也应选择这样的路径,寻找好的创意和项目,围绕项目带动并形成产业。一个好的创意可以成为一个很好的项目,从而带动一个乃至几个产业的发展。

2. 企业增多,但品牌较少

通过对扬州市民之外的部分群体调研,主题为“扬州这一座城市在外人眼里的印象是什么?”通过调查发现,扬州居然没有一张响亮的名片。最被人所乐道的是扬州炒饭,24.24%的人首先想到的就是扬州炒饭,15.15%的人首先想到的是瘦西湖。以扬州市风生水起的毛绒玩具行业为例,在全国有一定知名度的就是“笛莎娃娃”,但是经过几年的发展,它未能成为中国版的“芭比娃娃”,发展遇到了瓶颈。其余的毛绒玩具更多的是属于“贴牌生产”。扬州玩具属于自己的品牌是少之又少。而与此同时,美国的玩具品牌诸如变形金刚、芭比娃娃、费雪、迪士尼等重量级品牌风靡世界，日本的玩具更是通过创新占领了成人玩具市场。扬州的玩具企业需要借鉴先进经验，树立品牌意识。扬州这座城市，也需要响亮的文化品牌作为城市名片。

3. 队伍壮大，但人才缺乏

创意的缺乏和品牌的缺乏根本上是人才的缺乏。有关统计资料显示，在纽约，文化创意产业人才占所有工作人口总数的12%；伦敦为14%；东京为15%。而目前北京、上海等地的创意产业从业人员占总就业人口的比例还不到千分之一，扬州则更少，人才数量的差距悬殊可见一斑。以文化创意产业为例，文化创意产业目前最缺两类人才——内容创意人才及擅长将这些作品进行产业化和市场化的人才，目前创意经理人严重匮乏。以扬州玉器产业为例，扬州不缺大师，但是缺少挖掘大师背后产业价值的人才。以动漫行业为例，目前国内有大大小小400多家院校开设了动漫及相关专业，毕业生为数不少。但问题是，他们大多着眼于理论层面，实战能力有限，加上培养周期长，软件的更新速度跟不上发展，很难缓解动漫市场的真正“饥渴”。比如扬剧的作曲人才缺少；编剧人才缺乏；研究人才断档。扬州文化研究所所长退休三年，必须返聘三年，因为无人接档。此外，扬州市文化产业尚未形成门类齐全、结构完善、数量充足的人才梯队，缺乏文化艺术领军人才、文化产业专门人才和文化经营管理人才。另外，熟悉国际惯例和规则、可以从事国际文化贸易和交流的外向型人才也相当缺乏。同时，基层文化队伍的整体素质仍然偏低，人才引进、培养的步伐需要进一步加快。

4. 政府主导，但缺少活力

无论是扬州还是苏州、常州还是宿迁，依旧是以政府主导，文化产业的社会投融资体制尚未形成，文化产业大规模扩张的资本条件缺乏。扬州没有上市的文化企业，也没有像浙江横店集团那样在国内外有影响的民营文化企业。文化资源多为国有、民营资本，进入文化产业门槛较高、存在重复投资现象等。在扬州市五亭龙玩具城，产品雷同性高，产品设计出样品后，往往会遭到疯狂复制盗版。这样的竞争环境不利于产品创新。民营资本活力的缺乏，直接使得扬州市文化产业发展活力不足。此外，良好的产业结构应该具有较为显著的主导行业的引领作用、支柱行业的主体作用以及辅助产业和新兴产业的有益补充作用。而扬州文化产业发展存在地区发展不平衡、门类发展不平衡、城乡发展不平衡的问题，制约了扬州文化产业进一步健康发展。

5. 收入增长，但速度趋缓

按照凯恩斯的乘数理论，文化消费的增长不仅会导致投资需求的成倍增长，而且会拉动经济成倍的增长。随着经济的发展和居民收入的增加，按照国际经验现在已经进入文化消费需求快速扩张阶段。但是实际情况是，扬州市文化消费并没有呈现应有的扩张力和拉动力。当前扬州市文化消费对文化产业发展的引领作用却受到了居民收入增长速度放缓、必需消费刚性难减、收入差距扩大等一系列因素的制约。2001—2013年人均GDP的平均增长速度为16.97%，超过城市人均可支配收入的平均增长速度(12.84%)和农民纯收入平均增速(11.66%)。2013年文化消费支出中，仅教育支出一项占35.57%。城乡收入差距从2001年的3420元扩大到了2013年的16476元，在绝对值上有扩大趋势。扬州市统计局发布的“扬州城镇居民文化消费简析”一文中表示：扬州城镇居民文化消费存在消费差距大，城镇居民收入水平是农村居民的两倍多等现象，此外，居民消费层次不高。资料显示，高低收入组文化消费差距进一步扩大;文化消费的层次和品味有待提高,如文化消费层次失衡,表层的、娱乐化的文化消费盛行,而较有内涵的、高品质的文化精神需求不高。KTV、酒吧人头攒动,而图书馆相对冷清,且人群主要为青少年;网吧通宵营业且经常满座,可大部分人是在网吧玩游戏、聊天,却少有人在学习充电。

三、扬州文化产业发展举措

扬州市文化产业具有先天优势,但是由于后天的重经济轻文化的发展思路,使得文化名城并没有彰显出其应有的活力和影响。随着隋炀帝陵发掘、运河申遗成功等重大文化资源光芒闪耀,再次为扬州文化产业的发展提供了契机。扬州应突出世界运河名城,充分利用运河符号发展文化产业,打造世界运河名都——文化扬州。

(一) 扬州市文化产业发展的优势分析

1. 文化资源禀赋优势显著

扬州市作为历史文化古城,有着2500年的历史,拥有着丰富的历史文化宝藏,其主要构成具体可分为历史文化、民俗文化、工艺文化、宗教文化、饮食文化等,堪称文化资源大市。这些文化背后蕴藏着有待挖掘的经济价值,文化消费的兴起也让这些"瑰宝"有着广阔的市场前景。

表1 扬州文化资源的类型结构

	文化内涵	代表景点或活动
历史文化	运河文化	京杭大运河扬州段、古运河风景带等
	盐商文化	古城里的盐商旧宅
	名人文化	扬州八怪纪念馆、朱自清故居、史可法纪念馆等
	园林风景	瘦西湖、何园、个园等
	特色历史街区	双东街区、宋夹城、东关古渡
	墓葬文化	天山汉墓、隋炀帝陵
民俗文化	民间演艺	扬剧、扬州木偶剧团
	地方文化	扬州三把刀
	现代节庆活动	烟花三月国际旅游经贸节、世界运河名城博览会
工艺文化	古筝工艺	古筝制作工艺(占全国三分之二)
	雕版印刷工艺	雕版印刷、广陵书社(全国唯一具有雕版全套生产工艺的古籍雕版刻印社)
	漆器工艺	2400多年历史的木胎漆器发源地,国家级非物质文化遗产保护名录
	扬州玉器工艺	玉器之王"大禹治水图"、"聚珍图"、奥运金镶玉奖牌等
	扬州毛绒玩具	中国毛绒玩具礼品之都
宗教文化	佛教文化	大明寺、鉴真学院、高旻寺、天宁寺、石塔寺等
	伊斯兰教文化	普哈丁墓、仙鹤寺
饮食文化	淮扬菜系	中国四大菜系之一、三头宴、大煮干丝、三丁包子等

2. 文化产业基础较好

最新文化产业绩效考核数据显示位列全省第五，文化产业从业人员占全部从业人员的比重4.33%，位列全省第一。早在2008年文化产业绩效考核中，扬州市文化产业基础优势得以显现。当时扬州文化产业综合得分位列全省第三。其中文化产业从业人员占全部从业人员的比重为3.32%，位列全省第二；文化产业增加值GDP的比重为3.24%，位列全省第三，高于全省2.62%的平均水平。这些指标凸显了扬州文化名城的文化产业基础较好。

3. 特色产业发展强劲

扬州的文化旅游业、工艺美术业、玩具生产业、乐器制造业等区域特色文化产业，正处于蓬勃发展时期，新兴产业也开始崭露头角。

(1) 成熟型的产业集群——玩具制造业。据统计，扬州毛绒玩具出口占全球的1/3。2013年，扬州市规模以上玩具企业共有57家，占全市规上企业总数的2.2%。从企业规模看，全市规模以上玩具企业有10家中型企业和47家小型企业。扬州玩具业已经初步形成了从面料、辅料、配件、填充料、玩具生产设备等一条较为完整的产业链，既有面料配套的制造企业，又有填充辅料的生产企业，还有制作与销售一体、旅游与购物合一、批发和零售兼营的物流配套平台，开始呈现出“企业集群、产业集聚”的成熟型产业集群特征。

(2) 原发型的产业集群——工艺美术业。扬州的传统文化和民间工艺在全省、全国具有特殊地位，全市入选联合国“人类非物质文化遗产”名录项目3个，国家级非遗项目16个，有国家级代表性传承人17名，省级非遗项目40个，省级代表性传承人58名，市级非物质文化遗产项目158项，市级代表性传承人127名。2013年有7家规模以上工艺美术品制造企业，8家限上工艺美术品销售企业。非遗人才的集聚为传统工艺美术业集聚发展提供了强有力的支撑，从某种程度上来说，已经形成一个原发型的产业集群。

(3) 传统特色的产业集群——乐器制造业。扬州乐器制造以古筝为主，古筝制造是扬州独具特色的传统产业，古筝业内素有“七成古筝扬州造”的说法，被文化部命名为古筝之乡，六次中国古筝艺术交流会都在扬州举行。扬州早在唐代就已经成为古筝的重要产地，到清代创立了“广陵琴派”，20世纪30年代由于筝艺大师回归扬州，使得扬州筝坛欣欣向荣，随着日本侵华战争的爆发，艺人流散筝坛衰落。扬州琴筝复兴于20世纪80年代，1983年第一家古筝制造厂在扬州开办。扬州古筝网数据显示，目前现有古筝生产厂家120多家，年产古筝20多万台，产值达2亿元并生产其他门类的乐器产品，古筝产业的十大品牌中扬州品牌占据8个，目前产量约占全国一半以上，产品远销海外。可以说，扬州以古筝制造为代表的乐器制造业正进入繁荣时期，呈现集群发展，成为扬州特色的文化产业。

(4) 成长型的产业集群——文化旅游业。2013年，全市全年旅游业总收入近500亿元，同比增长15.1%，位列全省第六。全市旅游接待总人数3970.1万人次，其中接待境外游客70.5万人次，同比增长6.8%。截至2013年底，全市共拥有国家文化旅游示范区1家，国家A级景区35家(其中5A级1家、4A级7家)，全国工农业旅游示范点10家，省级旅游度假区1家，江苏省星级乡村点22家(其中四星10家、三星12家)，江苏省特色景观旅游名镇(村、乡)2家，省级自驾游基地4家。全市现有旅行社130家(其中出境社4家、四星级旅行社4家)，星级饭店66家(其中五星级饭店4家)。文化旅游业已经初步显现空间集聚性和要素集聚的优势和特征。

(5) 产业链日益完善的电子书行业。扬州经济技术开发区着力打造电子阅读器先进制作基地,川奇光电等电子书行业龙头在扬州生产的电子纸占据全球 E-INK 电子纸市场的 90%份额,是"国家数字出版基地扬州园区"。一批电子墨水、电子书内容生产企业也不断涌现。迄今入驻园区的十余家企业已基本覆盖电子书上下游产业链。

(6) 逐步扩张的影视传媒行业。扬州网、手机报等新兴媒体影响力和辐射面不断强化扩展,2013 年报业传媒集团实现营业收入约 8 亿元。广电传媒集团坚持新闻宣传和产业经营"两手抓、两手硬",2013 年集团营业收入近 8 亿元。江苏(扬州)影视制作服务外包基地园区规划面积 10 平方公里,核心区域面积 3.7 平方公里。基地与扬州各著名景点实施战略合作,形成了全国最大的天然江南风格拍摄景区。先后吸引《大清盐商》、《清江浦》、《冒牌特工》、《大红灯笼高高挂》、《江湖正道》、《市长刘伯承》等近 12 部影视剧组进驻拍摄,一批演艺明星工作室随剧组入驻基地。基地二期项目即将开工。目前,扬州市的影视传媒产业集聚区正在建设中,产业集群正处于企业扩张集聚阶段。

(二) 扬州市文化产业发展的相关举措

1. 以市场为主导,增强文化产业活力

"文化扬州"的建设不仅仅需要有丰厚的文化底蕴作为支撑,更需要文化事业和文化产业"并蒂开花"。文化事业由于其具有公共产品特性,应由政府主导,但文化产业活力的释放将更多依赖于市场化运作。例如美国文化产业的民间投资约为政府投资的两倍。目前,扬州的文化产业缺少强势的民间力量和民营资本。

(1) 资本运作市场化。放宽社会资本准入门槛,打破部门、地区、行业、所有制壁垒,逐步放开社会资本进入新闻出版业、广播电影电视业、建筑设计领域外资准入限制,引导民间资本投资文化创意、设计服务领域。发挥专项资金杠杆作用,启动"文化产业专门投资组合",借鉴韩国政府经验,发起旨在带动民间资本共同投资的文化产业基金,来引导资本的流向。吸引风投私募青睐,引导激励风投、私募基金等机构青睐优质文化企业,政府可以建立扬州市优质文化企业档案库,为风投和私募提供可靠信息,召开文化企业推介会,为企业和风投创造面对面沟通平台。鼓励风投积极进入初创阶段、成长前景广阔的扬州新兴文化产业业态。

(2) 壮大市场主体。扬州市文化企业大多属于中小型企业,注册资本不高,项目启动和运作需要资金却相当大,政府联合商业银行及时疏通资金进入渠道支撑中小文化企业发展。一方面利用现有园区孵化器,加强创业孵化,培育新企业;另一方面实施中小企业成长工程,支持专业化的创意和设计企业向专、精、特、新方向发展,打造中小企业集群。鼓励挖掘、保护、发展扬州老字号等民间特色传统技艺和服务理念,培育具有地方特色的创意和设计企业,支持设计、广告、文化软件工作室等各种形式小微企业发展。

(3) 培育要素市场。加快培育产权、版权、技术、信息等要素市场,借助重点文化产权交易所,规范文化资产和艺术品交易,并逐步建立规范的扬州市文化产业产权交易平台。当前可以将扬州特色文化资源打包成投资项目,依托"运博会""烟花三月旅游节"等进行广泛的战略投资宣传,通过上海、深圳等全国有影响力的文化产权综合交易平台,实现投融资创新举措。例如扬州运河文化地标意义的运博园建设项目、扬州本土演艺集团私营化项目等。

(4) 开拓市场领域。文化贸易实施"引进来"与"走出去"相结合的战略,从而通过有效流通促进文化产业发展。建立主要领导负责的文化招商机制，积极争取国家政策支持；培育一大批有能力“走出去”的龙头文化企业；建立文化贸易公共服务平台，有针对性地组织好本土企业与外商的交流和对接；鼓励支持中小文化企业抱团开拓海外市场。大力发展对外文化贸易，通过发展文化产品和服务国际电子商务平台、国际文化贸易展交中心，举办文艺交流活动，开展影视剧、动漫项目国际合作，互设文化贸易中心、建设国际营销网络等方式推动文化对外贸易发展。

(5) 大力发展旅游业。树立“城市即旅游”的理念，大力发展文化旅游、商务旅游、会展旅游，加快旅游度假区等载体建设，推进市县联动，强化县域特色旅游项目规划和培育，加大城市旅游营销力度。注重文化资源的挖掘，注重文化创意的提升，注重文化品牌的打造，大力推进文化产业与科技、旅游等产业的融合，使文化产业真正成为战略性新兴支柱产业，从而全面提升“三个扬州”的建设水平。

2. 整合文化资源，推动产业集聚发展

美国产业经济学家阿霍坎加斯认为，具有核心竞争力和比较优势的产业，基本上是以产业集群形态和产业集聚方式出现的。当今产业集群已经成为世界文化产业发展的必由之路。扬州要进一步提升文化产业核心竞争力，必须走集聚发展的道路。

(1) 集团化发展。对于传统优势企业，以需求为导向、品牌为龙头、资产为纽带、企业为主体，通过组建专业文化产业集团，提高文化产业要素集中度，逐步建成跨行业、跨地区文化产业集团，如可组建江苏运河旅游、演艺等集团，形成扬州文创产业核心“航空母舰”。

(2) 园区化发展。对于小而散的文化单位企业，尤其是传统优势产业的家庭作坊资源，因地制宜，结合当地文化资源要素特色，实施园区化发展战略。例如湾头镇整合玉器南路、玉器西路、茱萸湾路、长安路的“回”字形玉器产业发展带的“散户”。把他们集中起来，统一管理、统一生产标准、统一维修机器设备，最终形成“家庭工业园区”。

(3) 高端化发展。探索“文化＋科技”发展模式，鼓励新兴业态如影视、动漫、演艺、网络文化等行业的文化企业利用高新尖精科技资源，开展原始创新。打造扬州文化产业创新中心和成果转化中心，保护其专利并促进其成果转化。

(4) 联盟化发展。打造“以水为灵魂、以绿色为主线、以文化为底蕴、以产业为载体”的运河文化走廊。整合“十二五”文化产业发展规划的55个重点项目，建设“一轴两中心三节点”即以运河风情带为主轴，以淮安和扬州古城为中心，以宝应、高邮、江都为主要节点的组团式开放性文化产业带。在古运河和中国大运河扬州城区段之间规划建设文化产业园，与古运河西部的扬州古城和东部大运河扬州城区段景观带和规划建设的现代都市生态水城——广陵新城相配套。

3. 引进创新要素，延伸文化产业链

文化产业上游为原创研发，中游生产制作，下游营销操作。目前，扬州市的原创研发竞争力不足，需要从外部引入创新要素，延伸文化产业链。文化产业是一个以“内容为王”的产业，文化原创能力决定着文化产业的生机和活力。

(1) 引进创意设计。例如湾头镇的玉器产业还应该与珠宝首饰设计业结合，大力引进珠宝设计业的企业，鼓励创立珠宝设计工作室和研究中心，对接国内国际珠宝设计专业的高校，鼓励其参与创办珠宝玉器设计工作室，面向国内国际市场时，综合考虑产品质量、加工和不同民族习惯等各项因素,发挥自己的优势,打响湾头牌。

(2) 鼓励原创项目。如没有大量优秀原创作品支撑,文化就等于没有灵魂,也不可能支撑城市文化的可持续发展。实施文化艺术精品工程、学术文化提升工程,对于优秀原创项目给予奖励。特别是针对原创内容的项目投资给予政策倾斜,比如鼎业动漫的郑板桥系列漫画就是一个很好的创意投资主题。

(3) 以创意促发展。研究制定文化创意产业集聚发展规划,重点发展以软件设计、动漫网络、影视传媒、出版发行、民间工艺、现代艺术创意等为核心的文化创意产业集群。重点推进国家数字出版(扬州)园区、人民大学文化科技园、凤凰文化广场、扬州现代传媒广场项目建设。另外,根据社会发展需求,科学布局文化产业,逐步形成上下游联动的产业链,增强文化产业的创造活力,真正实现文化的大发展、大繁荣。

(4) 人才专项投资。依托扬州工艺大师、文化名人和高职院校,开展师傅传帮带补贴、大师讲坛、兴建培训基地等多种人才专项投资,建立完善本土人才培养机制,重点培养一批中高等技能型人才和创意设计人才。通过专项人才引进计划,面向全世界,引入文化创意人才。实施文化创意和设计服务人才扶持计划,优化专业设置,积极推进产学研用合作培养人才,加大对创意和设计人才创业创新的扶持力度。健全人才使用、流动、评价和激励体系,推进职业技能鉴定和职称评定工作。

(5) 大力推进文化人才培养。培养、引进和通过项目合作等方式延揽一批高层次艺术创作、表演、研究人才;培养和引进一批懂经营善管理的文化产业人才;培养一批有发展潜力热爱文化事业的基层文化工作者。以实施艺校改扩建工程为契机,强化舞蹈、地方戏剧、曲艺等品牌专业、特色专业建设,积极拓展与高层次艺术院校的合作,提升艺校办学和人才培养水平。

(6) 注重改善生态环境。良好的生态环境是建设"生态家园、生态产业"的前提。目前,扬州水污染、大气污染相对较重,影响了扬州作为一个千年古城应有的宜居环境,不利于扬州未来文化产业的可持续发展。因此,市政府和普通市民要增强环境保护意识,减少对生态环境的破坏,更多地发展环境友好型产业。

4. 刺激文化消费,培育市场需求

基于当前扬州市实际情况,文化消费已经进入理论上的快速增长期,只要有一定的政策刺激,就能释放出文化消费增长能量。

(1) 落实收入倍增计划。人均可支配收入是短期内可以通过政策调整的,重点是提高劳动报酬在初次分配中的比重。落实并完善《扬州市城乡居民收入倍增行动计划(2012—2016)》,使得居民收入增长与经济协调发展,并具有更明确的预期和更高的透明度。同时,将提高居民收入水平纳入市、区(县)各级政府考核的约束性指标。

(2) 拓宽文化消费渠道。推出"精品文化产品"系列展出活动,通过开展"文化消费月"、"文化消费节"、"文化消费展"的形式,拓宽文化消费渠道,扩大文化产品营销力度。例如北京市的"惠民文化消费季"取得了很好的成效。

(3) 推出文化消费补贴。推出"文化消费卡",在扬州市民卡的基础上添加文化消费卡"一卡通",持卡市民可以免费借阅图书、观看文博展览、参加公益场所文化活动等,还可以与文化商户签约,享受消费折扣优惠,市民文化消费可以累积积分,积分可以兑换文化消费产品。

(4) 引导文化消费理念。推出“明星文化企业”评选和颁奖活动,利用文化产业发展引导基金,每年评选出有影响力、有发展潜力、有带动力的明星文化企业并给予奖励。

(5) 大力开展城市文化活动。巩固文明城市创建成果,认真研究“扬州好人”蔚然成风的典型效应和形成机理,针对不同群体选树不同典型,努力形成覆盖所有人群、富有扬州特色的城市荣誉体系。积极推动“书香扬州”的建设。充分发挥图书馆、农家书屋等公共阅读平台作用,促进图书流动,丰富阅读形式,为更多读者创造阅读条件。通过艺术表演、举办展览、学术交流等形式,大力拓展对外合作领域,提升扬州文化的国际知名度和美誉度。扶持原创性和地域性文艺作品创作。

第八章　盐城文化产业发展研究

盐城是江苏面积最大的地级市，是著名的东方湿地之都，拥有美丽的黄金海岸线，是仙鹤麋鹿的故乡，淮剧的发源地，是“山海”文化的重要组成部分。盐城作为文化底蕴较为深厚、文化资源较为丰富的城市，发展文化产业是提升城市文化软实力和综合竞争力，实现文化强市目标的重要抓手。“十二五”是江苏省全面实现小康并向基本现代化迈进的关键时期，也是盐城经济社会加快发展、转型升级的重要时期。市委、市政府把发展文化产业作为优化经济结构、转变经济发展方式和实现科学发展的重要抓手，统筹安排、全力推进。目前，盐城文化产业发展态势良好，已成为全市经济的重要组成部分。

一、盐城文化产业发展概况

经过前期的积累，盐城市文化产业发展的经济环境、体制环境不断改善，文化在经济社会中的地位和作用获得共识，文化需求和文化消费呈现正的增长趋势，为盐城文化产业的发展奠定了良好的基础，促使盐城文化产业、事业发展势头强劲，走出盐城的步伐也更加稳健。盐城从 2011 年起将促进文化产业发展纳入市政府重点实事工程，走“有规划、有园区、有龙头、有品牌”的发展文化产业积聚区新路。

1. 文化产业发展势头强劲

“十一五”以来，特别是近年来，盐城市坚持以建设文化强市为目标，抢抓机遇，多措并举，不断探索符合盐城加快文化产业发展的新路子，取得了一定成效。至 2011 年，全市文化产业增加值达 58 亿元，比上年增长 41%，文化产业增加值占全市 GDP 比重为 2.01%，与 2007 年不到 GDP 的 1%相比，有了较大的增长，文化产业经济增长的贡献率逐年提高。盐城市连续两年被评为“全国文化体制改革工作先进地区”，近年来总投入近 78 亿元，重点规划建设 13 个文化产业集聚区，实现了经济、社会效益两个新丰收。盐城以文化产业园区、文化产业集聚区为支撑的文化产业，展示了独特的竞争力和生命力。经过三年的发展，盐城国际软件园和服务外包基地已集聚中软国际、国家互联网实验室等 115 家软件及各类功能配套企业。今年，软件园产业总规模超过 20 亿元。截至 2013 年盐城市先后 30 个文化产业项目获省财政扶持资金 3000 多万元。产业园区（集聚区）建设取得新突破，全市建成 13 个重点文化产业园区，东方 1 号创意产业园列入省第四批文化产业示范基地候选名单，开圣知青影视文化基地被命名为江苏省影视基地。一批重点文化企业正在崛起，江苏桃园家饰有限公司被评为全国重点文化出口企业，市演艺集团成功组建，发展势头良好。

2. 文化产业平台建设力度较大

盐城市区先后规划建设了中国海盐博物馆、新四军纪念馆人物馆、盐城会展中心、市和盐都、亭湖文化艺术中心、电视塔、城南新博物馆、图书馆等。同时，大力度推进文化产业园区和集聚区建设，在盐城中小企业园专设了盐城文化产业园，精心打造海盐历史风貌区、聚龙湖周边文化产业集聚区、先锋岛文化产业集聚区。近年来，盐城市重抓核心产品打造、精品景区建设、旅游市场推广、要素协调发展等工作，旅游城市形象初步确立。2013年，盐城市共接待境内外游客1757万人次，同比增长13.7%；旅游总收入171亿元，同比增长14%。

3. 文化活动丰富多彩

2013年，盐城市图书馆新馆全面建成开放。新增有线电视用户10万户，新增数字电视用户30万户。全市农家书屋图书总量更新了30%，丰富了农村文化生活。全市共举办各类文化活动300多场次。非遗保护传承工作得到加强。编制了3个国家级非遗项目中长期保护规划，组织申报省第四批非遗传承人、省首批非遗生产性示范基地。

4. 文化企业“走出去”

盐城演艺集团作为盐城市重要的文化企业，十分重视文化交流，组织国外优秀的艺术团体来盐城演出，并到其他国家进行交流活动。2013年，盐城市杂技团在世界顶级艺术殿堂纽约林肯艺术中心，第一次以音乐杂技剧的形式表现中国古典文学名著《美猴王·西游记》。与以往传统的对外文化交流演出活动不同，该剧在表现形式上实现了由“技艺文化”向“内容文化”的转变，在受众对象上实现了以西方华人社会为主向以西方主流社会为主的转变，并取得巨大成功。

5. 政策环境日益优化，扶持力度不断加强。

制订了《盐城市文化产业发展规划(2012—2020)》，为规划实施和文化产业发展提供强有力的保障。出台了《关于文化建设工程的实施意见》，修订出台《市文化产业发展专项资金使用管理办法》，推动全市文化产业重大项目和重点工程建设。起草《关于支持盐阜大众报报业集团、盐城广播电视台加快发展的政策意见》，全力推动盐阜报业集团、盐城广电集团以上市为目标，实现多元化、规模化、特色化发展。规划确定13个文化产业集聚区，作为市政府重点实事工程，纳入全市30个重点服务业集聚区一并督查、考核和推进，推动文化产业园区加快建设进度。建立全市文化产业项目库，修订完善文化企业名录库，对全市近4000家文化企业实施动态跟踪管理，为文化企业发展创造良好的外部环境。

二、盐城文化产业发展的不足

盐城文化产业虽然已经具备了一定的基础，但与建设“国民经济支柱产业”的目标相比，与盐城经济社会发展状况相比，与居民日益高涨的文化消费和精神文明需求相比，盐城文化产业总体所占比重较小，实力不够雄厚，且缺少在国内有影响力、辐射力的文化品牌。

1. 文化产业缺乏资金支持

文化产业要做大做强，进入快速发展的良性循环，需要金融政策的大力扶持，而文化企业小而散、轻资产、无抵押的特点，使众多金融机构望而却步。资金投资不足已成为制约盐城文化产业发展的“瓶颈”。盐城原有文化企业的国有色彩较浓，虽已改制，但短时间内难以转化为可进行现代市场运作的重量级文化资本。文化产业对金融工具的开发、利用条件不充分，文化产业的社会投融资体系尚未完备，造成文化产业大规模扩张的资本积累不足。

2. 文化产品还不够丰富

由于体制原因,尤其是有关市场塑造和维护的制度安排不尽合理,导致文化产品市场意识淡薄,产业竞争力不强。再加上文化产业投入资金的缺乏,使盐城文化产业科技投入含量不高,文化产品不够丰富,不能引领全新的生活理念。文化产品的创新性低,不能刺激文化需求的产生,从而降低了文化产品的竞争力,同时也使大众高层次文化消费的热情受到抑制。

3. 没有充分发扬盐城的文化特色

盐城有着丰富的文化资源,如海盐文化,体现了艰苦奋斗,自强不息,包容开放的深刻内涵。此外,红色文化、湿地文化、淮剧杂技文化也是盐城的文化特色。但是,外界对盐城的这些文化特色知之甚少,而如何将这些文化特色转化为盐城文化产业的支柱值得深入思考。

三、盐城文化产业发展举措

建市 30 年来,盐城经济建设、社会发展和城市面貌都发生了巨大变化。随着沿海发展和长三角一体化发展两大国家战略的深入实施,盐城进入加快发展的新时期。新时期盐城的发展要注重经济性和文化特色的结合,立足其独特的地理自然资源,培育特色文化产业,塑造一座有特色、有文化、能包容、开放性的新型城市。

1. 发展盐城“山海文化”

城市发展定位首先突出沿海中心城市,城市空间拓展的核心战略便是“东进向海”,为此,新一轮城市总体规划以“城”为根,构筑了两条向海的空间发展轴线:向东南联系盐城与大丰港,依托综合交通走廊构筑产业之轴,寻求盐城的出海口,发展临港产业,构筑盐城经济腾飞的基础;向东北联系盐城与丹顶鹤自然保护区,依托复合生态廊道构筑旅游之轴,以太平洋西岸最大的湿地以及全球最大的丹顶鹤自然栖息地来彰显盐城沿海生态特色。

2. 发展海盐特色文化产业

盐城是江苏沿海中部港口城市,位于中国沿海经济带、沿长江经济带、沿新亚欧大陆桥经济带的交汇处,拥有江苏最长的海岸线。盐城之“盐”乃海盐之“盐”,“煮海为盐”,“临海而居”乃成盐城,是共和国版图上唯一以“盐”直呼其名的城市。盐城历朝历代的物质文化、制度文化和精神文化,尤其是明清以来的哲学、诗歌、戏曲、小说乃至风俗人情,无一不深深烙上海盐生产的痕迹,反映了盐民们现实的生活境遇、朴素的生活情感和深刻的价值取向。因此,盐城文化产业的发展应该利用这一历史传承发展相关特色文化产业。

3. 大力发展文化旅游

在旅游资源上注入文化之魂。比如在旅游沿线建筑设计、桥梁设计、码头设计、游船设计、环境小品设计注重体现盐城城市文化,比如游船是否可在当年运盐的船的基础上加以改造,有别于其他城市的一般游船形式。为大力宣传盐城区域发展优势、城市发展前景、产业发展特色和海盐文化品牌,提升盐城市在国内外的知名度和影响力。截至 2013 年,盐城已经成功举办六届海盐文化节,开展经贸、文化、旅游活动。

4. 大力推动文化企业走出去

我国文化企业走出去的主要障碍是文化差异。盐城文化企业已经在走出去方面做出了大胆的尝试,并取得了巨大的成功。这说明,我们的文化产品不是不能为国外消费者所接收，只是缺少一个良好的切合点，只要找到了这一切合点，发现市场规律，了解国外消费者的真正需求，就能让我们的传统文化走出国门。盐城在这一点上有了成功的范例，应当将这一成果发扬光大，推动更多的文化企业和文化产品走出国门，既能在国际上更好地宣传我国文化、盐城文化，又能创造良好的经济效益。

第九章　南通文化产业发展研究

南通位于苏中，长江三角洲北翼，因涨沙冲积成洲，成陆至今已有5000多年的历史，是中国首批对外开放的14个沿海城市之一，与中国经济最发达的上海及苏州灯火相邀，被誉为“北上海”。文化产业作为文化与经济、科技相融合的一种业态，被认为是21世纪最具活力的产业之一。南通在率先基本实现现代化、加快建设长三角北翼经济中心的进程中，应以党的十八大精神为指导，紧紧抓住历史机遇，围绕创新驱动、转型发展的总体要求，做大做强文化产业，遵循文化产业升级和载体建设同步实施、科技与文化相融合、金融为文化产业发展服务的理念，探索构建南通现代文化产业体系的新路径.推动经济社会转型升级和可持续发展。

一、南通文化产业发展概况

1. 文化产业发展迅速

“十一五”以来，南通文化产业实现较快增长，初步形成包括新闻出版、图书音像、休闲娱乐、体育健身、文艺演出、工艺美术、信息服务、广播影视、群众文化等在内的综合型文化产业体系，成为全市经济的重要组成部分。2007—2011年，文化产业增加值年复合增长率达到26%，高于同期GDP年复合增长率8.6个百分点。特别是近年来，随着文化管理机制不断优化，文化产业呈现良好发展势头。2011年全市文化产业完成增加值90.01亿元，同比增长31.9%，文化产业增加值占GDP的比重为2.2%，同比上升0.225个百分点；2012年全市文化产业增加值142.49亿元，同比增长583%；2013年全市文化产业增加值实现203.46亿元，同比增长42.79%，占全市GDP的比重达到4.04%，比上年提升了0.91个百分点，在全省排名由第八上升至第五，在苏中排名首位，发展速度位居全省第一。文化产业发展已成为南通市新的经济增长点。

2. 文化产业基地建设有序推进

近年来，全市重点培育规模大、档次高的文化产业群体，文化产业基地、园区建设取得重大进展，先后命名文化产业示范园区8个、文化产业示范基地18个。海安523文化产业主题公园、飞跃百度文化广场、南通中国家纺创意产业园、海门江苏红木制品城、启东姚记扑克公司、吉品陶瓷等一批文化示范园区与基地的引领作用逐步显现。凤凰书城、民博园、华强科技、如皋长寿城、如东世界木屋博览园、如皋科技城等150个投资超亿元的文化建设重点项目正有序推进。此外，文化产业基地与项目建设，凸显了文化产业的集聚效应，有力地带动了房地产、文化旅游、制造业等相关产业发展。

3. 文化产业新兴业态加速形成

随着科技创新与技术进步，特别是互联网与信息技术的广泛应用，南通文化与科技结合的新兴文化业态加速形成。南通电视台参与的移动多媒体广播电视业务、中广有线实施的网络广播电视业务等新媒体业务初步成型。南通日报社电子报、南通网等数字化阅读平台已开始运作。南通电信、移动、联通等电信运营商的手机报、移动上网、移动电视等新媒体业务运营良好。中一广告、濠滨论坛等一批新兴广告媒体公司开始涌现。南通家纺城、叠石桥国际家纺城的家纺创意设计型企业茁壮成长。建设中的南通方特城市乐园正在应用高科技手段打造城市版的主题乐园。文化产业新兴业态的形成为南通文化产业发展注入生机与活力。

4. 文化体制改革稳步推进

南通市委、市政府制定了《南通市 2010—2015 文化建设规划纲要》，出台了《关于落实文化建设工程实现文明城市建设领先全省的意见》以及各项促进文化产业发展的扶持政策与文件，将文化产业纳入政府主导推动发展的轨道。目前，市、县两级文化行政主管部门已全部完成合并，组建了文广新局，成立了文化产业职能部门，有效解决了多头管理、职能不清、条块分割、协调困难等问题。全市 31 家文化事业单位内部改革基本到位，形成公有制为主体、多种所有制共同发展的文化产业格局。南通电视台与广播电台合并组建南通广播电视总台，南通艺术剧院筹备注册南通市演艺公司，南通日报社正探索市场化运行和企业化管理的新途径。南通环濠河博物馆群、国际文化交流中心、凤凰国际书城、南通报业新闻传媒中心等公共文化设施逐步建成，进一步提升了公共服务功能，更有助于推动文化产业的高点定位与高端发展。

5. 高新技术发展迅速

全市拥有高新技术企业 477 家，本年度新增高新技术企业 98 家；新增高新技术产品 762 项；新增国家级创新型企业 2 家；全市省级工程技术研究中心共计 271 家(年度新增省级工程技术研究中心 31 家)；全市科技孵化器 61 家，孵化面积 272 万平方米，其中国家级 8 家、省级 22 家(本年度新增国家级科技孵化器 1 家、省级 1 家)；全年共有 23 个项目获省级以上科学技术奖，其中国家科学技术发明二等奖 1 项，省科技进步奖二等奖 9 个、三等奖 13 个。全年专利申请量 40771 件，其中发明专利申请量 8029 件，专利授权量 22086 件，发明专利授权量 746 件。万人发明专利拥有量 6.41 件，同比增长 141.9%。全社会研发投入占 GDP 的比重达到 2.35%，比上年提高 0.08 个百分点。文化产业的核心就是创新，南通市高新技术的发展为文化产业的创新发展提供了技术和智力支持。

6. 文化遗产保护力度加强，重点文化项目得到推进

2013 年年末全市共有文化经营单位 3602 家，从业人员 3.9 万人。年末登记在册的民营演出团体 156 个。全市拥有各类博物馆、纪念馆 22 家，各级文物保护单位 205 处，其中，全国重点文物保护单位 10 处，省级文物保护单位 23 处。全市拥有国家级非物质文化遗产 9 项，省级非物质文化遗产 40 项。文化经营从业人员数量比去年有所增长，文物保护单位增多，说明南通对历史文化遗产的保护力度加大。

2013 年，123 个重点文化产业项目重点推进，海安鑫缘环贸数码文化科技有限公司、江苏金太阳纺织科技公司等 6 家企业入选省重点文化科技企业，如皋文化创意产业园入选首批江苏省重点文化产业园区，南通家纺创意设计文化科技产业园入选省文化科技产业园①。

① 2013 年南通全市宣传思想文化工作综述，汇聚全面深化改革的强大正能量，南通网，2014-1-22.

2013 年南通市共有 14 项文化产业项目获得江苏省文化产业引导资金补助，总金额达到 820 万。

7. 文化旅游规模不断扩大

至 2013 年年末全市拥有旅游星级饭店 109 家，旅行社 136 家，A 级旅游景区(点)46 处，全国农业旅游示范点 2 个，全国工业旅游示范点 4 个。全年实现旅游总收入 360.6 亿元，增长 15.8%，其中，外汇收入 1.1 亿美元，下降 4.8%；国内旅游收入 348.2 亿元，增长 16.3%。全年接待国内旅游者 2737.3 万人次，增长 12.6%；其中旅游住宿设施和居民家中接待过夜海外旅游者 21.7 万人次，下降 7.6%。2014 年，南通国家 5A 级景区实现零的突破，濠河景区成功晋升为 5A 级旅游景区。近年来，濠河景区创建先后投入资金 8.6 亿元，实施了 35 项硬件建设项目和 14 项软环境项目，极大地改善了景区环境，为吸引更多的国内外游客创造了条件。

二、南通文化产业发展的不足

南通在文化产业发展方面，出台了一系列政策措施，市场主体发育逐步健全，文化产品与服务质量不断提高，文化产业发展的步伐明显加快。但由于起步较晚，与南通的城市定位和南通总体经济社会发展水平不相匹配，也与“文化强市”的要求差距不小，面临不少亟待解决的问题。

1. 文化经营单位数量增长缓慢，规模较小

2013 年南通市文化经营单位与上年相比没有变化，仍然是去年的 3602 家，只有从业人员有少许增加。民营演出团体也仍然是去年的 156 家。从文化经营单位的人数来看，平均每家经营单位的人数约为 10.8 人，人员数量较少，规模普遍较小是不争的事实。文化产业的发展需要大量的资金投入和技术支持。实力雄厚的文化企业可以更好地开展文化创意和技术开发，更好地满足市场的需求。因此，南通市文化和企业的规模较小成为文化产业发展的软肋。

2. 文化产业和文化事业仍分界不清

南通市文化单位的改制动作很小，过于强调公益性，比如南通艺术剧院的改制处于停滞状态，国有文化企业的活力和实力增强受到一定制约。部分文化单位没有完全成为自主经营、自负盈亏的市场主体，文化资源主要集中在公有单位手中，发展文化产业仍以政府推动为主。文化产业的投资主体主要还是政府，民间投资尚不活跃，相应的微观经营机制也不完善。如何让文化企业真正成为自负盈亏、积极参与市场竞争主体，需要更加彻底的变革。

3. 文化产业新兴业态发展滞后

南通市建立了门类比较齐全的文化产业发展格局，但目前仍以传统文化产业为主，文化创意、工艺设计、动漫、移动多媒体广播电视、电子书、网络出版等新兴业态发展滞后。文化产业影响力不强。南通市没有几个在全国或长三角地区叫得响的文化品牌，文化产品“走出去”步伐也不快。另外，南通与苏南、浙江等地的不少城市相比，在美术馆、展览馆、大剧院、音乐厅等文化基础建设方面差距很大。

三、南通文化产业发展举措

当前，我们要紧紧抓住文化产业发展的战略机遇，统筹规划，加强引导，完善政策，积极推动南通市文化产业的繁荣和发展。

1. 继续优化城市空间布局

(1) 以规划引领空间布局。围绕落实“八项工程”、实现“八个领先”的要求，提出要形成“1+5+8”中心城市发展格局和一核三片区“T型城市组团”。其中，“1”即由老城区中心和城市新区中心共同形成的一个市级中心，“5”即北翼新城中心、观音新城中心、能达商务区中心、苏通科技产业园中心和通州城区中心等5个二级中心，“8”是指火车站西站、秦灶、老城西片、老城东片、开发区北部、通州城西、通州城南、通州城北等8个三级中心。深化“1+5+8”中心城市空间布局规划，细化新城区、观音山新城、北翼新城等区域扩容规划，推动带状城市向组团城市发展，加快形成一核三片区的“T型城市组团”。(2) 以规划引领功能分区。对重点区域进行整合，系统规划中心城市商务、商业、文化、金融、教育、卫生等布局，促进各类功能相对集聚。(3) 以规划引领城市风貌。强化城市特色空间引导，优化建筑、水系、绿化等景观设计，彰显时尚秀美、精致协调的“江风海韵北上海、中国近代第一城”魅力。优化市区滨江、通吕运河、海港引河等区域景观，大力推动老城区改造提升，结合历史文化街区保护改造，布局一批高端文化、休闲、商务等业态。预计到2015年，“1+5+8”中心城市发展格局将初步形成。

2. 增强公共文化服务能力

构建覆盖全市、惠及全民的公共文化服务体系，为群众提供更多公共文化产品。大力推进文化惠民工程，加快市图书馆新馆、报业新闻传媒中心等一批文化设施建设，推动各县(市)区公共图书馆、文化馆建设和达标改造，实施乡镇(街道)综合文化站、村文化室达标工程和“农家书屋”提优工程、乡镇广播电视服务站标准化工程，完成行政村体育健身设施提档升级。大力推动文化产品生产，传承“中国近代第一城”优秀文化，努力推出一批群众喜爱、体现时代风采、展示地域文化特色的精品力作。大力加强历史文化保护，进一步放大环濠河博物馆群文化资源优势，做好创建全国公共文化服务示范项目实施工作，推进一批历史文化保护工程，积极传承优秀民俗艺术、非物质文化遗产，彰显国家历史文化名城新风采。

3. 着力提高文化产业竞争力

着力构建现代文化产业体系，加快把文化产业培育成支柱产业。以实施重点项目引领规模化发展，突出创意设计、新兴媒体，找准文化产业与其他产业的融合点，以壮大地方传统、优势产业推动特色化发展，做强广播影视、文艺演出等传统优势产业，加快培育工艺美术、民间工艺等产业，加快新兴文化产业业态的发展，着力整合资源、强化创新，加快建设一批富有竞争力的文化产业集聚区。突出特色，变革创新。

4. 壮大城市经济，推动商业金融文化集聚区发展

围绕创意设计、新兴媒体、动漫影视、出版发行、会展文博等发展潜力大的产业，强化招商，快速突破一批文化重点项目。壮大城市经济，以城市集聚经济扩大规模为方向，优化要素投入和产业政策引导，加快“优二进三”，大力发展2.5产业、平台经济、交易中心等生产性服务业，引进和培育总部基地、研发中心、楼宇经济、金融后台、文化创意等高端业态。加强

商业金融文化集聚区、科技创业社区、城市综合体等现代产业载体规划建设,积极发展特色鲜明的区域性商圈、商贸中心和商业街区。以教育文化引领和生态文明提升为突破口,加快形成布局科学合理、素质整体提升、环境宜居宜业的全面发展促进体系,构筑生产、生活、生态文化强市,促进城市软实力新提升。落实文化建设工程,以开放的姿态推动文化大发展大繁荣,加快建设江海特色文化强市。2014 年 8 月,南通市委市政府发布《关于促进文化产业发展的若干政策意见》,今后,南通文化产业将以这一意见为指导,向高层次、高水平的方向发展。

第十章　徐州文化产业发展研究

徐州市是苏北重要城市，行政区域面积3037.3平方公里，人口306.4万，是江苏省重点规划建设的四个特大城市之一。同时由于徐州地处苏、皖、豫、鲁四省的接壤地区，有潜力影响宿州、淮北、亳州、商丘、枣庄、临沂、宿迁等城市，从而形成淮海都市圈。

经过不懈的努力，徐州市经济水平飞速发展，人均家庭总收入、人均家庭可支配收入、人均家庭总支出、人均家庭消费性支出均大幅增加。其中主要年份的人均家庭可支配收入、人均家庭消费性支出状况如表1所示。

表1　主要年份徐州市人均家庭可支配收入、人均家庭消费性支出一览表　（单位：元）

	1990年	1995年	2000年	2005年	2008年	2009年	2010年	2011年	2012年	2013年
可支配收入	1687	4665	7147	11185	16955	18769	16762	19206	21716	23770
消费性支出	1409	3685	5391	7674	10717	11973	10558	12451	13730	15963

数据来源：徐州市历年统计年鉴。

从表1可以看出，徐州市的人均家庭可支配收入从1990年的1687元增加到2013年的23770元，二十年左右增加了13倍多，平均年增速高达11.65%。而人均家庭消费性支出也从1990年的1409元增加到2013年的15963元，二十年左右增加了10倍多，平均年增速高达10.64%。可见，徐州市的人均家庭总收入、人均家庭可支配收入、人均家庭总支出、人均家庭消费性支出均大幅增加，这使得徐州人有更多的收入进行文化娱乐消费，从而促进了徐州市文化产业的发展。

一、徐州文化产业发展概况

徐州市的文化产业发展依赖于其强劲的文化产品和服务的消费需求。徐州市主要年份的文化娱乐消费与食品消费对比情况如表2所示。

表2　徐州市主要年份的文化娱乐消费与食品消费对比情况表

	1990年	1995年	2000年	2005年	2007年	2008年	2009年	2010年	2011年	2013年
消费性支出（元）	1409	3685	5391	7674	9809	10717	11973	10558	12451	15963
食品（元）	809	1838	1985	2708	3419	4036	4081	3712	4338	5475.3
教育文化娱乐服务（元）	122	320	778	1270	1502	1250	1452	1475	2316	2540
文化占消费性支出比重	0.09	0.09	0.14	0.17	0.15	0.12	0.12	0.14	0.19	0.16
文化与食品支出比重	0.15	0.17	0.39	0.47	0.44	0.31	0.36	0.4	0.53	0.46

数据来源：根据徐州市历年统计年鉴计算得到。计算软件：EVIEWS 6.0版。

在表 2 中,消费性支出、食品支出和教育文化娱乐服务支出等指标为人均家庭指标。从表 2 可以看出,徐州市文化消费增长较快,从 1990 年的人均每户消费 122 元增加到 2013 年人均每户消费 2540 元,增加了近 20 倍,年均增加 13.48%。同期食品支出增加了 5.77 倍,年均增加 8.3%。可见,徐州市近三十年来文化消费快速增加,远远超过了同期食品支出的增长速度,这说明随着经济的发展,徐州市居民需求已经逐渐从食物等需求向更高层次的文化消费等转变。

文化消费的快速增加刺激了徐州市文化产业发展迅速,表现为社区文化共享工程基层服务点实现城区全覆盖,公共文化设施基本做到免费开放,被评为全国文化体制改革先进地区等。总体而言,徐州市文化产业发展表现出如下特点:

(一) 文化传统产业基础设施不断完善

公办文化馆(站)是新中国成立后,国家举办的文化事业单位,担负着丰富群众日常文化活动的责任,是群众业余文艺活动的基层活动场所。其数量能够初步反映地方的文化事业的开展状况和文化产业的发展水平和潜力。徐州市的公办文化馆(站)和博物馆数量如图 1 所示。

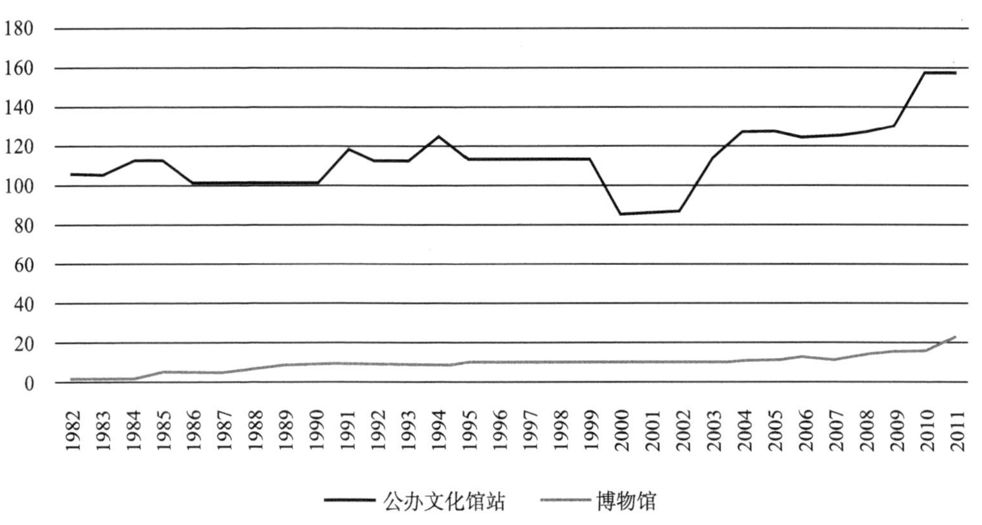

图 1　徐州市的公办文化馆(站)和博物馆数量变化图

从图 1 可以看出,徐州市的公办文化馆(站)数量在近 30 年来一直保持稳定增加的态势,波动较小。从 1982 年的 105 个逐年增加到 2013 年的 158 个。尤其是近两年来,徐州市的公办文化馆(站)数量增加较快,已经明显跃上新的台阶。

与公办文化馆(站)相类似,博物馆作为收藏、陈列、保护和研究自然和人类文化遗产的场所,能够为群众提供学习文化历史自然知识、陶冶情操等功能,是重要的文化活动、教育和欣赏的社会公共场所,其数量能够在一定程度上反映地方的文化发展水平和潜力。图 1 显示出,徐州市的博物馆数量稳步增加,从 1982 年的 1 座增加到 2013 年的 21 座,平均年增加率近 10%。而且近两年,徐州市博物馆数量的增加速度明显加快(图 1 中橙色线的斜率明显增加)。

徐州市的公共图书馆数量和新华书店数量保持稳定,如图 2 所示。

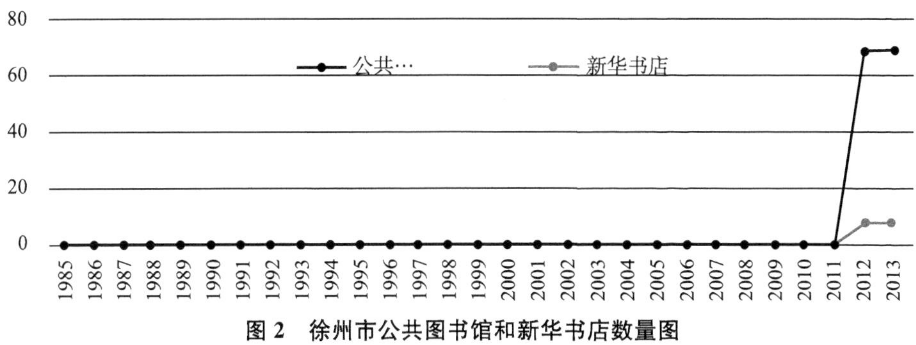

图 2　徐州市公共图书馆和新华书店数量图

从图 2 可以看出，徐州市的公共图书馆和新华书店数量基本同时维持在 7 家左右的数量。但是新华书店数量稍有波动。在 1994 年左右增加到 14 家左右，而且在 2009 年以后数量飙升至 68 家，远远超过了公共图书馆的数量。

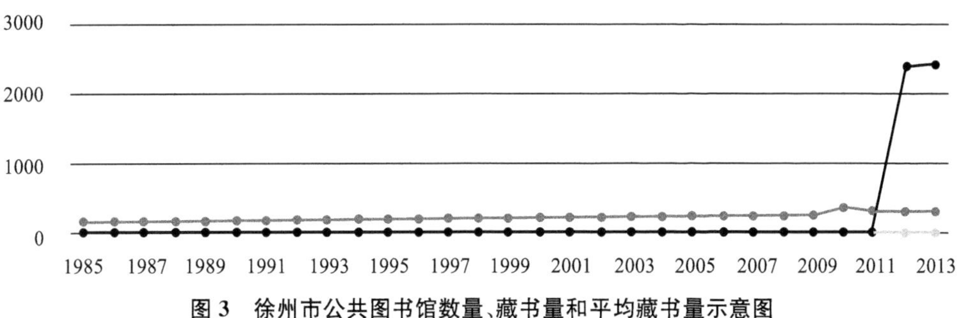

图 3　徐州市公共图书馆数量、藏书量和平均藏书量示意图

图 3 显示出，虽然徐州市的公共图书馆数量几乎没有变化（近 30 年来仅仅增加了 1 家），但是公共图书馆的藏书量在不断增加，从 1982 年的 1022 千册增加到 2013 年的 2416 千册，平均年增加幅度为 2.7%，尤其是近两年增速更加明显。这导致了公共图书馆的平均藏书量不断增加。

徐州市现拥有广播电视台 8 座，广播发射台及转播台（中波）2 座，电视发射台及转播台 8 座，发射机功 33 部，发射机功率 60.56 千瓦，县级广播电视台 7 座。基础设施较为完善，使得广播播音时间、电视节目等日益丰富。如图 4 所示。

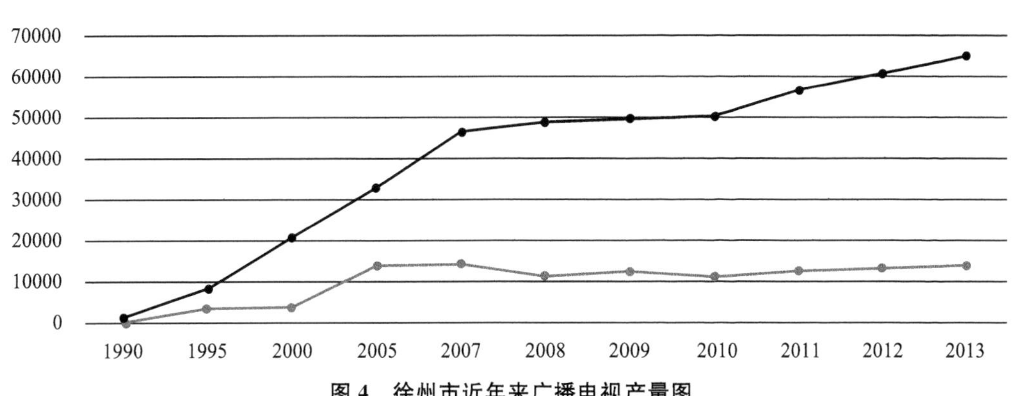

图 4　徐州市近年来广播电视产量图

在图 4 中,系列 1(上面的折线)代表徐州市的广播节目制作时间,系列 2(下面的折线)代表徐州市的电视节目制作时间。可见,1990 年以来,徐州市的广播电视产量迅速增加。其中广播节目制作时间从 1990 年 1323 小时迅速增加到 2013 年的 65042 小时,年均增长率高达 17.6%;而电视节目的制作时间增长速度稍低,从 1990 年的 307 小时增加到 2013 年的 14174 小时,年均增长率仍然搞到 17.31%。

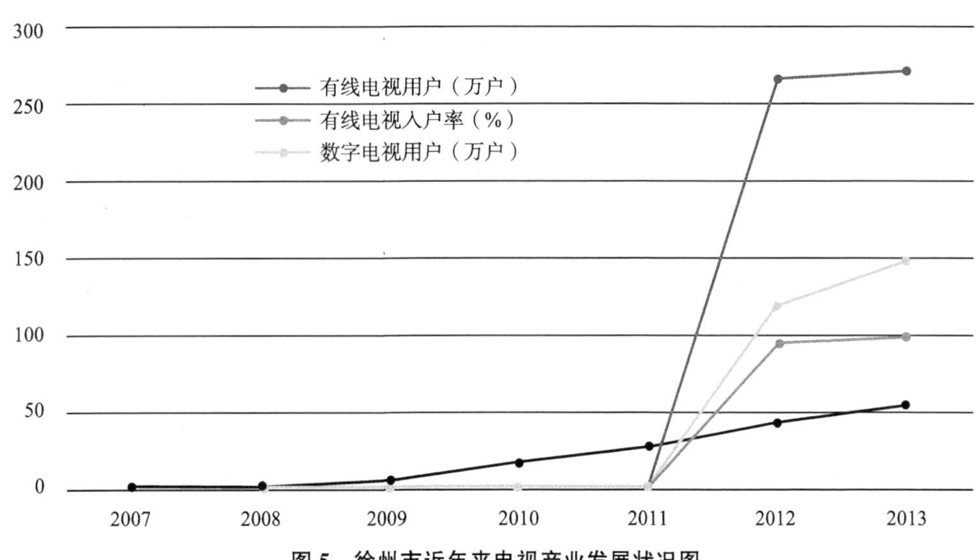

图 5 徐州市近年来电视产业发展状况图

在图 5 中,有线电视用户数和数字电视用户数量的单位为万户,服从左边的主坐标;有线电视入户率和数字电视入户率的单位是%,服从右边的副坐标。从图 5 中可以看出,徐州市的有线电视和数字电视产业发展迅速。有线电视用户数从 1995 年(12.66 万户)开始迅速攀升,截止到 2013 年,徐州市有线电视用户数已达 269.75 万户,有线电视入户率高达 97.1%。徐州市的数字电视用户从 2007 年(1.62)万户迅速攀升,截止到 2013 年,徐州市数字电视用户数量已经高达 147.43 万户,入户率为 53.07%。考虑到数字电视是近年方才兴起的新兴事物,所以徐州市的数字电视产业已经展现出了较快的发展速度。

(二)文化产品价格稳定

徐州市文化产品价格波动不大,近几年来基本保持稳定,表 3 显示出了徐州市 2006—2013 年期间的文化产品价格指数状况。

表 3 徐州市 2006—2013 年期间的文化产品价格指数状况表

年份	2006	2007	2008	2009	2010	2011	2012	2013
文化产品价格指数	99.3	99.4	98.4	100.4	99.8	99.2	101.8	101.1

数据来源:根据历年《国民经济和社会发展统计公报》数据计算得到。计算软件:EVIEWS 6.0 版。

表 3 显示,文化产品价格指数基本上每年的波动都小于 1%,而且有升有降,导致文化产品价格总体运行平稳,并没有受到其他消费品价格波动的影响。

(三)众多文艺精品在国家和省获奖,提高了徐州文化产业知名度

近年来,徐州市不断推出文艺精品,获得了众多奖项,这位徐州文化产业的发展提高了

知名度。近 5 年来，徐州市的文化企业争取省文化产业引导资金 3550 万元，众多新文化产品、代表性企业蓬勃发展。

例如在 2013 年举办的第二届“中国・苏州文化创意设计产业交易博览会”上，徐州市有 15 家从事文化产业的企业参展，其中，徐州大风乐器公司开发出古筝、柳琴、二胡等民族乐器微型模型，在新加坡、马来西亚、澳大利亚等地取得不俗的销售成绩；徐州市邳州前进玉雕有限公司以青铜器为创作题材，完美结合玉器的剔透与青铜器的厚重，成功对传统工艺进行升级等；它们和徐州市“时代天勤”彩色包装有限公司、徐州市塔山编织有限公司等 7 家企业获得优秀参展奖。另外，徐州展区获优秀展示设计奖，徐州文广新局还获得优秀组织奖。

二、徐州文化产业发展的不足

虽然徐州市文化产业发展较快，但是在发展中也暴露了一些问题，体现为：

（一）部分文化产业受到冲击，产业呈现萎缩状态

受到数字电视、网络等信息传媒技术的冲击，徐州市的电影产业受到巨大冲击，呈现出迅速萎缩的状态。电影放映单位数量和观影人次都急剧下降。

徐州市的电影放映单位数量和观影人次变化状况如图 6 所示。

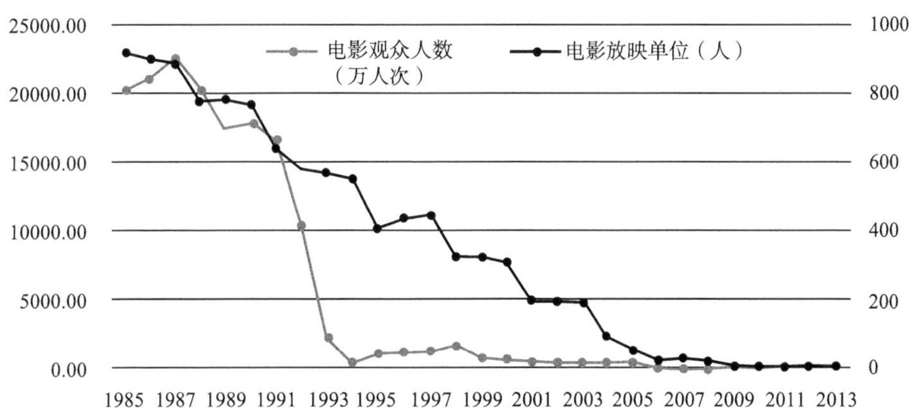

图 6 徐州市的电影放映单位数量和观影人次变化状况图

在图 6 中，电影观众人数的纵坐标为左边的主坐标，电影放映单位的坐标系为右边的副坐标。从图 6 可以看出，徐州市的电影放映单位数量和观影人次在近三十年间都在急剧下降。电影放映单位的数量从 1982 年的 640 家下降到 2012 年的 6 家，年均下降 3.41%；而观影人次下降更快，从 1982 年的 20436 万人次下降到 2012 年的 81 万人次，年均下降率为 3.43%。

（二）文化历史资源丰厚，但是开发力度尚待加强

徐州是著名的战略要地，在历次战争中都属于兵家必争之地，因而拥有大量的文化历史古迹。如汉墓、汉兵马俑等为代表的极具汉朝特色的历史文化资源，以及以楚汉争雄，淮海战役等著名战役所引发的历史文化资源，以及驮蓝山，李卫陵园，南洞山汉墓等历史文化资源。中原文化、荆楚文化、楚汉文化、三国文化等都在徐州有着较深的基础，但是开发力度仍有欠缺，如窑湾古镇的影响力显然不如苏南的周庄等古镇的影响力大，因而没有带来较好的旅游客源,从而没有将文化资源优势转化为经济效益。

(三) 文化产业市场规模较小,影响力较弱

徐州市目前拥有的文化站、博物馆、文化类的协会、图书馆、书店、书画市场、音像市场等文化产业市场数量少,规模小,难以形成规模效应,从而使得年文化产业销售额较小。主营业务收入再1000万元以上的单位进展0.82%,产值在1000万元以上的文化产业生产单位仅占16.49%。目前的文化产品缺乏名气较高的标志性的产品,以及先进的营销手段,文化产品的销售甚至在一定程度上仍然依赖于彭祖庙会等民俗集会带动。

三、徐州文化产业发展举措

(一) 根据比较优势,重点发展最具优势产业

徐州市文化资源较多,许多文化产业都具有一定的优势,但是由于资金等方面的限制,难以全面开花,同时支持所有文化产业发展。因而应该根据现有的产业发展现状,发展潜力和自身的资源状况,根据比较优势原则,重点选择部分产业进行扶持,以期时期快速发展,并带动其他产业发展。

相比较而言,徐州市可以考虑利用其丰富的历史文化资源、发挥文化站、博物馆、纪念馆、名人故居、文化历史遗址等推动文化旅游业发展。强调历史与人文结合、自然与文化结合、生态观光与休闲度假结合的发展模式,在发展文化旅游业的同时,带动文化产品、工艺品等特色产品的制作与销售业,以及照相器材、乐器、玩具、游艺器材、旅行社服务、旅游景点文化服务、室内娱乐、文艺表演、文化演出场馆、文物及文化保护、博物馆、图书馆、档案馆、群众文化服务、游乐园、休闲健身娱乐、广告、会展服务等产业的发展。

(二) 形成文化产业的龙头企业,建设知名文化品牌

重点支持国有或者国有控股的大型文化企业发展,同时放宽准入领域和准入条件,允许更多的民营资金进入文化产业,在具有徐州文化资源特点的字画、玉器等领域,支持企业(跨地区的)兼并、重组、融资、上市等,做大做强,培育龙头企业,努力形成具有较高知名度的产品品牌,并发挥集聚效应,形成文化产业集群。

(三) 建设文化产业人才队伍,培育文化名人

文化名人对文化产业的影响力巨大。徐州目前尚缺乏在全国乃至全世界具有较高知名度的文化名人,这与徐州拥有的丰厚文化资源极不相称。因而必须抓紧时间进行文化产业人才队伍建设,培育大师级的领军人物,促进文化产业发展。

因为文化产业通常与地域文化结合较为紧密,所以文化产业通过市场招聘等方式引进外地人才的难度较大,因而徐州市建设文化产业人才队伍可以考虑从两方面进行。一方面依托高校进行大规模的文化产业人才培养,提高文化产业从业人员的素质和人才厚度。另一方面,鼓励文化产业的名人、大师(尤其是联合国教科文组织和中国艺术家协会认定的文化大师)招收徒弟,进行产业技术传承。

第十一章　连云港文化产业发展研究

连云港位于江苏省东北部，行政区域面积 7446 平方公里，人口 510 万，是中国东部沿海的重要港口城市。

一、连云港文化产业发展概况

（一）广播电视等文化传统产业的基础设施完善

目前连云港市文化产业拥有以广播电视播出网络为代表的较为完善的基础设施。广播方面，连云港市目前拥有电台 1 座，发射台及转播台 8 座，调频广播 6 座，节目套数 6 套，平均每日播音时间 152 小时，2011 年制作广播节目时间达到了 22435 小时，广播 100%的覆盖了全市人口。电视方面，连云港市目前拥有 1 座电视台，19 个发射台及转播台，7 套电视节目，平均每周播出电视节目 980 个小时，2011 年制作电视节目 10428 小时，有线电视台数为 1 台，有线电视入户数(2011 年)为 108 万户，电视人口覆盖率已经达到 100%。文艺艺术表演方面，连云港市目前拥有艺术表演团体 9 个，其中淮海戏剧团 3 个，京剧团 2 个，演职员工 199 人，其中 152 人具有高中级职称，2011 年艺术演出 854 场次，观众人数达到 44.8 万人次。同时连云港市拥有剧场和影剧院 7 个，文化馆 8 个，文化站 96 个。可见，连云港市拥有较为完善的文化产品的制作和演出基础。

（二）文化产品价格上涨，但增长速度趋缓

连云港市文化产品价格价格上涨，尤其是 2007 年和 2008 年涨幅较大，但 2010 年以来增长速度趋缓。表 1 显示出了连云港市 2005—2011 年期间的文化产品价格指数状况。

表 1　连云港市 2005—2011 年期间的文化产品价格指数状况表

	2005	2006	2007	2008	2009	2010	2011	2012	2013
文化产品价格指数	100.7	100.4	103.4	102.6	98.3	100.2	100.9	98.6	100.5

数据来源：根据历年《连云港市国民经济和社会发展统计公报》和《连云港市统计年鉴》数据计算得到。计算软件：EVIEWS 6.0 版。

表 1 显示出，连云港市文化产品价格指数基本上波动不大，价格运行总体平稳，呈现缓慢增加趋势，只有在 2009 年和 2012 年略有下降，这使得导致连云港市文化产品价格总体呈现逐年上涨趋势，但是基本上与其他消费品价格波动趋势相一致。

（三）文化消费跟随食品等消费性支出快速增长

连云港市近年来经济发展较为迅速，生活水平提高较快，表现为平均每户生活费支出快速增加，带动了人均每户食品支出，人均每户文化娱乐用品及服务、人均月文化消费等也一同快速增加。具体如图 1 所示。

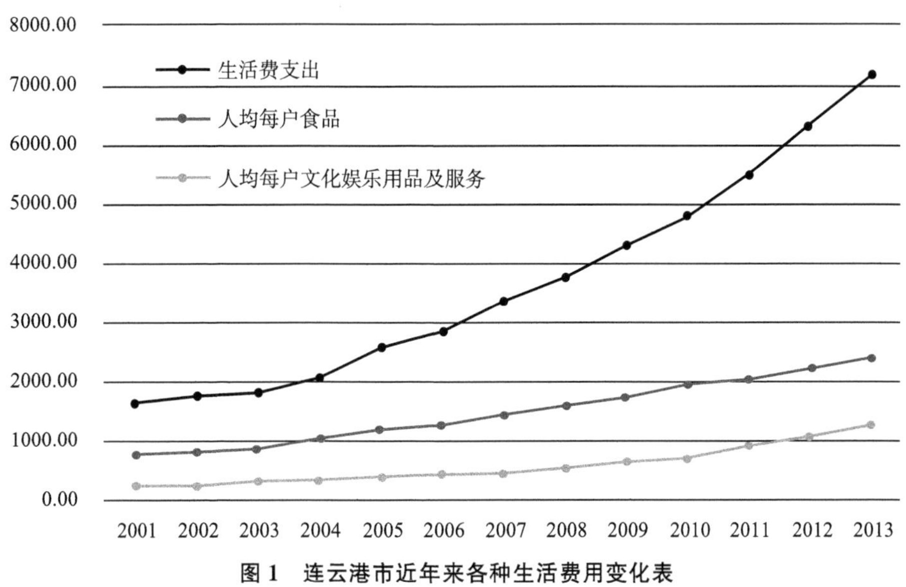

图 1　连云港市近年来各种生活费用变化表

在图 1 中,纵轴坐标单位为元人民币。图 1 反映了连云港市的平均每户生活费支出,平均每户食品支出,平均每户文化娱乐用品及服务支出等指标的发展趋势。从图 1 可以看出,连云港市平均每户生活费用支出上升最快,13 年间增加了 3.399 倍。而平均每户食品消费和平均每户文化娱乐用品及服务消费则分别增加了 2.193 倍和 4.212 倍,年均增长 4.957% 和 7.121%。

从人均月度指标看,连云港市人均月度文化消费和人均月度消费性支出如表 2 所示。

表 2　连云港市 2001—2013 年度人均月度文化消费和人均月度消费性支出表

(单位:元人民币)

	2001	2002	2003	2004	2005	2006	2007
人均月文化消费	66.42	78.14	79.13	77.70	78.55	88.34	97.11
人均月消费性支出	409.01	421.60	480.64	518.16	601.07	693.67	696.43
文化占消费支出比	0.162392	0.185342	0.164635	0.149954	0.130684	0.127352	0.13944
	2008	2009	2010	2011	2012	2013	
人均月文化消费	125.88	128.87	117.83	157.00	177.91	202.82	
人均月消费性支出	883.20	964.73	1024.46	1175.81	1301.25	1431	
文化占消费支出比	0.142527	0.133581	0.115017	0.133525	0.136725	0.141734	

数据来源:根据历年《连云港市国民经济和社会发展统计公报》和《连云港市统计年鉴》数据计算得到。计算软件:EVIEWS 6.0 版。

从表 2 可以看出,近十年来,连云港市人均月文化消费快速增加,从 2001 年人均月文化消费 66.42 元增加到 2013 年的人均月文化消费 202.82 元,年平均年增长 4.76%。但是经济发展使得连云港市的生活水平快速提高,从而使得消费性支出增长更快。其结果是文化消费在消费性支出中所占比例并没有大幅增加,反而略微下降。人均月文化消费支出占人均月消费性支出的比例从2001年的0.162逐渐下降到2011年的0.142。

（四）文化产业发展得到重视，产业种类发展齐全

连云港市极其重视文化产业的发展，成立了"连云港市文化改革发展领导小组"等机构，并发布了《连云港市文化产业发展规划2014—2020》，利用网络等新兴媒体建立了"连云港文化产业网"、连云港文化网，并且进行了大量的项目推介、政策法规宣传、人才招聘等工作，很好地推动了连云港市文化产业的发展。

连云港市的文化产业发展种类齐全，基本涵盖了2009年国务院发布的《文化产业振兴规划》中规划的文化创意、影视制作、出版发行、印刷复制、广告、演艺娱乐、文化会展、数字内容和动漫等产业等九大重点分类文化产业。

二、连云港文化产业发展的不足

（一）虽然拥有明显的区域特色文化资源优势，但文化产业竞争力让人较弱

连云港市背靠淮河流域，面朝大海，是文化历史名城。其区域文化极具特色，目前较有影响力的文化资源有淮盐文化、渔俗文化、"徐福东渡"文化、"西游记"文化、东夷文化、水晶文化、镜花缘文化、大陆桥文化等。但是这些文化资源缺乏整合，尤其是没有与云台山（尤其是花果山）等旅游资源相结合，文化产业的整体技术水平不高，并没有使其拥有的具有明显区域文化特色的文化资源转化为文化产业竞争力，与发达地区仍然有较大差距。

连云港市的文化产业竞争力较弱的另一个表现是缺乏具有较大市场影响力的领军性企业。目前连云港市的文化企业中产值较大企业仍然是连云港日报社、连云港广播电视总台等传统型文化企业（或事业单位），缺乏优秀的拥有较大市场份额、产值的大型企业。就是新闻出版与发行等连云港市的优势文化产业，其产值也弱于相邻的徐州、淮安等城市，与南京、苏州等苏南城市更是差距明显。

（二）文化基础设施逐渐完善，但是布局仍然有待改善

通过加大资金投入等措施，连云港市的文化产业基础设施逐渐完善，但是其布局有待改善。文化产业基础设施的投入重点向农村倾斜，这虽然改善了农村居民的文化生活品质，但是提高文化产业竞争力则意义不大，没有优化全市的文化基础设施的空间布局，市区的重要文化基础设施主要集中在新浦区。

虽然在《连云港市文化产业发展规划2014—2020》中，连云港市进行了空间布局方面的发展优化，准备建设"一廊三核两翼"（即文化产业走廊，路桥文化产业核心区、水晶文化产业核心区、传统文化产业核心区，海洋生态文化产业翼、民俗生态文化产业翼），但是规划的完成时间预计为"十三五"末，因而产业布局还需要若干年时间才能得到优化。

（三）文化产业总量规模较小，新兴文化产业发展缓慢

连云港市的传统文化产业虽然发展较快，整体实力有了明显提高。截止到2012年，连云港市文化产业实现增加值37.49亿元和31%以上的年均增长；全市居民文化娱乐消费年均增长17%，文化产业体系初现雏形。

但是由于科技、人才、区域区位、行业管理等各方面因素的制约，与同类城市相比，传统文化产业的发展速度趋缓（慢2%—5%左右），总量偏小。

连云港市的新兴文化产业发展较慢，需要进一步的扶持和鼓励。具体表现为网络文化服务、文化休闲娱乐服务(主要包括互联网、旅行社服务、旅游景点文化服务、室内娱乐、游乐园、休闲健身娱乐、网吧、广告、会展服务等行业)等代表的新兴文化产业发展缓慢。

三、连云港文化产业发展举措

(一) 强化认识,加大投入,主打《西游记》品牌

《西游记》是我国的四大名著之一,在我国有着极其巨大的影响力。尤其是央视《西游记》连续剧的播放,更是引发了国人对《西游记》故事的喜爱,其影响力绝非一般名著可比。连云港市是西游记文化的发源地之一,花果山、水帘洞等景点已经得到了广大群众的认可,所以《西游记》完全能够对连云港市的文化产业起到巨大的孵化作用。其他诸如徐福东渡文化、淮盐文化等历史文化资源的影响力相对较弱,因而在发展中不能"主次不分",必须强化对《西游记》的认识,加大投入,通过《西游记》文化研讨会、《西游记》创意大赛等形式的宣传,将《西游记》品牌打造成连云港市乃至中国文化产业发展的精品名片。

(二) 结合西游记文化等优势文化产业资源,大力发展创意产业等新兴文化产业。

围绕《西游记》而开发的动漫、电影、录像、游戏等各种文化产业已经具有了广泛的市场基础,但是其市场价值仍然具有巨大潜力,有待进一步结合新兴的产业形态和技术进行全方位的开发。

发展《西游记》相关的文化创意产业。《西游记》的主题和艺术风格充满魔幻色彩,非常适合创意产业。因而连云港市可以利用先进创意产业的发展模式,开展《西游记》文化的主题创意公园、游戏等。尤其是《西游记》主题公园已经从最初的简单形式的游乐园发展成为具有一定基础的主题公园,更应该进一步加强建设,完善功能,大力宣传推广,发展壮大连云港市的文化创意产业,并带动相关的文化旅游、影音、文艺汇演等产业的发展。

发展《西游记》相关的影视制作等产业。《西游记》具有较好的群众基础,是热门的经典电影主题之一。可以利用先进的影视特效制作技术将《西游记》故事更好地表现出来,或者利用先进的动漫产业模式,发展《西游记》相关的动漫创新制作等产业,更好地提升连云港市的文化产业竞争力和知名度,带动出版印刷、电子出版等产业发展。

(三) 继续做大做强《西游记》相关的传统优势文化产业

依靠丰厚的旅游资源,例如广大群众对《西游记》的喜爱、秀丽景色等,连云港旅游业发展较好,从而使得连云港市的旅行社服务、旅游景点文化服务、室内娱乐、游乐园、休闲健身娱乐、网吧、广告等与旅游相关的文化产业也得到了较好的发展,成为连云港市的优势文化产业。

随着连云港市对文化产业的进一步投入,连云港市在《西游记》主题乐园、花果山旅游、水晶旅游等方面具有无可比拟的优势。因而需要精心规划,突出群众参与性、前沿性,力争建设成中国版的"迪斯尼乐园"。

第十二章　宿迁文化产业发展研究

宿迁(史称下相)是苏北重要城市之一,面积8555平方公里,人口555万,是项羽故里,处于长三角地区和淮海地区的交接处,景色优美。

一、宿迁文化产业发展概况

(一) 图书馆,影剧院等文化事业和文化传统产业快速发展,空间格局有所改变

宿迁市近几年(2009—2012年)的图书馆和影剧院的信息如表1所示。

表1　宿迁市近几年(2009—2012年)的图书馆和影剧院等于人均GDP信息对比表

年份	公共图书馆数(个)	公共图书馆藏书量(万册)	每百人公共图书馆藏书(册)	每百人公共图书馆藏书(市区)(册)	人均GDP(元人民币)
2009	6	61.2	11.32	16.05	17460
2010	6	62.8	11.5	16.71	22525
2011	6	65.2	11.75	13.27	27839
2012	7	90.3			31827
2013	6	495.3	102.78	137.05	35407
年份	剧场、影剧院数(个)	剧场、影剧院数(市区)(个)	从业人数(市区)(万人)	从业人数(万人)	
2009	2	1	0.05	0.15	
2010	7	2	0.05	0.12	
2011	22	9	0.05	0.12	
2012					
2013					

数据来源:根据《宿迁市国民经济和社会发展统计公报》(历年)和历年《宿迁市统计年鉴》整理得到,其中部分指标2012年和2013年数据缺失。

从表1可以看出,随着城镇化进程的加快,宿迁市经济发展,表现为人均GDP从2009年17460元人民币增加到2013年的35407元人民币,平均年增长19.3%,经济发展带动了宿迁市的公共图书馆数量的增加,并使得公共图书馆藏书量逐年增加,从2009年的61.2万册增加到2012年的90.3万册,平均年增长率高达15.85%,并且在2013年迅猛增加到495.3万册,增加了5倍多。但是城镇化同时也使得市区城镇人口数量快速增加,使得宿迁市的公共图书馆藏书数量增加的同时,市区人均公共图书馆藏书占有数量反而减少,平均每年减少8.66%,但是市区和农村地区汇总来看,人均公共图书馆藏书占有数量并未减少,反而有小

幅增加,平均每年增加了1.9%,尤其是2013年更是迅速增加了近10倍。

在影音放映和演出产业方面,宿迁市发展较快,具体表现为剧场和影剧院的数量快速增加。影剧院和剧场的数量也急剧增加,从2009年的2个快速增加到2011年的22个,增加了10倍。在空间格局方面,宿迁市的影音放映和演出产业也紧紧跟踪市场变化,做出相应改变。市区和农村地区的剧场及影剧院数量比值从2009年的1∶1调整至2010年的2∶5,又调整为2011年的9∶13,格局随着人口数和人均收入水平的变化而不断的动态调整。

(二)文化活动较多,获得荣誉较多,促进了文化产业的发展

宿迁市历史悠久,各种民俗传统影响较大。近年来,宿迁市明确认识到文化产业的地位及其对宿迁发展的重要性,围绕文化宿迁建设,持续深化文化强市的理念,全面深入地实施了共六个大类94项的重点文化建设项目。以2012年为例,宿迁市在2012年开展了50余次大型的群众文化活动,以送戏下乡,送电影下乡等形式完成了15100余次的电影播放,500余场次戏曲演出,"赠送图书"10万余册。同时利用项羽故里等文化资源优势成功举办了"西楚文化节",利用洪泽湖养殖文化等资源举办了"泗洪螃蟹节",以及"感知宿迁"台湾专场等文化演出活动。在文化作品创作方面,总共制作了80部(个)各类文艺作品,举办了25次的书画、摄影艺术等文化方面的展览活动,取得了较好的效果。其中,电影《青春路上》和歌曲《短信》一起同时获得了第八届江苏省"五个一工程"奖;戏曲"月上柳梢头"等3部作品同时入围了第七届江苏省"小戏小品奖"大赛,并获得了12个奖项;苏北大鼓《垓下悲歌》获第七届江苏省"曲艺节优秀节目奖"、"表演奖"、"创作奖"等,取得了较高荣誉。另外,"苏北大鼓"省级"代表性传承人"刘汉飞荣获"江苏省十佳杰出传承人"的光荣称号,"顺山集遗址"经过考证被确认距今8300多年,被评为中国2012年考古"六大发现"之首,被江苏省文物局认定为江苏省6处大遗址之一。这些荣誉称号的获得对宿迁市的文化产业起到了很好的宣传和促进作用,使得宿迁市的文化建设体系初步形成了以区域传统文化为特色,公共文化事业为基础,文化产业为支持的文化发展体系。

(三)文化产业发展迅速,重点产业作用突出,民营资本发挥重要作用

宿迁市文化产业近年来发展非常迅速,表现为文化产业企业(单位)数量增加,从业人员数量增加,尤其是文化产业产值平均每年增长速度高达36%,初步形成了现代文化产业体系,其中工艺美术品制造和销售业、出版印刷业、文化产品创作和销售业、网络动漫产业等产业的产业增加值占宿迁全市文化产业增加值的比例超过65%,是宿迁市文化产业体系的主体。

民营资本在宿迁市文化产业的发展中占据着重要地位。私人控股的文化企业数量近2000个,占全市文化企业总数的98.1%,民营企业创造的文化产业增加值占宿迁全市文化产业增加值的87.5%。就产业领域而言,宿迁市放宽限制,鼓励民营资本进入文化产业。从而使得民营资本进入了动漫制作,工艺美术品制造、出版印刷、文化产品制作、文化旅游服务等各个领域。

二、宿迁文化产业发展的不足

(一)没有进一步盘活民间资本,大型文化投资仍然依赖政府投入

虽然宿迁市民间资本已经在文化产业发展的风生水起,但是都集中在投资小、见效快的领域，目前还没有涉足图书馆、博物馆、大型文化艺术中心等文化产业基础设施建设领域。大型文化产业投资仍然依赖于市财政资金支持的政府投入。如宿迁市文化艺术中心、沭阳县建设的图书馆、博物馆等设施都是分别由政府投入1.3亿元人民币和9000万元人民币建成，没有进一步盘活民间资产。从而造成了文化事业单位组成的文化事业相对较强，文化企业构成的文化产业相对较弱的局面。没有充分盘活民间资本，政府投入对于整体文化产业的发展而言远远不够。其结果是宿迁市相对于江苏省其他兄弟城市，大型文化产业投入水平较低，人均文化服务指数(主要指标是人均公共图书馆藏量、人均公共文化设施面积等)在江苏省排名靠后。

缺乏大量的资本前期投入，虽然宿迁市文化产业发展速度较快，但是总量不高。具体表现为宿迁市文化产业产值占地区GDP的比重较低，文化产业增加值等指标低于江苏省全省的平均水平，而且也低于同位于苏北地区的徐州、连云港、淮安和盐城等地区。

(二) 文化资源丰富，文化产业发展潜力较大，但发展水平较低

宿迁市文化资源非常丰富。作为地球生命演化的著名地区，宿迁历史悠久，名人轶事举不胜举。例如，著名的项羽故里和楚汉相争形成的楚汉项王文化，洪泽湖、大运河等著名淡水水系带来的渔猎文化、旅游文化等。宿迁作为战略要地，参与了历史上的宋辽之战、宋金之战、抗日战争等众多的著名战争，为文化作品创作、文化旅游等产业的发展奠定了坚实的基础。而且宿迁由于历史悠久，长期的生活演化发展了许多极具特色的民俗文化。如泗州戏、柳琴戏、淮海戏、小京戏等戏曲在整个江淮地区都有很广泛的影响力。苏北大鼓、苏北琴艺、苏北地方锣鼓、踩高跷、舞龙等民俗表演形式保存较好，具有很强的生命力。所以宿迁的文化资源极其丰富，完全能够给音像制品、广播、电视、电影文艺表演、文化演出等传统文化产业，文物及文化保护、博物馆、图书馆、档案馆等群众文化产业，以及电子出版物、互联网、旅行社服务、旅游景点文化服务、室内娱乐、游乐园、休闲健身娱乐、网吧、广告、会展服务等文化旅游业和现代文化产业提供发展基础，甚至可以为文化用品、设备及相关文化产品的生产，文化用品、设备及文具、照相器材、乐器、玩具、游艺器材等相关文化产品的制作和销售提供支撑。

三、宿迁文化产业发展举措

(一) 完善市场机制，引导民营资本进一步的进入文化产业

宿迁市经济发展水平相对较低，经济基础较为薄弱，表现为人均GDP、人均收入水平等长期在低位徘徊。经济发展水平，尤其是人均可支配收入等是决定区域文化市场需求的重要因素，因而宿迁的经济发展水平已经成为制约其文化产业发展的重要因素。其结果表现为民营资本不愿意投入到产出慢、投入大的公共文化服务领域，缺乏大规模前期资本投入的决心和慢慢培养市场的耐心，从而使得宿迁文化产业的投资偏低。因而宿迁不能仅仅依靠政府的财政投入进行文化产业的基础设施建设，而应该完善市场机制，通过减少审批环节，甚至在税收等方面给予一定的减免等措施，鼓励民间资本深入地进入文化产业的基础设施建设环节，包括各种历史文化博物馆建设、文化旅游景区的开发维护，文化产品的研发与推广等，进一步加强宿迁的文化基础设施建设，以期能够厚积薄发，盘活民间资本。

(二) 引进或培养文化产业经营管理人才

优秀的文化产业的经营人才是将宿迁丰厚的文化资源转为市场竞争力的关键。因而宿迁必须克服地理位置距离长三角等经济发达地区相对偏远、经济发展水平偏低等困难因素，采取恰当的人才吸引和培养措施，尽快建立宿迁文化产业人才队伍。必须将懂经营管理、市场开发的企业经营管理人才与文化艺术人才有机结合，从而改变宿迁文化人才较多，但是文化产业经营管理人才较少的不利局面，方能改变宿迁文化产业资源、民间金融资本和文化资源人才没有有效整合的状况，促进宿迁文化产业快速发展。

（三）科学规划宿迁现有文化产业资源

目前，全国乃至全球都非常重视文化产业发展，从而出现了一定程度的产品同质化现象，甚至很多地方盲目开放，定位不准确，失去了原有的特色和比较优势。

科学规划宿迁现有的文化产业资源，必须首先对宿迁现有的文化产业资源进行准确的调查和定位，评估其影响力，开发成本，预期发展方向等，确定其发展潜力，以及市场需求的规模和特点等。具体而言，对宿迁现有文化资源进行梳理，评估其发展潜力，重点培育开发。对宿迁周边的文化旅游等文化产业的市场需求状况进行详细调查，有重点地推广宿迁的楚汉项王文化、洪泽湖和大运河代表的渔猎旅游文化和泗州戏等代表的民俗文化等。

（四）扶植帮助重点文化企业发展，打造精品特色品牌

因为口碑、消费感受等在文化产品中的宣传中占有重要地位，所以品牌(尤其是具有地方特色的精品文化品牌)对文化产业的发展极其重要。因此，在宿迁文化产业发展中，可以在规划发展的文化产业中选择有发展潜力，并且已经具有一定发展基础的文化公司进行重点培育，在人才、资金等方面进行重点培养。

（五）做好配套措施，促进文化旅游等文化产业的发展

文化旅游是一种新型的产业形势，依托地方的特色文化资源，吸引旅游者和爱好者进行体验和欣赏，在促进经济发展方面具有很多优点。而宿迁恰恰具有众多的文化旅游资源，因而可以考虑在地区治安、交通、住宿、饮食等方面加强投入，建造平安、平静、和谐、有趣、轻松的旅游环境，同时加强在文化宣传方面的推广工作，在电视、报纸，尤其是网络等媒体上进行宣传，采用恰当的营销模式，扩大宿迁文化旅游资源的知名度和影响力。

第十三章　淮安文化产业发展研究

淮安是地处江苏省中北部地区的著名历史名城，面积 10072 平方公里，占江苏省面积 9.8%。淮安目前人口 534.1595 万人，占江苏省总人口 6.1%。另外，淮安位于淮河与京杭运河连接点，也是江淮文化和淮扬文化的中心城市之一。

一、淮安文化产业发展概况

（一）公共文化事业发展较好，空间布局合理

公共文化事业是文化产业发展的基础，淮安市公共文化事业发展较好，并且具有发展速度快，空间布局合理等特点。

淮安市公共文化事业发展状况如图 1 所示。

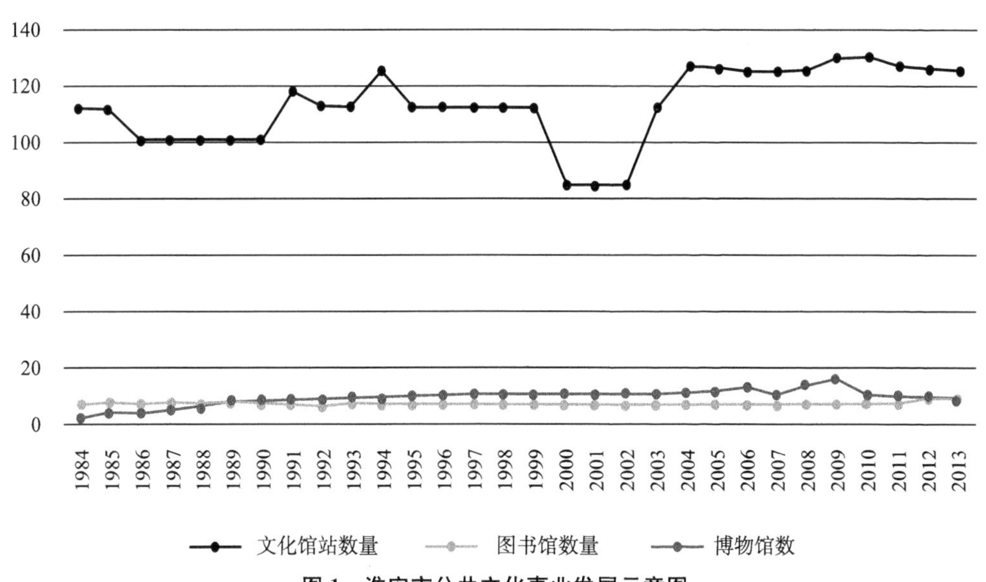

图 1　淮安市公共文化事业发展示意图

图 1 和图 2 中的纵轴单位是个，表示各种单位的数量。从图 1 和图 2 可以看出，近三十年来，淮安市的新华书店数量和图书馆数量基本持平，而且长期保持不变，但是近几年数量增加，从前期的个位数变成了两位数。与此同时，文化馆站的数量几乎也是长期保持不变（期间稍有波动），长期维持在 100 左右变动。而公共图书馆藏书数量与电影放映单位数量则呈现出两个截然不同的变化趋势，公共图书馆藏书数量几乎是加速上升，而受到网络等新兴媒体的冲击，电影放映单位数量则是直线下降。

淮安市高度重视文化产业发展，不断加大投资力度。仅在 2012 年就投资建立了洪泽湖

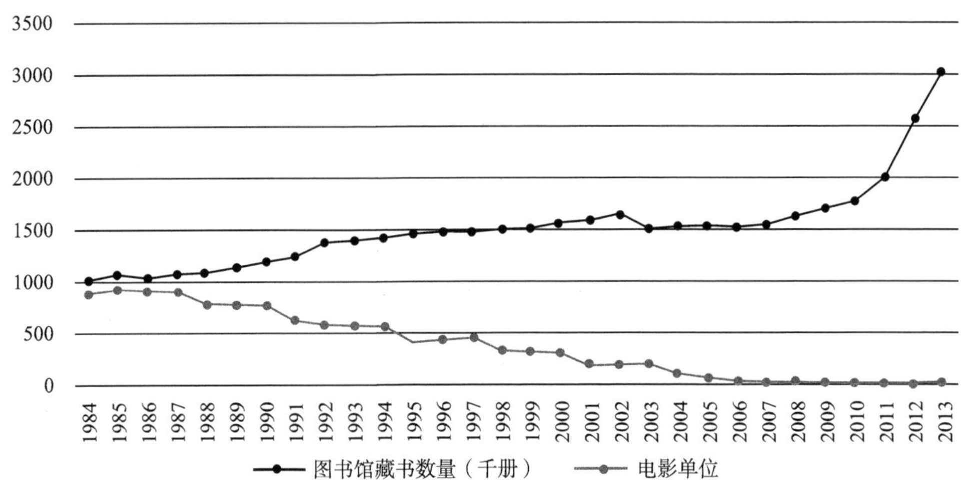

图2 淮安市图书馆藏书数量和电影放映单位数量变化示意图

影视城、盱眙大剧院、夕阳红文化活动中心等重要的文化演出中心和100多个社会文化活动中心,使得人均拥有公共文化设施面积达到0.13平方米,极大地改善了淮安市的文化基础设施状况。实现了电视广播网络100%覆盖全市所有地区和人口。其中,有线电视总户数达到了128万户,有线电视的入户率高达90.5%;数字电视总用户数量达到了33.08万户,城区有线数字电视入户增长率高达75%。

淮安市公共文化事业发展还具有空间布局合理的特点,如表1所示。

表1 淮安市公共文化事业空间布局一览表(截止到2013年) (单位:个)

	全市	市直	清河	淮安	淮阴	涟水	洪泽	盱眙	金湖
剧场、影剧院数量	16	3	2	2	1	2	2	2	2
公共图书馆	8	1	1	1	1	1	1	1	1

数据来源:根据《淮安市统计年鉴2013》和《淮安市2013年国民经济和社会发展统计公报》整理得到。

从表1可以看出,淮安市的剧场、影剧院、公共图书馆等公共文化设施空间分布合理,非常均匀地分布在淮安市的各个市区和所属县城内,使得各个地区的居民都能够享受到公共文化事业带来的福利。

(二)经济发展水平不高,但文化产业发展速度较快,潜力较大

淮安市的经济发展水平与全国平均水平相当,在苏北地区拥有一定程度的优势,但在江苏省内相比偏低。人均地区生产总值2012年39992元,是江苏省平均水平的58.5%,基本与苏北平均水平相当,领先全国平均水平4个百分点;(城镇)居民可支配收入为22995元,是江苏省平均水平的77.5%,超过苏北平均水平10个百分点,低于全国平均水平近7个百分点。这在一定程度上制约了淮安市文化产业的发展,但是依靠丰厚的文化底蕴,淮安市文化产业展示了较快的发展速度,如表2所示。

表 2 淮安市 2013 年文化产业发展状况简表

		增长率		产值	增长率
城镇居民人均消费支出	14939.19 元	0.22%	文化业产值(亿元)	57.83 元	3%
农村居民人均消费支出	6571.75 元	0.29%	文化产业人均产值	1082.64 元	65%
文化类产品价格	102.1		人均文化产品消费	1662.04 元	17.6%

数据来源:根据《淮安市统计年鉴》2013 整理计算得到。计算软件:EVIEWS 6.0 版。

从表 2 可以看出,淮安市文化产业在 2012 年产值为 57.83 亿元,增长速度为 3%,人均产值为 1082.64 元,增长了 65%,居江苏省第二位。文化产类产品价格增长了 7 个百分点,但是并没有影响文化类产品和服务的消费,人均文化产品消费 1662.04 元,比 2012 年增加了 17.6%,这充分说明淮安市的文化产品消费具有旺盛的需求。另外,考虑到同期淮安市的居民人均消费支出增加较快(城镇和农村居民人均消费分别增长了 11.6%和 10%),就能够发现淮安市的文化产业发展速度受到产品创新、制作和产出方面的“拖累”,还具有很大的挖掘潜力。

(三) 文化产业投资项目多,初步形成产业集聚效应,发展前景看好

淮安市重视文化产业发展,多方位招商引资,仅 2009 年以来就已经立项、开工建设了近 100 项文化产业项目。代表性项目有 2012 年在淮阴区开工建设的江苏淮阴软件科技产业园区和江苏淮阴服务外包产业园区,投资总额度达到了 25 亿元人民币,主要从事动漫制作、软件开发等;2010 年在洪泽开工建设的洪泽湖健康文化产业园,总投资额度高达 56 亿元人民币,主要从事中医文化、健康文化、休闲娱乐服务等。这些产业园区的建立,尤其是目前淮安市有多个文化产业园区获得了不同程度的认可,古淮河文化创意产业园被授予省级文化产业园;淮安软件园被授予“国家级软件园”和“省级软件和信息服务产业园”;清河新区的婚庆产业项目成功挂牌全国最大的“婚庆文化产业园”;随着安芯软件文化创意产业园、金湖荷文化产业园、洪泽县创意文化产业园等产业园区的投入使用,淮安市文化产业能够形成文化产业的集聚效应,发展文化企业集群,从而获得规模效应,能够对淮安文化产业的推广、发展起到重要作用。

(四) 文化产业体系初步建立,重点文化产业发展较快

淮安市文化产业体系已经初具雏形,初步形成了以印刷发行、广播电视、影视、报刊、文化旅游、文娱演艺、动漫制作和网络游戏等为主体的文化产业发展体系,并显示出了投资主体和经营成分丰富多样,重点行业业绩突出的特点。

报刊、印刷、出版、影视和发行业发展较快,产出额较高,企业规模不断壮大,支撑了淮安文化产业的发展。江苏美嘉、劲嘉、顺泰等印刷企业技术上开拓进取,从而在特色印刷、高档印刷、数字印刷以及彩印包装等方面占据优势,年产值超过亿元人民币。淮安日报社等报刊业巨头的广告经营性收入就轻松超过了亿元人民币,在通过整合优化成立淮安报业传媒集团后,实力更是得到迅猛发展。在影视行业,相继建成了卢米埃、万达、人民大会堂等先进的数字电影院,提升了影视行业的技术水平,票房收入迅速增加,使得影视行业也成了淮安文化产业发展的重要组成部分。

二、淮安文化产业发展的不足

虽然淮安市文化产业发展较好,但是也存在一些值得重视的问题:

(一)新兴文化产业发展较弱

淮安市目前文化产业的重点产业仍然基本上集中于报刊发行、影音播放等传统型的文化产业方面,而在文化产品创新、动漫制作等新兴产业方面则居于劣势。虽然近年来淮安市的动漫、软件、创意设计、网络等新兴文化产业发展较快。如清河创意产业园区拥有100多家从事文化传媒和广告设计等方面的创意企业,淮安软件园也拥有60多家从事服务外包、游戏、软件、文化创意、网络动漫等各类科技企业,其中不乏搜狐、阿里巴巴、微软等知名企业。但是这些产业仍然存在缺乏核心的产品、营业额不高、不能形成规模效应等问题。

(二)文化产业市场机制不够健全

淮安市文化产业市场机制仍然不够健全,客观上制约了新兴文化产业的发展。如文化场馆和会所等文化基础设施的数量仍然偏少,规模较小,无法满足大规模的文化产业经营需要。文化中介机构、经纪人队伍、创意文化产品的版权保护意识和力度等方面都存在一定的不足,影响了市场机制进一步的发挥作用。

(三)文化旅游资源丰富,但是宣传推广的力度不够

淮安市具有得天独厚的文化旅游资源,如盱眙龙虾、洪泽湖水产以及淮扬菜系组成的美食旅游文化资源,楚州区吴承恩故居等引领的"西游记"文化旅游资源,大运河引领漕运和明清特色文化旅游资源,纪念周恩来总理和苏皖边区等人文红色旅游资源,韩信等楚汉文化旅游资源,以金湖荷花、洪泽湖、铁山寺等引领的淮河文化旅游资源等。但是这些文化旅游资源的宣传推广力度不够,一定程度上仍然是"养在深闺人未识",并没有对游客形成巨大的吸引力,因而限制了淮安市的文化旅游市场规模。

三、淮安文化产业发展举措

(一)重视文化创意、动漫制作等新兴文化产业的发展

文化创意、动漫制作等新兴文化产业具有较强的生命力,而且具有低碳环保等许多优点,又得到了很多地方政府的重视。淮安市必须强化意识,在第一轮的赛跑中获取领先地位,才能顺利地利用比较优势不断地强化淮安新兴文化产业的发展。

具体而言,淮安市应积极争取由江苏省政府于2008年设立的"江苏省文化产业引导资金",并在市级财政中进行配套或者专门划拨专款对淮安市新兴文化产业进行鼓励和扶持。并且鼓励有条件的区、县级政府对文化创意、动漫制作等新兴文化产业孵化和培养。在淮安市已有的文化产业产品中进行调查、评比,选择具有一定基础并有很大发展空间的产品进行扶持,力争将其打造成具有较大影响力的文化产业品牌,同时加大推广宣传力度,培育其市场竞争力。例如,在动漫制作产业中,江苏楚天极目动漫科技有限公司生产的三维系列动漫片《风影少年》与央视少儿频道成功签约,生产的三维系列动漫片《阿尔法的奇妙世界》在央视少儿频道热播,并被国家广电总局评为当年度优秀国产动画片,为公司争得了荣誉,形成了一定的先发优势。"淮安掼蛋"游戏软件的开发制作也进一步使得"淮安掼蛋游戏"传播得更快,甚至是风靡全国,为淮安挣得了名气。对于这类已经取得一定优势的产品或企业,应该进行奖励等性质的支持外，还应该组织企业间的交流学习、健全市场机制，促进企业间的经营、人才交流等活动。

（二）宣传推广精品文化产业品牌，促进文化旅游产业发展

对盱眙古淮河沿线文化旅游产业园、金湖荷文化产业园、清河古淮河文化产业园、洪泽渔文化产业园、淮阴区码头文化旅游产业园、淮阴区刘老庄红色旅游文化产业园、洪泽古八景文化旅游产业园、楚州河下古镇文化旅游产业园、涟水红窑云锦织造产业园等已经具有一定基础的文化产业品，可以考虑进行资金、人才等方面的支持，帮助其进行推广、宣传，更进一步地巩固其市场名声，扩大其市场优势。

具体而言，政府重视，利用发展低碳经济的契机，合理规划，加强政策支持，并在治安、交通等方面帮助旅游公司开发文化旅游产品，制定文化旅游线路，同时加强对旅行社、出租车、旅馆、饭店等旅游相关行业的管理，提供良好的旅游环境，促进文化旅游产业发展。

第十四章　长三角地区文化产业发展比较研究

一、长三角地区总体经济发展状况

（一）长三角地区总体概述

根据国务院 2010 年批准的《长江三角洲地区区域规划》，长江三角洲包括上海市、江苏省和浙江省，区域面积 21.07 万平方公里，占国土面积的 2.19%。其中陆地面积 186802.8 平方公里、水面面积 23937.2 平方公里。

长江三角洲地区区位条件优越，自然条件禀赋优良，经济基础雄厚，体制比较完善，城镇体系完整，科教文化发达，一体化发展基础较好，是我国综合实力最强的区域，具有高起点上加快发展的优势和机遇。长三角城市群，位于中国沿江沿海“T”字带，是中国最大的城市群，它由沿江城市带和杭州湾城市群构成，以上海市为中心，包含浙江的杭州、嘉兴、湖州、绍兴等 7 个城市，江苏的南京、扬州、常州、泰州、镇江、无锡等 8 个城市。长三角的发展在促进我国经济的整体发展中有着举足轻重的地位。它地处中国东部沿海开放城市带，成为中国对内对外联系的主要联系的主要节点，是中国走向世界的重要门户，也是中国经济发展的龙头和心脏。

改革开放后，长江三角洲多次出现大规模工业化浪潮。首先是乡镇工业异军突起，浦东开发后外向型经济又迅速发展。20 世纪 90 年代后期，台湾电子信息制造业大批转向长江三角洲，上海、苏州已成为全球重要的电子信息产业基地。长江三角洲城市群处在中国东部“黄金海岸”和长江“黄金水道”的交汇处，对内、对外经济联系都十分便利。长江三角洲城市群有如此优越的条件，因此能够成为世界级城市群，成为中国经济融入世界经济的重要枢纽，加速提升中国的国际竞争力，加快中国的经济国际化进程。

根据《长江三角洲地区区域规划》的指导，长三角地区未来的发展目标分为三个阶段：(1) 加快转变发展方式，促进经济发展；(2) 到 2015 年，率先实现全面建设小康社会的目标；(3) 到 2020 年，力争率先基本实现现代化。

在中国加入 WTO 与全球经济一体化进程加快的背景下，长江三角洲地区的经济发展进入了一个前所未有的新阶段。长江三角洲是一个比较完整的经济区域，内部的经济交流一直比较密切。在区域开放条件下，区域间联系更加密切，经济发展日益加深、相互联动，形成正向促进、利益共享的机制，各区域部分的经济持续发展，区域差异趋于缩小。长三角区域更加注重协调化、一体化发展，整合两省一市的资源，促进区域内部协调发展；同时加强与区域周边城市及国内外发达地区间的合作，利用各地的优势资源。

（二）长三角区域经济总量发展情况

2013 年，面对错综复杂的国内外经济形势，长江三角洲地区认真贯彻落实党的十八大会议精神,积极应对各种挑战,以稳增长、调结构、惠民生为总基调,突出重点,扎实工作,长三角区域经济总体保持平稳较快增长,呈现稳中有进、稳中向好的发展态势。

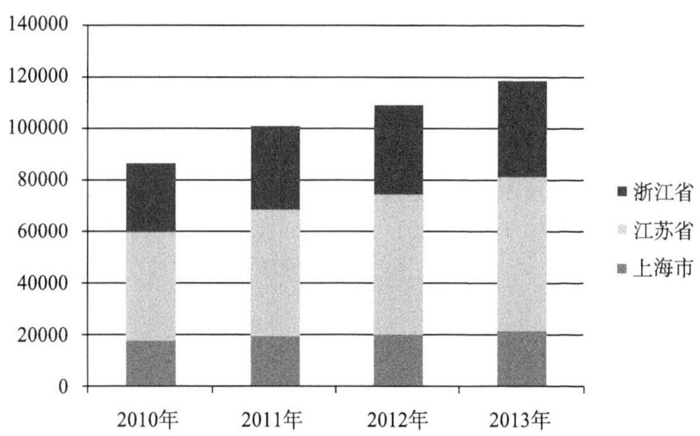

图1 2010—2013年浙江省、江苏省、上海市地区生产总值(单位:亿元)

2013年浙江省、江苏省和上海市的地区生产总值共为118332.36亿元,较2012年增长8.6%,其中江苏省GDP总值最高,为59161.75亿元。浙江省、江苏省和上海市的社会消费品零售总额分别为15225.50亿元、20796.50亿元、8052.00亿元。

表1 2010—2013年上海市、江苏省、浙江省社会消费品零售总额 (单位:亿元)

地区	2010年	2011年	2012年	2013年
上海市	6070.50	6814.80	7412.30	8052.00
江苏省	13606.80	15988.40	18331.30	20796.50
浙江省	10245.40	12028.00	13588.30	15225.50
合计	29922.70	34831.20	39331.90	44074.00

数据来源:《中国统计年鉴2014》。

长三角地区16个城市的GDP总量逼近10万亿元,达到97760亿元,比上年增加7809亿元,增速均值为9.7%,比上年回落0.4个百分点。从贡献全国看,长三角地区经济总量占全国的17.2%,与上年基本持平,仍是拉动全国经济增长的重要一极。

经济总量再上新台阶的同时,长三角地区不仅保持投资消费双轮驱动,也在扭转外贸的不利形势。固定资产投资平稳,2013年长三角地区完成固定资产投资突破4万亿,达到47198亿元,同比增长16.7%。消费市场持续活跃,全年实现社会消费品零售总额突破3万亿,达到35449亿元,同比增长12.2%。长三角16个城市中有6个城市消费总量超过2000亿元,其中上海、苏州、杭州、南京总量超过3000亿元。对外贸易略有增长,全年实现进出口总额12404亿美元,同比增长1.7%。

另外,财政实现稳定增收。2013年长三角地区实现公共财政预算收入突破1万亿,达到11451亿元,同比增长10.6%,增速比上年提高0.7个百分点。长三角16个城市中有14个城市总量超过200亿元,总量前5位的城市为:上海(4110亿元)、苏州(1331亿元)、杭州(945亿元)、南京(831亿元)和无锡(711亿元)。

城镇居民收入持续增长。2013年,长三角地区16个城市城镇居民人均可支配收入均值达到3.71万元,16个城市增速均值达到9.6%,与同期GDP增速基本相当,其中14个城市的城镇居民人均可支配收入超过3万元。农村居民收入增加较多。2013年长三角地区15个城市农村居民人均纯收入(不含上海,上海为可支配收入)均值达到1.81万元,15个城市增速均值达到11.2%,高于同期GDP增速1.5个百分点,高于同期城镇收入1.6个百分点。上海农民人均可支配收入达到1.9万元,其余15个城市中有5个城市农民人均纯收入超过2万元。

(三)长三角区域核心城市发展情况

长江三角洲城市群位于中国沿江沿海"T"字带,是中国最大的城市群,它由沿江城市带和杭州湾城市群构成,以上海市为中心,包含浙江的杭州、嘉兴、湖州、绍兴、宁波、舟山等6个城市,江苏的南京、扬州、常州、泰州、镇江、无锡、南通、苏州等8个城市。其辐射区涵盖了浙江金华和衢州两市。该城市群目前形成以上海为核心,以杭州、宁波、南京、苏州等为中心的"一核心、多中心"的空间格局。多元化的产业发展布局使得长江三角洲城镇群形成了多样化的城镇职能分工体系。

其中,以上海为龙头,南京、杭州为两翼的核心区域发展较快,综合服务能力较强,自主创新能力不断提升。2013年,上海市、南京市、杭州市的地区生产总值分别为21602.12亿元、8100.78亿元、8343.52亿元。三市的GDP增长率分别为7.0%、12.5%、6.9%,其中南京市的增长速度最快。在三市的地区生产总值排名从高到低始终是上海、杭州、南京,南京与杭州的差距逐年减小。目前,长三角一体化的展开已呈现"多层次"特征,城市群是一个核心区的概念;沪苏浙两省一市是合作区域的概念;而向长三角地理概念之外的拓展,则是泛长三角的发展概念。

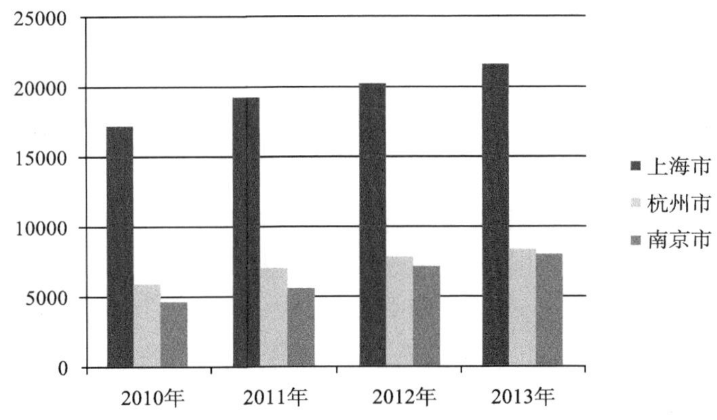

图2 2010—2013年核心城市生产总值(单位:亿元)

数据来源:《浙江省统计年鉴2010—2014》和《江苏省统计年鉴2014》。

核心区其他城市抓住上海优先发展服务业和先进制造业的机遇,协同推进产业升级、技术创新和集约发展,增强现代产业和人口集聚能力,加速城市之间的融合。

苏北地区充分利用土地、劳动力和能源资源优势,建立了长三角地区优质农产品、能源和先进制造业基地,2013年实现了地区生产总值13558.9亿元,比上年增加了12%。浙西南地区充分利用民营经济发达的优势和山区资源条件,建设长三角地区先进制造业基地、绿色农产品基地和生态休闲旅游目的地。

此外，连云港、盐城、温州等地区发展潜力较大，有望形成新的经济增长点，带动江苏沿海、东陇海沿线和浙江温台沿海地区发展。核心区与苏北、浙西南地区基础设施的共建共享强化，延伸城际轨道交通和高速公路，上海港与西北两翼港口的合作共建加强，核心区的辐射与产业链延伸功能得以进一步充分发挥，促进区域共同发展。

（四）长三角地区区域间合作情况

在区域合作中，如果把发达地区视为该区域的中心点，则周边为其提供资源支持并接受其辐射和影响的地区就成为该中心点的腹地。腹地负有承托中心地区发展的作用，是中心地区乃至整个区域发展的支撑和后盾。长三角周边的安徽等地区与长三角历史渊源深厚，地缘相近，人缘相亲，无论从地理位置还是经济关联看，与长三角无缝对接的条件得天独厚，地区合作逐渐深入。2012 年 1—10 月份，沪苏浙两省一市在皖投资 1 亿元以上项目 2717 个，实际到位资金 1912.5 亿元，同比增长 88.8%，占全省 53.4%。其中实际投资示范区资金 1356 亿元，占示范区引进省外资金的 53.5%，同比增长 74.5%。浙江省、江苏省和上海市实际对皖投资分别居第一、第二和第四位。沪苏浙两省一市在皖投资企业超过 15000 家，日立集团、联合利华、华谊集团等一批知名的企业集团，将其生产基地甚至总部迁移到安徽。

长三角不仅加强了同周边省市的密切联系，还加强了与港澳台地区的投资及贸易往来。2013 年港澳台对上海市的直接投资项目达 1948 个，其签订合同金额为 156.86 亿美元，实际吸收外资金额为 85.80 亿美元，比 2012 年增长了 12.69 亿美元，增长率为 17.42%。

表 2　上海市外商（港、澳、台）直接投资指标

年份	项目(个)	合同外资金额(亿美元)	实际投资(亿美元)
2010	1742	69.58	47.43
2011	1841	91.14	57.39
2012	1772	124.99	72.81
2013	1948	156.86	85.50

数据来源：《上海统计年鉴 2011—2014》。

长三角在与国内城市贸易往来、经济合作的基础上，还加强了与东北亚、欧元区以及英美等世界发达国家和地区的合作，更好更快地融入世界经济体系。2013 年长三角地区实现了进出口总额 15590.5 亿美元，比去年增加了 248.12 亿美元，其中浙江、江苏和上海的进出口总额分别为 3655.08 亿美元、5508.44 亿美元和 4413.98 亿美元。2013 年 3 月，浙江省委、省政府正式公布了《关于大力实施海外优秀创业创新人才引进计划的意见》与《浙江省"海外高层次人才引进计划"暂行办法》。浙江公安机关在出入境管理上特地开通了绿色办证通道，对海外高层次人才的合理办证需求，坚持急件急办、特事特办，并简化"千人计划"引进人才和"国家特聘专家"及其配偶、未满 18 周岁未婚子女申办外国人在中国永久居留手续，并优先受理其国籍申请。这在吸引外国优秀人才来华就业的同时，加强了国际的交流沟通，促进国际合作。

长三角各地对区域合作高度重视，普遍认识到加强城市联合协作是适应经济全球化和我国目前经济新形势的迫切需要，是加快区域发展、提升区域竞争力的必然要求。两省一市的领导高度重视区域社会经济协调发展。在长三角地区，上海市重视与其他地区合作，主动与各市协调基础设施规划和城建规划;江浙两省主动融入上海经济圈,杭州、宁波、绍兴等都做出了接轨上海的决定,从市场接轨、产业接轨、基础设施接轨、旅游开发接轨、生态环境整治接轨、规划的统筹与衔接等六个方面入手,构筑共同市场,积极、有序、高水平地推动区域合作,将长三角地区的经济联动提升到一个新的层面。

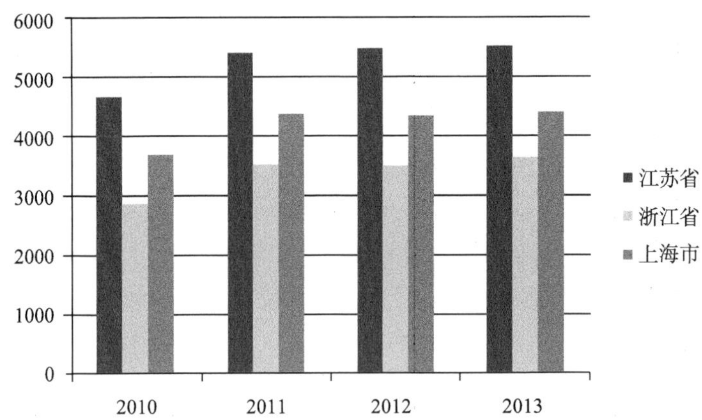

图3　2010—2013年江苏、浙江、上海进出口总额(单位:亿美元)

数据来源:《浙江省统计年鉴2011—2014》、《江苏省统计年鉴2014》、《上海市统计年鉴2014》。

二、长三角地区文化产业发展的现状

(一)两省一市文化产业的发展

1. 江苏省文化产业发展概况

近年来江苏文化产业总量不断扩增,内部结构进一步优化,文化产业总体规模、发展速度和发展潜力均居全国前列。目前,江苏动漫游戏业、演艺业、工艺美术业、影视业等优势门类依靠科技创新和重点扶持优势彰显,发展加快。2010年,江苏动漫游戏产业继续位居全国第一、江苏广电集团收入跃居全国省级台第一、江苏新闻出版业营业收入约占全国新闻出版产业的十分之一。2011年江苏影视产业新作频出,传统的电影和电视正在更新换代。

江苏规模以上文化企业发展步伐加快,其中一批骨干企业已经成长为中国文化产业的行业标杆。2011年5月深圳文博会上,凤凰出版集团、江苏省广电集团、江苏省广电网络公司和江苏省演艺集团均入选全国文化企业30强,入选数量居全国第一。具有一定规模的文化企业已成为江苏经济发展进程中最活跃的生力军。

江苏省文化产业推进会于2012年4月28日在苏州举行,会议研究部署深入实施文化建设工程,推动文化产业又好又快发展。会议提出,江苏省将从六个方面着力,推动文化产业规模、效益和竞争力走在全国前列。到"十二五"末,全省文化产业总收入超过1万亿元,增加值占GDP比重超过6%,其中新兴文化业态在文化产业中的比重达60%。打造国家数字出版、新型显示技术两个千亿级产业群、5个以上销售收入超百亿元企业,推动文化产业尽快实现跨越式发展,成为江苏国民经济支柱产业。

2. 浙江省文化产业发展概况

浙江省把发展文化产业作为文化大省建设的重要内容、经济发展的重要力量,深入推进体制创新，推动文化产业进入快速发展阶段。数据显示，“十一五”期间，浙江省文化产业增加值年均增长19.0%，高出同期GDP增长速度3.4个百分点。鉴于文化生产力在经济发展中越来越突出的作用，省委省政府确定了“十二五”期间浙江文化产业发展的指导思想和总体目标，提出要推动浙江省由“文化大省”向“文化强省”转变，实现从大到优、从大到精、从大到强的转变，既注重数量和规模的扩张，更注重结构和质量的改善。2015年文化产业增加值占GDP比重要力争达到7%。

2012年，浙江省文化及相关产业实现增加值1581.72亿元，占GDP的比重为4.56%。其中，文化产品制造业实现增加值706.30亿元，占44.7%；文化产品批发零售业增加值160.73亿元，占10.2%；文化服务业增加值714.69亿元，占45.2%。其中杭州市文化及相关产业增加值最大，达483.58亿元，占全省总量的30.6%；其次为宁波市和金华市，实现增加值分别为273.95亿元和162.88亿元，三市合计实现增加值占全省的58%。文化及相关产业增加值占GDP的比重最高的地区为杭州市，占比达6.20%；其次为金华市，占比为6.01%；其余九个市占比全部在全省平均水平以下。

3. 上海市文化产业发展概况

从区域合作角度而言，长三角区域一直注重走协同发展道路。在文化产业领域，上海注重发挥引领带动作用和文化产业发展溢出效应，积极打造长三角地区文化产业合作平台、搭建民间和群众文化活动展示舞台、构建文化互动交流平台，着力推动长三角地区文化产业均衡协调发展。上海市在“创新驱动，转型发展”战略背景下，大力发展文化产业。全市文化产业呈现出规模效应持续扩大、市场主体多元发展、园区基地优势集聚、产业业态跨界融合、政策环境不断优化的良好态势。

2012年是上海创新转型、攻坚克难的关键一年，上海文化产业实现了与城市创新转型的同步发展。2012年，上海文化产业实现增加值1247亿元，现价增长7.9%，增幅高出同期地区生产总值2个百分点；占地区生产总值的比重达6.2%。上海文化产业中，文化创意和设计服务、工艺美术品生产、文化产品生产辅助生产等产业经济规模较大，实现增加值超过百亿元。

文化市场主体多元发展，产业格局基本形成。企业是文化产业发展的真正主体，近年来上海已初步形成以公有制为主体、多种所有制共同发展的文化产业发展格局。全市核心类文化企业1.4万余家，其中非公有制文化企业1.2万余家，占比88%。国有文化企业紧紧把握上海转型机遇，加快升级步伐。2012年，以上海文广集团、解放集团等为代表的骨干企业完成营业总收入近300亿元，同比增长5.6%。民营文化企业依托上海公平开放的创新环境迅速发展，2012年，新文化传媒集团在A股成功上市，成为上海首家民营影视制作类上市企业，上市一年企业市值从14亿元增加到40亿元；淘米网、巨人网络、东方财富网等一批专、精、特、新的民营文化企业在上海孕育成长。

互联网等新技术的创新发展有效带动上海文化产业总体规模持续扩大。统计显示，上海文化产业2013年实现增加值1387.99亿元，同比增长8.1%。其中，数字内容的开发与服务是其快速增长的主动力，推动上海文化产业迅速发展为上海本土支柱性产业。以文化软件服务、广告服务、设计服务为主的文化创意和设计服务实现增加值521.48亿元，占文化产业增加值的37.6%，同比增长11.6%。

（二）两省一市文化产业的比较分析

江苏省、浙江省和上海市的文化产业综合实力都排在国家省市的前列，但在具体的文化行业方面仍存在差异,江苏、浙江和上海有各自的实力长处,也有落后于其他省市的不足之处,下面来进行具体的分析。

1. 文化及相关产业法人单位

2013 年,江苏地区文化及相关产业法人单位最多,有 94856 家,其中文化服务业有法人单位 56264 家,占比为 59.32%。其次为浙江省,文化及相关产业法人单位有 85683 家,其中文化服务业有法人单位 42071 家,占比为 49.10%。上海市文化及相关产业法人单位有 38551 家,其中文化服务业有法人单位 264961 家,占比为 68.73%。江浙沪的文化服务业拥有的法人单位数在文化产业中最多,尤其是上海,占比接近 70%;文化制造业,浙江省的法人单位最多,有 30320 家;文化批发和零售业,江苏省的法人单位最多,有 15712 家。

表 3　2013 年分地区文化及相关产业法人单位数

地　区	法人单位数	文化制造业	文化批发和零售业	文化服务业
上　海	38551	4232	7823	26496
江　苏	94856	2280	15712	56264
浙　江	85683	30320	13292	42071

数据来源:《2014 中国文化及相关产业统计年鉴》。

2013 年,规模以上文化制造业企业单位最多的是江苏省,有 2506 个,亏损企业有 330 个,亏损企业的比率为 13.17%;浙江省规模以上文化制造企业单位有 1992 个,亏损企业有 294 个,亏损企业率为 14.76%;上海市规模以上文化制造企业单位有 468 个,亏损企业有 126 个,亏损企业率为 26.92%,在江浙沪中最高。

表 4　2013 年分地区规模以上文化制造业企业基本情况

地　区	企业单位数(个)	亏损企业数(个)	年末从业人数(人)	资产总计(万元)	营业收入(万元)
上　海	468	126	110070	8000684	12560300
江　苏	2506	330	665102	41490826	60777791
浙　江	1992	294	339217	24597928	22445361

数据来源:《2014 中国文化及相关产业统计年鉴》。

2. 出版印刷业

长三角出版印刷业最大的特点是印刷门类齐全、综合实力较强。其次,浙江、江苏和上海在出版印刷方面也有各自的特色。浙江主要以民营印刷企业为主,甚至成为一些地方的支柱产业。省内各城市的印刷加工特色明显:杭州以出版物为主;温州以食品包装、商标印刷、挂历、笔记本为主;义乌以名牌服装、袜业包装为主;宁波以文具、纸塑、扑克、邮件票据为主。江苏书报刊印刷以胶印为主,多色胶印机居多;包装装潢印刷以胶印、凹印为主;商业印刷以小幅面胶印为主;多数印刷企业对印后加工不太重视,有区域特色印刷企业群。上海出版印刷业具有区域印刷企业群的特色,各区域功能各异、产品互补。

至 2013 年末,长三角地区共有出版印刷企业 1553 个,其中上海、江苏和浙江分别有 255 个、400 个和 898 个。2010 至 2013 年间,上海市出版印刷企业个数略有变动,2013 年较前年减少了 24 个。江苏省出版印刷企业个数在 2010—2013 年逐年减少,2013 年较 2010 年减少了75个。浙江省出版印刷企业数是变化最大、最快的，2011—2012年增长幅度最大，突破800个，2013年的企业数是2010年的2.79倍。

表5 2010—2013年上海市、浙江省、江苏省出版印刷企业个数

地 区	2010年	2011年	2012年	2013年
上海市	256	255	279	255
江苏省	475	419	415	400
浙江省	322	450	805	898

数据来源:《中国统计年鉴2014》。

浙江省出版印刷企业工业销售总产值远高于上海和江苏，2013年达到2083589.10万元，上海和浙江分别为1071368.03万元、812407.24万元，浙江省出版印刷企业工业销售总产值甚至高于上海和江苏出版印刷企业工业销售产值的总和。

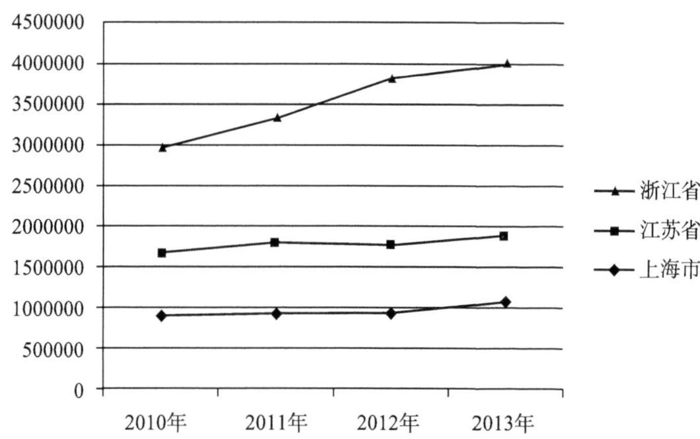

图4 2010—2013年上海市、浙江省、江苏省出版印刷企业工业销售产值(万元)

数据来源:《中国统计年鉴2014》。

3. 艺术表演行业

近几年来，全国各级艺术表演团体大力开展艺术创作和生产，在繁荣演出市场、传播先进文化、开展艺术教育、提升全民素质等方面均发挥着重要作用，为推动社会主义文化大发展大繁荣做出了重要贡献。全国各级艺术表演团体坚持“贴近实际、贴近生活、贴近群众”原则，进一步调动广大文艺工作者的积极性、创造性，努力开拓国内外市场，积极组织各类文艺演出活动，涌现出了一大批优秀艺术精品，演出场次持续快速增长。

表6 2010—2013年上海、江苏、浙江艺术表演团体机构数(个)

地 区	2010年	2011年	2012年	2013年
上海市	89	102	147	148
江苏省	408	370	434	291
浙江省	471	498	609	733

数据来源:《中国统计年鉴2014》。

浙江省艺术表演团体机构数在两省一市中最多,2010 年至 2013 年间逐年增加,2013 年达到 733 个。江苏省艺术表演团体机构数在 2012 年达到最多,有 434 个,2013 年降为 291 个。上海市艺术表演团体机构数虽是逐年增加,但总体数仍是不多,到 2013 年仅有 148 个。相应的浙江省艺术表演团体演出场次在两省一市中也是最多,2013 年为 14.55 万场,较 2012 年增加了 0.92 万场。江苏省艺术表演团体演出场次较 2012 年下降较大,减少了 2.41 万场。

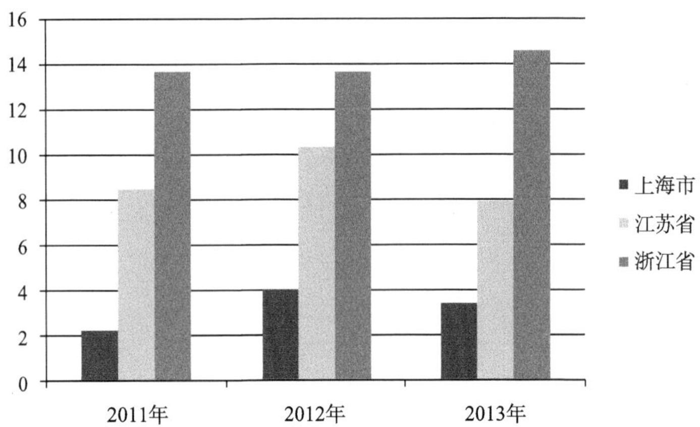

图 5　2010—2013 年上海、江苏、浙江艺术表演团体演出场次(万场次)

数据来源:《中国统计年鉴 2014》。

4. 地方财政与居民文化消费支出

江浙沪的地方财政文化体育与传媒支出都在逐年增加,江苏省的支出最大,上升速度也最快,2010 年支出为 88.67 亿元,2013 年上升为 173.54 亿元,年均增长率为 23.93%。浙江省 2013 年财政文化体育与传媒支出是 106 亿元,较 2012 年增加 11.82 亿元,涨幅为 12.56%。上海市财政文化体育与传媒支出在江浙沪中最少,2013 年支出 89.17 亿元,较 2012 年增加 16.66 亿元,涨幅为 23.98%。

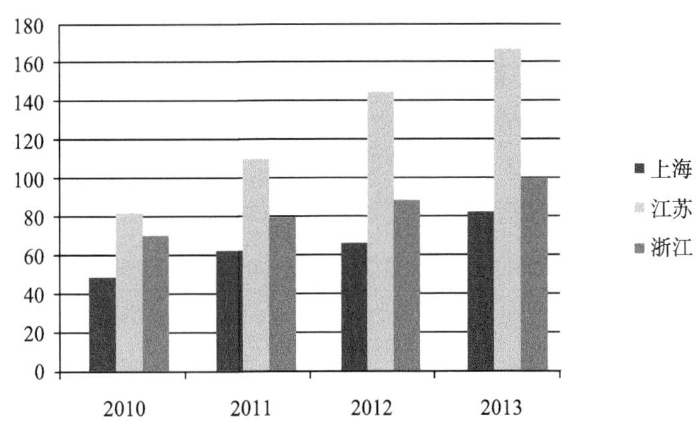

图 6　2010—2013 年地方财政文化体育与传媒支出(单位:亿元)

数据来源:《2014 中国文化及相关产业统计年鉴》。

人均文教娱乐消费支出体现了人们在文化方面的购买力，是影响文化产业市场的重要因素。2013 年，上海城乡居民的人均现金消费支出在江浙沪中最多，城镇居民为 28155.0 元，文教农村居民为 13872.9 元，城镇居民的文教娱乐支出在江浙沪中也是最多，为 4122.1 元，在现金消费支出中的占比为 14.64%，而农村居民的文教娱乐支出在江浙沪中却是最少，仅有 962.8 元，在现金消费支出中的占比为 6.94%。浙江省农村居民的文教娱乐支出最多，为 1046.7 元，在人均现金消费支出中的占比为 9.07%。江苏省城镇居民的文教娱乐支出在人均现金消费支出中的占比为 16.15%，农村居民的文教娱乐支出在人均现金消费支出中的占比为 10.38%，二者的比率在江浙沪中都为最高。

表 7　2013 年城乡居民人均文教娱乐现金消费支出

地　区	城镇居民		农村居民	
	人均现金消费支出	文教娱乐	人均现金消费支出	文教娱乐
上　海	28155.0	4122.1	13872.9	962.8
江　苏	20371.5	3290.0	9486.9	1021.8
浙　江	23257.2	2484.7	11541.1	1046.7

数据来源:《2014 中国文化及相关产业统计年鉴》。

5. 文化产业管理模式的比较分析

依据上海市、浙江省和江苏省发布的“十二五”规划纲要以及政府工作报告等，主要从文化产业政策层面、文化产业规制层面和文化产业行业管理层面等，对“长三角”地区文化产业管理模式进行比较分析。(见表 8)

表 8　“长三角”地区文化产业管理管理模式比较分析

<table>
<tr><th colspan="2">文化产业管理体系</th><th>上海市</th><th>浙江省</th><th>江苏省</th></tr>
<tr><td rowspan="4">文化产业政策层面</td><td>产业组织</td><td>强调文化产业国际化、品牌化和集约化发展</td><td>主张依靠省内综合新兴学科优势带动产业发展</td><td>坚持文化产业公益性和经营性双重发展</td></tr>
<tr><td>产业结构</td><td>重点突出在文化新业态以及时尚文化的发展</td><td>以城市的创意性来推动全省文化产业的发展</td><td>以重大项目加快全省市重点文化设施的建设</td></tr>
<tr><td>产业布局</td><td>通过重大项目实施和基地建设促进文化产业优化布局</td><td>以公益性文化建设进一步完善文化产业基础服务设施</td><td>通过公共文化服务和特色文化服务体系完善文化产业布局</td></tr>
<tr><td>产业技术</td><td>以优越的金融服务设施为支持，加快要素积累</td><td>强调公共文化服务供给和信息化与数字化发展</td><td>发挥制造业大省的优势，实现技术的转移与共享</td></tr>
<tr><td rowspan="2">文化产业规制层面</td><td>行业规制</td><td>支持骨干文化企业跨行业、跨地区的兼并重组，推动文化企业集团重组上市，扶持一批拥有自主知识产业的中小企业</td><td>推动经营性文化单位成为市场主体，积极发挥市场作用，降低市场准入标准，鼓励和支持文化企业跨地区发展</td><td>突出信息化、网络化的作用，优化文化产业发展环境，建立健全文化产业市场体系的，增强文化产业发展活力</td></tr>
<tr><td>政府规制</td><td>强调政府对于市场的引导措施，以产业规划和政府资金投入的方式来加强市场的监管，加快市场的不断开放</td><td>以民营企业为发展的领头羊，鼓励市场对于民营资金的吸纳能力，带动社会的力量来对文化产业进行投资</td><td>主张通过政府与行业关系之间的和谐发展来推动行业内企事业单位运营管理体制的不断完善，推动公共文化服务发展</td></tr>
</table>

续　表

文化产业管理体系		上海市	浙江省	江苏省
文化产业行业管理层面	行业组织	建立健全文化市场管理信息网络,多类型行业协会模式	通过大力发展行业协会的方式来带动文化产业发展	依托良好的历史文化资源,通过行业协会促进融合文化产业与历史文化资源
	行业规划	文化产业园建设、资源整合、优势互补优	促进文化产业与相关产业产业之间良好链接	文化产品科技创新,强调文化与科技融合发展
	行业协调	参与行业标准制定的多方联动机制	打造一批具有浙江特色的文化产业品牌	形成专业化的文化艺术创作基地

(三) 文化产业发展案例分析——上海大剧院:高雅艺术的一流演出中心

上海大剧院建设始于 1993 年,1994 年 9 月 24 日开工打桩,1998 年 8 月 27 日建成开幕,总投资为 12.5 亿人民币。总建筑面积 6.3 万平方米,内设大中小三个剧院,观众席分别为 1800 座、750 座、300 座。上海大剧院的建成,不仅使上海告别了没有歌剧院的历史,而且改变了上海城市剧院的结构,提升了上海剧院设施的规格,开创了上海演出市场的新局面,营造出了一个高雅艺术的演出中心。自从开幕运营以来,大剧院始终以其高标准的设施、高品位的节目、高水准的服务吸引着来自海内外的观众,日益成为上海展示对外文化形象的重要窗口。每年大剧院要上演 230—250 场节目,节目形式以歌剧、芭蕾舞、交响乐为主,演出主体以国外、国内、本市各占 1/3。截至目前,大剧院演出已达 2000 场,用于文化发展的积余达 1 亿元人民币。在经营管理中闯出了独有的发展之路,为全国的演艺产业的市场化运作的完善,实现艺术发展与文化市场的双赢树立了典范。

剧院经营建立了良性的商业运作模式。上海大剧院从开业之初,就坚持不拿政府一分钱财政补贴,实现了完全意义上的自收自支,自负盈亏的市场运作模式,在每月基本经费支出 300 余万元的情况下,能保证每年 2000 万的盈余,这在整个中国文化演出产业内部都是一个开拓性的创举。

大剧院遵照上海市委、市政府的要求,在运营之初制定了 20 字经营方针:节目是龙头,市场是导向,经营是核心,管理是基础。在运营中严格遵照既定的经营方针,将节目、市场、经营、管理四个要素有机地结合起来。

(1) 节目是龙头。在这一方针指导下,一贯坚持引进“名家、名曲、名剧”的演出基础在于组织市场,大剧院已经能够成熟运作每一个项目,积累了丰富与宝贵的市场运作经验。从演出组织接待到市场销售开发,宣传策划运作的全过程,都进行程式化和市场化的操作,坚持做到每年平均演出 250 场,实现市场效益和社会效益的双赢。

(2) 市场是导向。坚决保证回收票款,向市场要效益,严格按制度操作,对票务销售,票务处置做到公开透明,售票全部采用电脑联网。实现票款及时回收,资金迅速回笼。

(3) 经营是核心。开阔经营演出思路,除了常规运作方式之外,采用与北京、广州、香港及亚洲一些城市联手引进世界顶级艺术院团和艺术家的做法,分担演出团体的巨额演出费和国际旅行运费开支,经过多个项目的合作,逐步开发形成亚洲巡演网络,成为海外艺术院团亚洲巡演中的重要一站。充分开发利用资源,在确保演出项目的组织、实施、市场策划、销售这一核心工作外,注重对剧院有形、无形资产的经营和开发,利用剧院品牌组织旅游参观,六年中接待中外游客100万人次，收入达2000万元；对中小剧场进行场次租赁、创办观光餐厅，开展艺术普及培训等，实现对产业资源的集成式开发与利用，达到经济效益的最大化。

(4) 管理是基础。2000年上半年，除财务外的全院各部门达到ISO9002国际质量管理体系认证标准，在每项具体活动中体现出“策划—实施—检查—纠正”的工作模式，建立完善的剧场服务管理体系。

上海大剧院打算以“进攻的姿态迎接挑战”，以不断创新的理念经营文化产业，在有机结合以上四要素的基础上，大剧院不断寻求突破与创新，在固有经营和管理方式进行探索与实践。2003年5月30日成立的上海大剧院总公司，成为上海文化广播影视集团旗下演出领域的龙头单位。以上海大剧院为主体，集剧场管理、演出经营、舞美设计、展览租赁、艺术培训等各类综合功能为一体，通过两到三年的过渡，对下属剧场进行重新布局和定位，形成个性化剧场寻求更大程度的演出市场开拓。2004年4月，对大剧院托管的上海广播交响乐团进行重组，更名为“上海爱乐乐团”，实行行政总监，音乐总监负责制，为建成亚洲一流的交响乐团，成为上海城市文化建设的新品牌而努力运作。

通观世界各国经营高雅艺术的大剧院，多为非营利性机构，很少有仅靠票房生存的剧院。一般情况下支撑剧院运营经费的有三个来源：财政（或基金）、票房、赞助，各占1/3；而上海大剧院则真正把节目、演出作为主业经营，用高水准、高质量的海内外优秀节目吸引观众，争取票房收入的最大化，实现艺术与市场的双赢，推动了上海剧院产业化的进程。（需要说明的是：大剧院所积累的文化基金，是在没有提取折旧，不需偿还建设工程贷款的基础上实现的。）

上海大剧院的发展一直以来都与上海市政府和上海市文化广播影视管理局两级管理机构给予的政策、经济，乃至舆论宣传上的支持密不可分。在上海文化广播影视集团的领导及各方面积极配合与支持下，大剧院正向着国际化、精品化、社会化的目标迈进，在日益丰富上海市民的精神文化生活的同时，为成为国际知名的优秀演艺中心和国际文化交流的窗口而不断努力。

三、长三角地区文化产业发展存在的主要问题

长三角地区是我国东部沿海地区最重要的经济与贸易区域，不仅处于沿海经济带与长江经济带的核心和龙头地位，且在全国经济社会发展中也具有至关重要的作用。经过近几年的努力，长三角文化产业确实取得了很大的发展，但是文化产业在整体上还显得较为单薄，在产业内部结构、市场主体实力、文化人才培养和文化产业市场等方面也存在问题。

（一）文化产业核心层产值所占比例较低，完整的文化产业链尚未形成

文化产业总值的主体贡献是文化核心层和外围层产业，相关层是文化产业的补充，其与制造业密切相关。只有核心层和外围层能够提供强有力的支撑，相关层才能得以丰富内涵、提升水平。根据相关统计数据表明，长三角文化产业的核心层所占比例不到25%，外围层约25%，相关层则超过55%。虽然从2004年到2013年，长三角文化产业核心层持续增长，比例也不断提高，但是核心层在文化产业的整体格局中比例仍偏低，作为文化产业内容生产的源头作用发挥仍然不够。在江苏、浙江等制造业发达的省份，甚至以文化产品制造和销售为主的相关层却成为文化产业增加值的绝对来源，尤其是浙江省，近几年虽然相关层比重略

为下降,但仍占据浙江省文化产业的60%左右。相关层占据的比重过大,使得长三角文化产业的发展极易受到文化产品制造和销售市场(包括国际市场)变动和企业规模调整的影响。

文化产业链的形成,首先要有创意,接下来根据创意进行设计,变成作品;完了以后再到生产,变成产品;最后再到销售,变成商品。整个产业链中间的四个环节,从创意、到设计、到生产、到销售,整个链条很长。但是目前,长三角文化产业链的形成还处于探索阶段,并没有形成"一条龙"产业链。此外,文化产业与其他产业的结合、渗透使得产业链更多元化、价值链更长。而长三角文化产业园区中产业虽集聚化,但完整的产业链并没有形成,好的创意要转化成产品时间很长,最终形成商品进入销售的就更少,因此缺乏产业链的打造。

(二) 文化产业市场主体实力差距较大,文化品牌培育不到位

长三角地区的确拥有一批实力强劲的文化企业,例如在2013年第五届"中国文化企业30强"的评选中,长三角有12家文化企业跻入前列,占总量的40%,其名单如下表所示。在长三角地区的12家文化企业中,浙江省有2家,江苏省有3家,上海市有5家。

表9 第五届中国"文化企业30强"名单

长三角文化企业	其他地区文化企业
1. 杭州宋城旅游发展股份有限公司	1. 保利文化集团股份有限公司
2. 上海文广演艺(集团)有限公司	2. 莆田市集友艺术框业有限公司
3. 上海东方传媒集团有限公司	3. 北京演艺集团有限责任公司
4. 江苏广播电视集团有限公司	4. 中国对外文化集团公司
5. 江苏广电有线信息网络股份有限公司	5. 中国国际电视总公司
6. 上海电影(集团)有限公司	6. 中国电影集团公司
7. 江苏凤凰出版传媒集团有限公司	7. 湖南电广传媒股份有限公司
8. 安徽出版集团有限责任公司	8. 北京光线传媒股份有限公司
9. 浙江出版联合集团有限公司	9. 湖南出版投资控股集团有限公司
10. 安徽新华发行(集团)控股有限公司	10. 江西省出版集团公司
11. 上海盛大网络发展有限公司	11. 山东出版集团有限公司
12. 百视通新媒体股份有限公司	12. 中国教育出版传媒集团有限公司
	13. 中国出版集团公司
	14. 四川新华发行集团有限公司
	15. 完美世界(北京)网络技术有限公司
	16. 深圳华强文化科技集团股份有限公司
	17. 北京万达文化产业集团有限公司
	18. 西安曲江文化产业投资(集团)有限公司

但是从文化产业市场主体结构来看,长三角地区国有文化企业占据资源优势,规模大,民营文化企业竞争力较弱,对整个文化产业发展贡献较低。民营文化企业虽实力不强,但是发展迅速,已成为文化产业发展的生力军。然而扶持民营文化企业发展的政策偏少,民营文化企业进入文化领域的限制性法规还是较多,和其他文化企业相比,还是缺乏一个平等的政策环境。甚至一些文化企业在借壳上市之前,会让民营企业先全部退出。

另外,从企业文化品牌的培育来看,其整体的文化品牌影响力并不强。以上海为例,在上世纪七八十年代,在文化领域,以上海美影厂为代表的中国动画业,所创作的一系列作品如木偶片《神笔马良》(1955),水墨片《小蝌蚪找妈妈》(1960)、《大闹天宫》(1964)及《三个和

尚》等在国内外屡获奖项，特别是《大闹天宫》在1965年伦敦电影节获得金奖后在44个国家连续放映，被认为是中国动画史的巅峰之作。然而，随着改革开放的深入发展和社会主义市场经济的确立，在国内外激烈竞争的残酷现实面前，不仅以上海美影厂为代表的动画业遭遇寒冬，上海其他产业所创造和拥有的多数品牌也都逐渐没落甚至消失。

（三）文化产业人才队伍建设不足，企业缺乏智力支持

人才一直是制约着文化产业升级转型和又好又快发展的重要因素之一。目前，长三角地区文化产业相关行业需求与人才储备之间存在着巨大的缺口，高素质专业人才以及综合型专业人才还比较缺乏。人才的匮乏很重要的原因还在于我们没有把文化产业作为独立的一级学科来开设，只设置专业，并且是分散在其他学科下面的，大多数高校只开设文化产业相关的本科专业，培养的硕士、博士也非常有限。比如动漫专业每年只招收三四个研究生，不能像MBA等学科一样可以大量地培养人才。对于文化产业而言，大量的管理人才、中高端人才才是目前最需要的，可以说，目前我们还没有形成一种有效的机制。学科建设滞后，高校也不会投入资源来发展这门学科，所以在培育文化产业的人才方面还有相当的难度。因此，应该大量地培养文化产业方面的硕士、博士。例如在上海政府发布的《上海市重点领域人才开发目录》中，文化领域被列为首批重点领域，文化产业人才总体上供不应求。目前，一些国际大都市文化产业活动的从业者占全部就业1.5%—3.5%，如纽约和伦敦的文化产业的从业者占城市就业人口的5%，而上海文化从业人员仅占就业人口的0.5%。因此，人才紧缺成了上海文化产业发展的因素之一。

长三角地区的智力和人才集聚优势可以确保文化产业核心技术的研发和原创成果的生成。复旦大学、上海交通大学、同济大学、浙江大学、南京大学等长三角地区知名院校构建和形成了完善的文化产业学科体系和人才培养体系。长三角地区发达的高等教育体系和社会培训网络也为文化产业的发展提供了良好的人才储备和丰沃的社会土壤。从某种意义上来说，三地教育资源具有互补性。通过教育联动发展，如扩大交换生计划、专家库共享等，很容易实现优势互补、资源共享、互促共进。同时，长三角地区对人才的“磁场”作用日益显现，长三角发达的经济文化对全球人才的吸引力越来越大，高层次文化产业人才和高新技术以及各种资源要素比以往更加快捷的引进。上述优势将会使得长三角地区比全国其他地区更早、更快地克服文化产业发展的人才问题。

（四）文化产业知识产权缺乏保护，文化市场法制不健全

文化产业的生命力也是在于内容生产的原创性，以创新为主要推动力，但长三角地区鼓励和保护原创的文化政策缺乏，导致文化产业原创能力不足、优秀创意少，文化产业向市场提供的能够得到广泛认同的精品力作和拳头产品不多。

2013年，全国版权合同登记总数为19521份，其中排名前六位的分别是：北京（9577份）、江苏（2031份）、上海（1596份）、陕西（782份）、江西（620份）、浙江（568份），长三角三省市虽然悉数进入前六位，但三省市版权合同登记的总数却不及排名第一的北京市的一半。在数字技术时代下，与过去文化产业发展“内容为王”相比，现今文化产业的发展越来越强调以版权为核心，对知识产权的建设与保护提出了更高的要求。由于过去和目前相关法律和意识都还不够完善，长三角地区知识产权保护相关法律和政策不到位，导致对知识产权保护力度不够，盗版屡禁不绝，严重冲击了正版的生产和经营，扼杀了文化产业的一些行业创新能力,不利于文化产业的发展。此外,文化市场上还存在内容与社会主义主流价值观、文明风尚相违背的文化产品和服务,给消费者和社会带来巨大的负面影响。这类文化产品和服务如未能被及时清除,就会成为社会文明健康发展的阻碍。

尽管我国在加入 WTO 后已经进行了大规模的颁布及修改法律的立法活动,但立法及改法的任务依然艰巨。许多文化产业知识产权纠纷在实际操作中遇到的问题没有在立法过程中涉及,如:对知识产权的滥用问题;判定传统知识、遗传资源和民间文艺的权利对象、权利归属、权利内容的具体范围,以及权利的执行渠道与方式等问题。此外,虽然目前我国专门设立了国家知识产权局、国家工商行政管理总局、新闻出版总署、信息产业部、海关总署、国家知识产权工作组等复杂的行政执法部门,分别进行文化产业中专利、商标、版权、互联网域名权等方面的行政管理。但是各行政部门缺乏有效的沟通和协调,职责不清,难以合作,已成为全面、系统推进知识产权战略实施的主要瓶颈之一。因此应该建立统一的行政管理机构,进行统一的有计划的管理。另外还要加强对执法人员的培训与考核,提高执法人员的综合素质,鼓励执法人员进行相关业务的学习;建立各项执法监督机制,规范执法行为,提高办案效率等。

四、长三角地区文化产业发展的内在优势分析

长三角地区有着丰厚的文化资源,且经济与科技发达,成为区域文化产业发展的良好基础。区域内的文化传统历史悠久,文化积淀厚重,同时,长三角城市间存在着地缘相近、人缘相亲、文化同源、经济同步等各项相近优势,因此,长三角地区文化产业的发展具有显著的内在优势。

(一)持续增加的产业投资成为文化产业发展的驱动力

相对于传统产业,文化产业对于人才、文化资源、科技、资金等有着更高的要求,同时,文化产业具有高投入、高产出、高风险的产业性质。因此,产业投入是我们考察文化产业发展现状的重要指标。长三角地区在文化及相关产业的固定资产投资额由 2009 年的 1290.9 亿元上升至 2013 年的 2899.7 亿元,占全国文化及相关产业固定资产投资额的 15.2%,近五年当中增长了 2.25 倍(见图 7),并且,在经历了 2009 年、2010 年和 2011 年连续三年的平稳发展后,长三角地区文化及相关产业的固定资产投资在 2012 年和 2013 年实现了快速增长,连续两年保持 35%以上的增长速度。

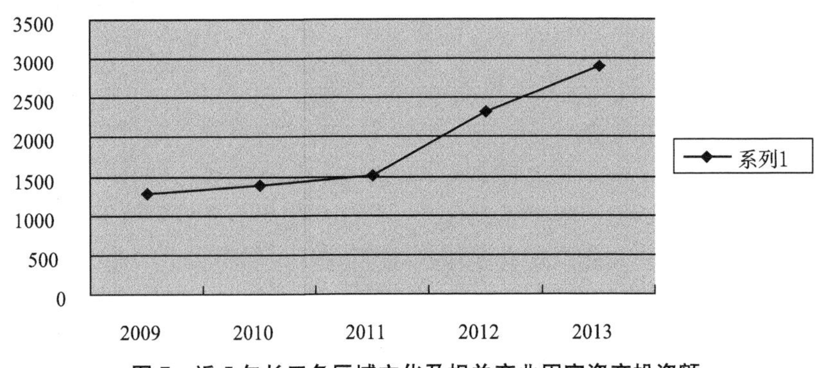

图 7 近 5 年长三角区域文化及相关产业固定资产投资额

从产业生命周期的角度考察，我国的文化产业目前尚处于初创期或成长期，这个阶段的特征同样也反映在文化产业方面，即一批中小型文化企业正在迅速发展起来，由于这些企业的规模较小，缺乏足够的资本积累，因而有着较大的资金需求。近五年长三角区域文化及相关产业固定资产投资额持续增长的重要意义，不仅在于向新型文化产业提供资金支持，更重要的是能够促进文化产业这一新兴产业向主导产业转变，加快产业结构升级进程。

（二）较高的文化消费水平成为文化产业高速发展的保证

2011 年 10 月 18 日中共十七届六中全会通过了《中共中央关于深化文化体制改革推动社会主义文化大发展大繁荣若干重大问题的决定》，指出“发展文化产业是社会主义市场经济条件下满足人民多样化精神文化需求的重要途径”，“增加文化消费总量，提高文化消费水平，是文化产业发展的内生动力”。文化消费是指用文化产品或服务来满足人们精神需求的一种消费，主要包括教育、文化娱乐、体育健身、旅游观光等方面。文化产品的消费具有较强的外部效应，作为文化产业链上的终端环节，文化消费既是文化产业发展的现实基础和动力，也是文化事业、文化产业发展的目的。需求决定供给。增加文化消费总量，提高文化消费水平，必须以消费需求为导向，积极优化文化供给结构，以调动文化消费的积极性，激活文化消费市场。因此，扩大文化消费对于扩大内需、优化产业结构、提高国民素质、构建和谐社会都具有重要意义。国际经验表明，人均 GDP 水平与恩格尔系数成反比，而与文化等非物质产品消费支出成正比。按这一经验，在我国，当人均 GDP 达到 1000 美元时，恩格尔系数为 44%，城乡文化消费应占个人消费的 18%；当人均 GDP 达到 1600 美元时，恩格尔系数为 33%时，城乡文化消费应占个人消费的 20%。2013 年，长三角三省市居民人均 GDP 分别为：上海市 8.94 万元、江苏省 7.45 万元、浙江省 6.83 万元，均超过 10000 美元。长三角三省市城镇居民用于文化消费现金支出占其总现金消费支出的百分比虽没有达到上述要求，但也均高于当年全国 12%的平均值。2013 年，长三角三省市城镇居民人均文教娱乐现金消费情况见表 10。

表 10 长三角三省市城镇居民人均文教娱乐现金消费情况（2013 年）

文化消费相关指标	上海市	江苏省	浙江省
城镇居民家庭平均每人全年现金消费支出（元）	28155	20371	23257
文化娱乐用品的现金消费支出（元）	4122.1	3290.0	2848.7
文化消费现金支出占其总现金消费支出的百分比（%）	14.6	16.2	12.2

数据来源：2014 中国文化及相关产业统计年鉴。

文化消费是文化产品生产的最终目的，没有需求的扩张，就没有供给的扩大，因此，扩大文化消费就成为一个基本条件。文化消费可以直接拉动文化产业的发展，而文化产业的高度发展是产业结构升级的重要标志。同时，文化消费可以提高劳动者素质，增强社会创新能力，为产品创新、工艺创新、组织创新、市场创新等提供推动力，进而促进经济结构调整。近 5 年长三角三省市人均用于文化消费支出呈现出稳步增长的特征，为区域文化产业的高速发展提供了可靠的保证。另一方面，文化消费带动文化产业发展，而文化产品的产业链较长，相关产业较多，因此，文化产业的发展又可以通过产业关联效应、产业集聚效应等带动其他产业发展。

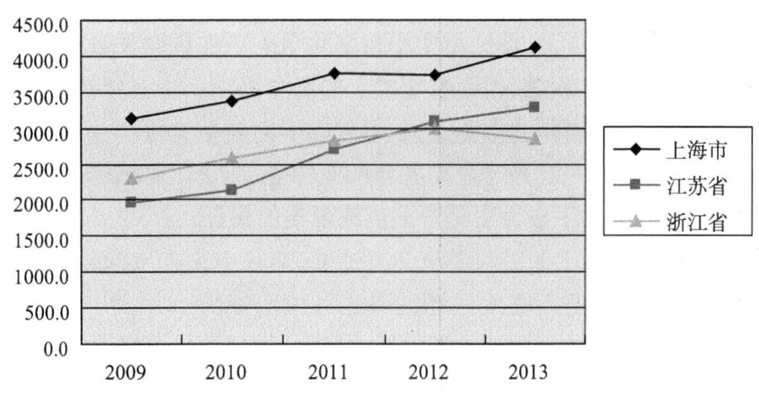

图 8　近 5 年长三角三省市人均用于文化消费支出情况

(三) 发达的文化制造业成为文化产业发展的基础

根据 2012 年国家统计局新修订的文化及相关产业分类，文化制造业包括：工艺美术品的制造；园林、陈设艺术及其他；陶瓷制品制造；印刷复制服务；办公用品的制造；乐器的制造；玩具的制造；游艺器材及娱乐用品的制造；视听设备的制造；焰火、鞭炮产品制造；文化用纸的制造；文化用油墨颜料的制造；文化用化学品的制造；其他文化用品的制造；印刷专用设备的制造以及广播电视电影专用设备的制造等，与文化服务业共同构成文化产业。文化产业是第三产业的重要内容，是制造业发展到一定阶段的产物。文化制造业是文化产业的主体和产业发展的基础。长三角地区有着良好的文化制造业实力和文化产业基础，有利于文化产业的快速发展。同时，文化产业通过内部需求，由文化制造业推动文化服务业，再由文化服务业反过来带动文化制造业的发展，并通过产业链拉动整个经济的增长。

表 11　长三角三省市规模以上文化制造业基本情况(2013 年)

	上海市	浙江省	江苏省	全国总数
企业单位数(家)	468	2506	1992	18076
年末从业人数(人)	110070	665102	339217	4982795
资产总计(万元)	8000684	41490826	24597928	247962237
营业收入(万元)	12560300	60777791	22445361	370933096
利润总额(万元)	591285	4279954	1180044	22491756

数据来源：2014 中国文化及相关产业统计年鉴。

如表 11 所示，2013 年，长三角地区规模以上文化制造业企业单位数共计 4966 家，占全国总数的 27.5%，年末从业人数为 111.44 万人，占全国总数的 22.4%，资产总计 7408.95 亿元，占全国总数的 29.9%，营业收入达到 9678.3 亿元，占全国总数的 25.8%，利润总额为 605.1 亿元，占全国总数的 26.9%。长三角地区文化制造业的发达程度可见一斑。文化产业的发展不是独立的，文化产业中的文化元素蕴涵在所有的产品生产与制造中，所以发达的文化制造业是文化产业发展的基础。

(四) 文化服务业的快速发展为文化产业发展注入活力

文化服务业是指专门从事各种文化工作的服务部门，包括摄影、娱乐服务业、体育、教育、艺术业、出版业、图书馆业、群众文化业、文物业、文化经纪与代理业、广播、电影、电视以及不属于以上分类的其他文化服务业。文化服务业作为生产文化产品、提供文化服务的各种生产服务活动及部门的集合，涵盖了文化生产、流通、消费等各个领域。随着生产力的进一步发展，文化在推动经济增长和社会进步中作用的不断增强，文化服务业的价值创造性和重要性也越来越显著。随着现代文化服务业的扩大，它们依托大都市的“极化”和“溢出”趋势明显。现代文化服务业向大都市集聚的动力，来自资源共享、降低成本、品牌叠加、知识外溢和专业化分工带来的规模收益递增。现代文化服务业集聚的大城市，在全球城市的网络中正在承担起关键节点的作用。现代文化服务业最集中最发达的城市，也是商业名牌和时尚流行最活跃的城市，或者说，是现代文化服务业向工商业提供附加值最明显、最有效的城市。同时，文化服务产品的消费与任何社会产品的消费一样，都要受到社会发展环境的制约，主要包括社会经济发展水平、居民收入水平、居民文化水平、社会消费倾向，等等。因此，长三角城市群作为中国城市化程度最高、城镇分布最密集、经济发展水平最高的经济体，其文化服务业得到快速的发展，为文化产业的发展源源不断地注入活力。

表 12 长三角三省市规模以上文化服务业基本情况（2013 年）

	上海市	浙江省	江苏省	全国总数
企业单位数（家）	1254	2358	1018	15658
年末从业人数（人）	210413	285784	126232	2053781
资产总计（万元）	36488132	31366322	22919223	255366267
营业收入（万元）	23087127	13548811	12307547	134817457
利润总额（万元）	3039226	1931997	4183132	20534383

数据来源：2014 中国文化及相关产业统计年鉴。

如表 12 所示，2013 年，长三角地区规模以上文化服务业企业单位数共计 4630 家，占全国总数的 29.6％，年末从业人数为 62.2 万人，占全国总数的 30.3％，资产总计 9077.37 亿元，占全国总数的 35.5％，营业收入达到 4894.35 亿元，占全国总数的 36.3％，利润总额为 915.44 亿元，占全国总数的 44.6％。可以看出，相比于文化制造业，长三角地区文化服务业的发展水平更高，三省市的各项数据指标基本都达到了全国总量三分之一的水平。

但是，目前我国文化服务业的整体竞争力还很弱，这使我国文化产品和服务在国际竞争中处于相对劣势，很难与发达国家相抗衡。因此，对于我国来说，要加快文化服务领域的体制改革，消除生产力发展中的体制性障碍，推动我国文化服务领域的资源重组和结构调整，激活行业内部的活力，同时政府应在投融资、税收等方面提供有利的条件，放宽民间资本的市场准入，实行优惠的经济政策，为文化服务业发展创造良好的市场环境。作为文化服务业发达地区，要尽可能利用自身在文化领域先进的管理方法、管理技术及营销方式，提高我国文化服务业的整体竞争力，缩小我国文化服务业与国外的差距，加快我国文化服务业融入世界文化市场的进程。

（五）科技与文化融合助推文化产业发展

文化与科技历来如影随形，科学技术每一次的重大进步，都会给文化的发展样式、传播方式、表现形式带来革命性变化，而文化与科技的融合又会对整个经济社会的发展进步产生深远的影响。科技作为先进生产力,代表着文化发展的未来方向;文化和文化产业的科技含量和科技进步,在一定程度上决定着文化和文化产业的国际竞争力。2011 年 10 月召开的中共十七届六中全会,指出要构建现代文化产业体系,形成公有制为主体、多种所有制共同发展的文化产业格局,推进文化科技创新,扩大文化消费。党的十八大更是明确提出了要促进文化和科技融合,发展新型文化业态的战略目标。

表 13　2013 年各地区规模以上文化制造业企业科技活动情况

地　区	有 R&D 活动的企业数(个)	R&D 人员全时当量(人年)	R&D 经费内部支出(万元)	R&D 项目数(个)	新产品项目数(个)	新产品销售收入(万元)
广　东	419	23645	743394	3719	4251	11897800
山　东	106	10778	548815	1319	1293	8891208
江　苏	610	20942	493061	2139	2830	10423140
浙　江	527	11889	279393	1984	2193	7091732
四　川	19	8485	207583	1771	2667	4585419
福　建	103	3747	132151	443	487	2801591
上　海	64	2910	119376	417	457	2839114
天　津	89	3344	111928	781	638	5588850
湖　南	122	1697	88230	216	211	3368381
河　南	72	3331	72993	231	229	910761

数据来源:2014 中国文化及相关产业统计年鉴。

如表 13 所示,2013 年,全国各地区规模以上文化制造业企业中有 R&D 活动的企业数达到 2461 家,R&D 人员全时当量达到 99531(人年),R&D 经费内部支出为 3057016 万元,新产品项目数 17194 项,新产品销售收入达到 6276.18 亿元,国内文化及相关产业专利授权总数为 90326 件,均创历年新高。按 R&D 经费内部支出和新产品销售收入进行排序,排名前四位的广东省、山东省、江苏省和浙江省构成第一集团,同样,这四个省份也构成了 2013 年全国 GDP 排名的第一集团。其中,在 2013 年各地区规模以上文化制造业有 R&D 活动的企业数方面,江苏和浙江排名前两位,在 R&D 人员全时当量以及 R&D 项目数方面,江苏和浙江均排名二、三位。

科技元素的注入,使长三角地区文化产业发展走在全国前列,更使得长三角地区文化产业迸发出前所未有的活力。在高新技术产业日新月异的今天,文化产业也同样需要新的形态和样式,赋予长三角地区城市文化新的内涵。让文化与科技高端融合,可以提升长三角地区文化产业的创新度、开放度,在大力发展文化创意产业的同时,带动相关产业链发展。当然,文化与科技融合的过程中,文化绝不是被动、机械、简单地受制于科技。文化产业的发展提出了科技创新需求,科技创新为文化产业发展提供了技术支撑,通过文化表现形式拓展文化传播渠道和传播能力。可以预见,文化与科技深度融合及二者间的相互促进、相辅相成,必将形成长三角地区城市的创新力、竞争力、凝聚力,为长三角地区城市文化精神注入刚劲有力的生长力。

五、促进长三角地区文化产业发展的对策分析

（一）着力培育新型市场主体，锻造高附加值的文化产业链

文化产业发展的主要推动力是文化市场主体，要改变当前文化核心层产值占比低的现状，必须鼓励相关企业的发展，壮大其实力，锻造高附加值的文化产业链。

培育新型市场主体，一是积极推进长三角地区经营性文化事业单位转制，努力形成一批具有较强自主创新能力和市场竞争能力的文化企业集团；二是加快国有文化企业公司制改造，使文化企业真正成为自主经营、自我约束、自我发展的市场主体；三是围绕培育新兴文化产业市场主体，进一步完善市场体系，改善宏观管理，转变政府职能，建立党委领导、政府管理、行业自律、企事业单位依法运营的富有活力的文化管理体制；四是大力培育文化产业战略投资者，运用市场机制，以资本为纽带，重点培育和发展一批跨地区、跨媒体、跨所有制的大型文化企业和企业集团，使之成为长三角文化市场的主导力量和文化创意产业的战略投资者。

在此基础上，不断开辟长三角文化产业高附加值、高创意、高流通的新领域，并形成一个延伸的产业链条，高创意（新闻内容、精品书籍、精彩节目）是产业链的上游，高流通（商业拓展）是文化产业链的下游，获得高附加值是文化创意产业链的归宿。长三角地区应积极倡导文化创新，努力开发数字内容、游戏动漫、网络服务、创意设计等新兴业态的文化产品和产业，努力对接国际文化贸易市场。

同时，从跨区域合作的角度出发，可以利用地理上的接近性，建立相互依存关系，并建立信誉和道德机制约束，还可以通过合资、合作或建立联盟等方式共同进行生产，建立共同的文化创意产品销售中心，形成零售、批发市场，降低集群内部企业产成品的运输和库存费用，使企业的平均成本降低，文化产品和文化服务不断输送到区域外的市场，从而使整个文化产业区域内获得一种来自扩大市场占有率上的外部规模经济效率，从而实现和保持文化产业竞争力。建立门类齐全的文化产品市场和文化要素市场，积极推进文化产品和要素合理流动。实施新兴文化产业产品营销战略，运用多种媒体和传播手段，广泛开展宣传和市场促销，不断提高市场竞争力。

（二）支持民营文化企业的发展，提升文化品牌影响力

鼓励民营企业发展，焕发产业主体创新活力。对民营文化企业要公平、公正的对待，严格制止相关部门乱摊派、乱收费等违法行为，任何单位不得吃拿卡要，不得巧立名目强行要求民营文化企业、机构和企业参加各类有偿竞赛、评比、联谊等活动。对违法行使职权、侵害民营文化企业合法权益并造成损害的，要依法对主管领导问责。各级政府和有关部门要对现行政策、规章、管理措施进行全面清理，凡不符合公平、公正原则，存在所有制差别等不适应文化产业发展要求的，一律废止或修改。只要是国家没有明令禁止的文化产业领域，都应当允许和鼓励民营文化企业进入。民营文化企业在项目审批、财政扶持资金、资源分配、土地使用、资质认定、融资、人力资源管理、人才引进、进出口贸易和收费等方面，要与国有文化单位同等对待。

要调动社会各方面的力量，为新兴文化产业发展提供政策、信息、技术、资金和管理等方面的服务；要通过多种方式，支持新兴文化产业重点项目建设，特别是支持各类新产品、新技

术、新品牌的开发和建设;要利用长三角地区丰富的文化资源,跨行业、跨部门整合开发文化旅游资源,培育文化旅游市场的龙头企业;要积极引导民营资本和其他社会资本有序进入新兴文化产业领域,努力形成全社会关心、支持、参与和服务新兴文化产业发展的良好氛围;应着力建设一批起点高、规模大、能够代表国家水平和未来发展方向的新兴文化产业园区和示范基地。以长三角地区园区和基地为依托,努力催生一批具有较强实力、竞争力、影响力和自主创新能力的大型文化企业和企业集团。

培养长三角文化产业品牌,一是要抢得先机,在激烈的市场竞争中,往往先树立同类品牌的企业占据很大的优势,例如湖南广电集团在国内娱乐节目树立品牌较早,占据着地方电视节目的领先地位,而浙江省广电集团虽然发展迅猛,但在影响力上始终未能超越,因此品牌的树立是越早越好。二是确立人才在塑造品牌中的作用,品牌的创新来源于高素质人才的创意和经营。塑造品牌需要一批有国际开放视角,秉承创新理念的专业人才,来打造企业品牌的核心概念。三是追求文化产业的差异性,文化产业从其竞争力特性上讲,存在保密性差、跟风现象严重、差异化小、发展雷同等不利于竞争的因素。近些年,各地区文化产业的发展愈发趋向同质化,往往一个节目或创意比较受欢迎,许多制作公司会蜂拥而上,使市场需求迅速饱和。

(三) 大力培养高素质专业人才,提高文化企业运营效率

文化产业类型的多样化决定了需求的人才也是多样性的复合人才,应该充分发挥现有的高校资源与科研单位的作用,开展对 IT 技术、动漫设计、营销服务、文字出版、音乐、影视等人才的培养,给予他们更大的发展就业空间,并且和相关企业开展定向委托培养的合作,形成广泛的人才基础,才能从中选择优秀人才。企业也应该定期对现有的人才加强特定岗位的技能培训让员工了解企业的文化、增强他们创新意识、使之熟悉新的技术,分层次分岗位,结合实际的操作,提供员工更多的专业指导,提升他们在特定岗位的业务能力。

要科学规划文化人才发展,创新文化人才工作思路,促进文化人才工作健康发展。在对文化创意人才进行党政、经营管理、文化艺术、公共文化服务、高技能、文化科技、文化外交人才队伍分类培养的基础上,建设长三角地区文化创意人才科学、开放、灵活、高效的人才发展体制机制,使人尽其才。同时要加大对海外创意人才、团队的引进和合作力度,吸纳高端人才。科学制定文化人才培养的短中长期规划,通过与国内外知名高校联合办学等方式拓宽人才培养途径,着力培养具有宏观文化视野、现代产业理念、科学决策能力、实际经营水平的复合型高端文化管理人才和从事创意研发、项目策划、市场运作、媒介公关和国际文化交流与传播的各类专门人才,提高文化企业的运营效率。

(四) 加强对文化产业知识产权的保护,规范文化市场秩序

文化产业作为以文化创意为核心的产业,创新是其获得可持续发展的动力。鼓励创作无疑是重要的,但如果知识产权保护不力,不仅直接损害著作权人和文化产品的切身利益,而且会极大地伤害文艺工作者的创作热情,更会导致整个文化创作环境的恶化,最终影响整个文化产业的发展。因此,加强对文化产业知识产权的保护是长三角地区乃至我国文化产业发展的当务之急。

加大对文化产业的监管力度,政府部门应出台文化产业知识产权保护的法律法规,加大对盗版商的处罚力度;配合工商、公安等部门开展整治运动,打击盗版窝点,收缴盗版产品,维护文化市场秩序的秩序。对于一些合法生产但存在粗制滥造现象的企业,也要进行治理,因为粗制滥造的产品也会拉低文化产品的形象,降低其在消费者心中的地位,尤其是在与国外同类产品进行对比会降低形象,不利于长三角文化产业的发展。

完善文化市场主体和产品准入制度,加强文化市场主体和内容管理,依法对文化产品进行内容审查。深化文化市场综合执法改革,统筹协调、监督指导文化市场综合执法工作,进一步完善文化市场综合执法机制,加强综合执法队伍建设。积极利用信息网络技术,创新文化市场管理手段,建立健全统一高效的全国文化市场技术监管系统。深入开展“扫黄打非”,加强文化市场管理,严厉查处违法文化经营行为,净化文化市场环境,维护诚信、公平、竞争有序的市场秩序。

(五)制定区域性文化产业发展规划,实现城市共荣且特色的发展

既要实现长三角区域文化产业的共荣,又要体现各城市的特色,首先要推动长三角文化产业的共同发展。这就需要统筹区域发展,制定符合长三角文化产业合作总体规划,把长三角局部与整体的利益统一起来,实现地区内各城市的共同发展。通过城市间的文化产业的合作发展,实现优势互补效应,提升长三角整体文化产业的竞争力。从空间资源的整体性和网络关联性出发,政府在文化规划上应改变当前只着力打造各自文化强市,而忽视与其他城市合作的思想,建立区域性文化产业共同发展的广阔视野,通过合作机制共同制定区域性文化产业发展的总体规划,而各省、市的文化规划需接受该规划的指导,与其相协调、相配合,从而达到地区优势互补,提高长三角区域的整体文化竞争力,在开放的条件下实现地区整体融合。例如,政府支持建立文化产业区域公共资助体系。长三角区域的公共资助体系的目标在于打破行政壁垒,从目前的各省、市、县分别立项,逐渐集中财力,建立泛长三角地区统一的公共资助体系。通过政府拨款、企业捐助、个人投资等形式募集资金,为纯艺术类文化产品、创意及市场化程度不高的文化产品提供资金扶持及免税、退税政策。

促进长三角文化产业从粗放型增长方式到集约型增长方式的转变、从依赖外来技术型向自主研发创新型战略转变。加快建设长三角文化产业园区,发展各自领域的专、精、新、特的文化企业,形成“科工贸、产学研一体化”的产业集群。实施龙头企业带动其他企业战略,积极培育出拥有核心技术、产品、市场开拓能力、成本控制能力和整体创新能力强的文化企业。区别文化产业和文化事业的不同特点,以增强活力、改善服务、增加投入、转换机制为重点来发展文化事业。以面向市场、增强活力、创新体制、转换机制为重点来发展文化产业。

在实现区域文化产业共同发展目标的同时,还要体现各城市的特色。上海在文化产业的发展中走在了长三角地区的前列。在后续的竞争中,江苏、浙江两省必然会加大在人才、资金、FDI 等方面的争夺。因此,三省市必须结合本地比较优势,选择重点发展的业态,实现错位发展,避免新一轮低水平竞争的发生。要重视区域内的专业分工与协作,建立科学合理的专业分工与协作机制,从专业分工的角度协调三省市文化产业发展战略和规划,使局部性文化产业规划与整体性文化市场一体化规划有机衔接。

(六)统筹规划合理布局,实现文化与科技融合

1. 以规划为统领,形成文化产业与科技、金融融合发展的联动机制

首先,科学制定长三角地区文化产业与科技、金融融合发展的规划,明确科技、金融支持文化产业发展的方向,提出主导产业发展目标和实现路径;其次,从长三角地区省或市的层

面专门成立支持文化和科技融合的协调机构，形成推进文化产业与科技、金融融合的联动机制，承担统筹规划、宏观指导和评价监测等工作；再次，发挥长三角地区文化产业发展协调机构在专题咨询、联席会议、定期会商、业务交流和重点督办等方面的作用，强化部门协同，加强跨行业、跨部门、跨所有制乃至跨区域联合，加强文化基地建设，引导科技、资金等要素资源不断向文化基地和优势文化企业聚集。

2. 拓宽融资渠道，建立健全文化产业与科技融合的投融资体系

加快培育产权、版权、技术、信息等要素市场，重点围绕广播影视、新闻出版、文化艺术与休闲娱乐产业等传统文化产业，以及网络新媒体与动漫网游、创意设计产业等新兴文化产业开展金融创新，建立多元化、多层次、多渠道融资体系。发挥科技银行的对口信贷扶持作用，在资金的规模上、授信的额度上、信贷的时间上给予文化科技产业的扶持，提供个性化、系统化的融资方案，形成“科技与金融紧密结合，产业与资本无缝对接”的企业成长环境。建立长三角地区文化产业发展联保机制、联席会议制度、企业融资项目库，切实解决文化园区企业融资困难。大力扶持园区文化企业上市融资，建立新三板申报企业项目储备库。

3. 以完善现代企业制度为突破口，做大做强与科技、金融融合的文化企业

以长三角地区文化龙头企业为核心，形成一批规模型、龙头型的领军企业，打造一批与科技、金融融合的现代大型文化企业集团。大力引进国外知名文化企业，尤其是在长三角地区文化产业发展重点领域内的国际知名企业。积极发展国有文化企业，培育一批核心竞争力强的国有或国有控股大型文化企业或企业集团，对国有文化企业跨地区、跨行业、跨所有制兼并重组和上市融资给予政策支持。放宽市场准入，按照“非禁即入”原则，鼓励和引导非公有资本以独资、合资、合作、联营、参股、特许经营等多种形式公平进入文化产业领域。推进信息科技手段在文化产业的运用。

4. 加强复合型人才培养，建立全面的文化产业与科技、金融融合的人才体系

坚持培养与引进相结合，加快文化产业与科技、金融融合的复合型人才培养，大力吸引国内外高层次文化科技人才，尤其是文化领军人才的培养和引进。同时，做好现有人才的专业培训，使之在快速发展的技术变化前具备充分的适应能力和驾驭新型文化技术装备的能力。将文化人才纳入特殊人才政策范畴，开通文化产业人才“绿色通道”，在子女入学、就医就业、税收返还等方面给予优惠政策。同时，为复合型文化产业人才、团队与研究机构的发展提供更为有效、完善的条件。

行业篇

第一章　新闻、出版发行和版权行业发展研究

一、新闻、出版发行和版权行业发展现状

（一）新闻、出版发行行业发展现状

2012年江苏省新闻出版业总产出1460.39亿元，较2009年(931.79亿元)增加528.6亿元，涨幅为56.72%，年均增幅超过14%；营业收入为1430.98亿元，比2009年增加529.86亿元，增长58.8%；资产总额1092.81亿元，净资产532.65亿元，利润总额达144.47亿元，为2009年的1.61倍，新闻出版业增加值为375.66亿元，全行业产业活动经济单位26667个，与2009年相比变化不大，直接就业人员34.78万人，比2009年增加了1.03万人。据统计，到2013年末，江苏省新闻出版业三上法人单位企业数为175，吸纳的从业人员有22910位，营业收入达185.1亿元，较2012年增长50.3亿元，利润总额为22.6亿元。

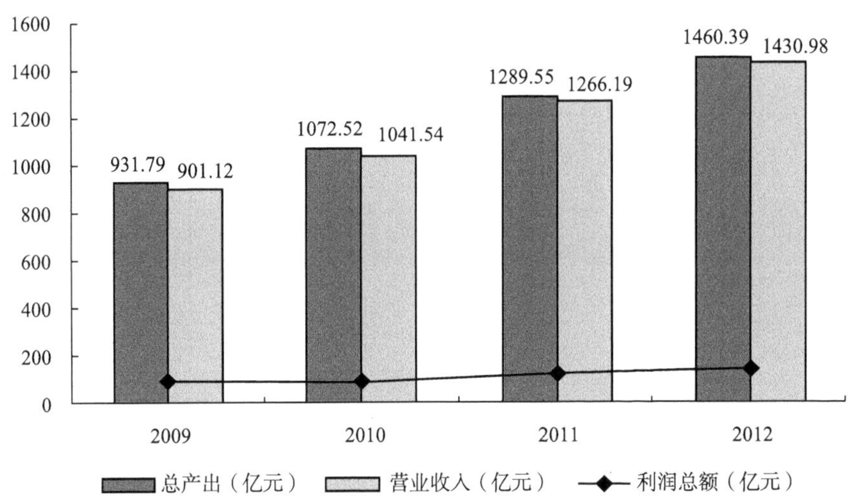

图1　2009—2012年江苏省新闻出版业总产出、营业收入和利润总额

根据江苏省新闻出版局对各年新闻出版行业的分析报告(见图2)，2012年，江苏省印刷业工业总产值为1087亿元，占总营业收入的74.43%；出版物发行业的营业收入为252.3亿元，占总营业收入的17.28%；其他各行业营业收入仅占总营业收入的8%左右。

2013年，江苏省出版发行的报纸种类有143种，与2012年相比报纸种类没有变化；总印数有286494万份，较2012年(289408)减少2914万份；相应的，总印张有1340982万张，较2012年(1405435)减少64453万张。期刊在所有发行物中的种数最多，有442种，比2012年(441)增加一种，总印数和总印张比2012年都有小幅减少。

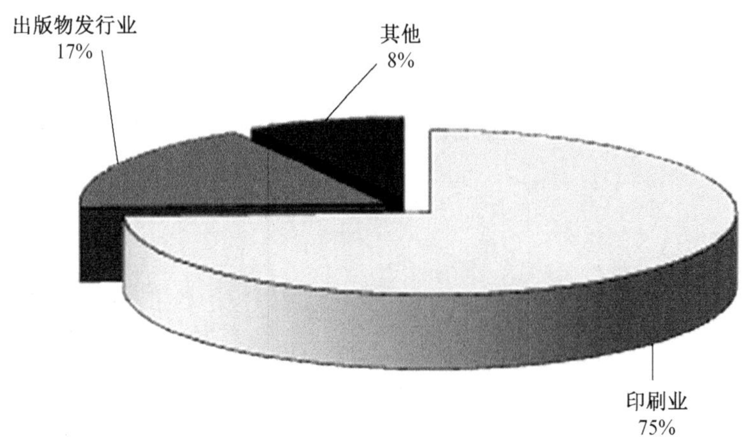

图 2　2012 年江苏省新闻出版各行业营业收入示意图

表 1　2013 年江苏省报纸、期刊发行情况

指　标	种　数(种)	总　印 数(万册、万份)	总　印　张(万张)
报纸	143	286494	1340982
期刊	442	11846	47203
综合	20	106	671
哲学、社会科学	88	4190	16309
自然科学、技术	253	2562	10250
文化、教育	55	4373	16918
文学、艺术	25	611	3041
画刊	1	4.4	15.02
少年儿童读物	9	3175	8938

数据来源:《江苏省统计年鉴 2014》。

2013 年,国家统计局根据营业收入①、增加值、总产出②、资产③总额、所有者权益(净资产)、利润总额、纳税总额 7 项经济规模指标,采用主成分分析方法对全国 31 个省(自治区、直辖市)与新疆生产建设兵团新闻出版业(未包括数字出版)的总体经济规模进行综合评价,江苏省排在广东省、北京市之后,位列第三,较 2012 年排名上升一位。广东、北京、江苏、浙江、山东、上海、河北、安徽、福建和四川依次位居全国前 10 位,这 10 个地区合计分别占到全行业营业收入的 73.3%、资产总额的 71.1%、所有者权益(净资产)的 71.0%和利润总额的 65.1%。其中,广东占全行业营业收入的 13.8%、资产总额的 11.5%、所有者权益(净资产)

① 营业收入是指企业在销售商品和提供劳务及让渡资产使用权等日常活动中所形成的经济利益的总流入,包括主营业务收入和其他业务收入。

② 总产出=营业收入+应交增值税。

③ 资产是指过去的交易、事项形成并由企业拥有或控制的资源,该资源预期会给企业带来经济利益。资产=负债+所有者权益。

的 12.7%和利润总额的 5.8%。见表 2。

表 2 2013 年各地区新闻出版业经济规模综合评价

2013 年综合排名	地区	2012 年排名	排名变化
1	广东	1	0
2	北京	2	0
3	江苏	4	1
4	浙江	3	−1
5	山东	6	1
6	上海	5	−1
7	河北	7	0
8	安徽	9	1
9	福建	10	1
10	四川	8	−2

其中，2012 年，江苏省新闻出版业营业收入为 1266.19 亿元，占全国总营业收入(14568.6 亿元)的 8.69%；利润总额为全国利润总额的 11.22%；全行业经济活动单位数为 26677 家，占全国单位数的 7.71%，为 34.78 万人提供了就业机会。见图 3。

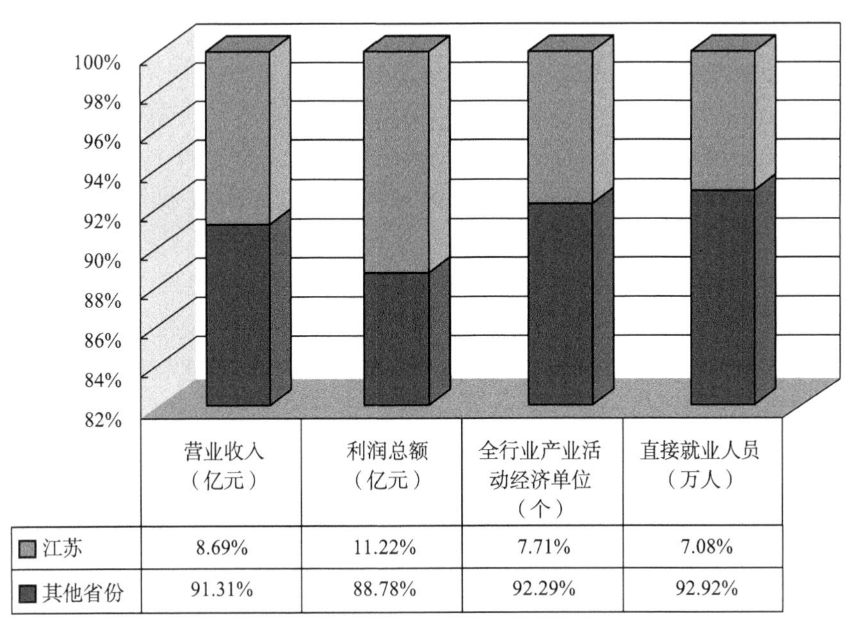

图 3 江苏省新闻出版业 2012 年各项数据占全国统计数据的百分比

（二）版权行业发展现状

据江苏省版权局发布的 2013 年省版权产业经济贡献调查结果显示，2013 年，省版权产业增加值为 4644.57 亿元，占当年全省 GDP 的 7.85%，同比增长 0.74%，其中，核心版权产业的增加值为 2479.20 亿元，占当年江苏省 GDP 的 4.19%。按可比价格计算，江苏省版权产业增加值的实际增长速度为20.75%，核心版权产业增加值的实际增长速度为24.38%。2013年江苏省版权产业对GDP的经济贡献率为16.96%，其中核心版权产业贡献率达到10.64%。调查显示，江苏省版权产业作为省内支柱产业的地位进一步巩固，为江苏省经济增长作出了重要贡献。2013年，江苏省核心版权产业继续占据较大优势，其中，广播影视、出版发行、软件业增幅位列前三位。核心版权产业实际增长率达24.38%，超过了版权产业20.75%的速度。带动的就业人数也是全部版权产业中最多的，占比达到55%。

江苏省将版权产业分为核心版权产业、相互依存的版权产业和部分版权产业三大类。核心版权产业指完全从事作品和其他版权保护客体的创作、制作(制造)、表演、广播、传播、展览或销售的产业，主要包括出版发行、广播影视、文化艺术、信息服务、广告、设计等。相互依存的版权产业指从事制作(制造)和销售完全用于(或主要用于)为作品和其他版权保护客体的创作、制作和使用提供便利的设备的产业。部分版权产业指它们当中有一部分活动关系到作品和其他版权保护客体的产业。

二、新闻、出版发行和版权行业发展存在的问题

新闻、出版发行和版权行业在文化产业中处于核心位置，肩负着传播科学理论、传承优秀文化、引领时代思潮、增强文化软实力的重要历史使命。江苏省新闻、出版发行和版权行业除了要面对日趋激烈的国内市场的竞争，随着世界经济一体化趋势加快，江苏省新闻、出版发行和版权行业也正在逐步融入国际大背景之中，因此，还要面对国际新闻出版巨头对我们的挤压和高新技术带来的挑战。

(一) 从江苏省新闻、出版发行和版权行业整体状况来看，影响因素较多

制约新闻出版业做大做强的体制机制障碍依然突出，培育合格市场主体和公共服务主体的任务十分艰巨；出版产品质量水平未与数量增长相适应，产生重大影响的主题和精品出版物不多；“书香江苏”建设进展不平衡，有的地方推进力度不大，效果不明显；产业转型升级步伐不够快，缺乏有市场竞争力的规模数字出版企业；农家书屋管理使用水平不够高，没有充分发挥好服务引导农民阅读的功能；一些领域的管理工作还不够到位，“扫黄打非”还需要下更大力气；新闻出版(版权)行政部门职能转变不到位，依法行政能力有待提高，转变作风长效机制有待完善。针对这些问题和不足，要采取有效措施，切实加以解决。

当前，我国出版业的改革发展进入了新的时期，产业结构由分散化、粗放型向规模化、集约化发展；集团构成由单一型向跨地区、跨行业、跨媒体方向发展；经营形态由产品经营、品牌经营向资本经营发展，由此导致国内出版竞争日益激烈。但是，江苏省新闻、出版发行和版权行业集团化建设相对滞后，新闻出版单位无论其整体规模、经济实力、营销手段，还是其出版理念、管理体制，都与先进省份的出版发行集团存在一定的差距，在新一轮出版竞争中将处于劣势。

(二) 全球范围内高新技术的发展势头对本行业影响较大

迅猛发展的信息技术、数字技术和网络技术革命促进了传统的传媒、电信、出版三大产业的融合互动，对传统的编校模式、传播手段、阅读方式和经营模式产生了革命性的影响；电子出版、网络出版、手机动漫、博客出版、数字印刷等新的出版形态，对出版印刷发行许可等基本管理制度带来很大冲击。

三、新闻、出版发行和版权行业发展对策建议

（一）要加大对新兴新闻出版产业发展的支持力度

2013年，省文化产业引导资金资助新闻出版项目67个、6810万元，其中新兴业态项目比重近90%。14个项目纳入总局新闻出版改革发展项目库。大力推动绿色印刷、数字印刷。新设立数字印刷企业9家，新增7家印刷企业获得国家绿色印刷环境标志产品认证，累计35家；新增3家企业入选全国印刷复制示范企业，累计7家，均居全国前列。省绿色印刷实验室建成并运行。省局印刷发行管理处、省出版物质量监督检测中心被国家新闻出版广电总局评为全国“3·15”出版产品质检活动先进单位。南京市局组织举办印刷产品质量评优活动和包装创意设计大赛，在全省首创推出专门针对小微印刷企业定制的信贷产品“印务通宝”，引导支持印刷企业向数字、绿色、个性化转型发展。苏州市承办“2013中国数字印刷高端论坛”，大力推动印刷业转型升级，全市有5家企业登上中国印刷企业100强年度排行榜。盐城市举办“2013·中国沿海（盐城）印刷包装机械展销会”，吸引了省内外300多家印刷企业参加。

（二）要加快数字公共文化服务建设

推进文化信息资源共享工程基层，实现基层服务点全覆盖，充分发挥其在公共文化服务中的基础性作用。利用文化共享工程工作网络，依托公益性文化单位，实施公共电子阅览室建设。加快建设数字图书馆、网上博物馆、网上文化馆、网上剧院，努力形成覆盖城乡的数字公共文化服务体系，提高公共文化服务的信息化、网络化水平。

（三）要大力发展版权产业

一是不断优化版权服务，积极推进版权公共服务平台和版权中介机构建设；二是实施版权兴业工程，形成一批地域特色明显、处于价值链高端环节的版权密集型产业；三是切实加强版权执法；四是广泛开展版权宣传。

第二章 广播影视及演艺行业发展研究

一、广播影视及演艺行业发展现状

党的十八大报告指出：要将文化产业发展作为国民经济支柱性产业，要发展新型文化业态，提高文化产业规模化、集约化、专业化水平。作为文化产业的重要组成部分，随着科学技术的发展，广播影视业得到了长足发展。根据国家统计局的统计数据：全国广播覆盖率从2008年的95.96%增加到2012年的97.8%，电视节目综合人口覆盖率达98.4%，公共电视播出时间为1705.72万小时，比2008年的1495.34万小时高出14.1个百分点，电视剧年均播放24.10万部，全国广播电视总收入从2008年的1583.91亿元增加到2013年的3734.88亿元，年均增加336.98亿元，2013年广播电视从业人员数达84.43万人。

江苏省基本做到广播、电视人口完全覆盖，有线电视人口从2008年的1569万户增加到2013年的2249万户，有线电视入户率也比2008年增加二十七个百分点达93.1%，近年数字电视在江苏省的普及率也在不断提高，数字电视用户数为1662万户，约为2008年的3倍，广播电视业职工人数也从2008年的39510人增加到2013年的52089人，增幅约为31.8%。

表1 江苏省广播电视业发展情况

项　　目	2008年	2009年	2010年	2011年	2012年	2013年
职工人数(人)	39510	42575	48790	52399	51291	52089
广播电台(座)	14	14	14	14	14	14
中短波发射台及转播台(座)	21	21	21	21	21	21
中短波发射机功率(千瓦)	755	795	718	711	618	718
广播人口覆盖率(%)	99.9	99.99	99.99	99.99	99.99	99.99
电视台(座)	14	14	14	14	14	14
电视发射及转播台(座)	116	116	96	83	83	83
发射机功率(千瓦)	492	505	520	520	520	520
电视人口覆盖率(%)	99.88	99.88	99.88	99.88	99.88	99.88
有线电视用户数(万户)	1569	1724	1886	1988	2178	2249
数字电视用户数(万户)	556	730	1008	1196	1450	1662
有线电视入户率(%)	65.8	72.2	78.5	82.2	89.8	93.1

2011年，全国电影票房收入1311472万元。其中，国产影片票房收入703122万元，进口影片票房收入608350万元，江苏省总电影票房收入为109007万元，占全国电影票房收入的

8.3%,在2011年票房收入前十名地区的第四位;2012年,全国电影票房收入1707301万元,江苏省票房收入较2011年增加47341万元,排名上升一位;2013年,全国电影票房收入2176900万元,江苏省票房收入为202054万元,仅落后于广东省的296886万元,排名第二。

从2005年到2013年,江苏省广播、电视节目制作时间都在逐步增加。在广播节目制作中,广播新闻的时间从2010年到2013年逐年增加,从2010年的100216小时到2013年的108120小时,共增加7904小时;专题和文艺(综艺)在广播节目制作中所占时间最多,两者的制作时间每年的变化趋势都不稳定,专题时间在2011年较2010年减少,2012年较2011年增加,2013年又减少;广告所占时间最少。在电视节目制作中,新闻和专题节目播报时间较多,二者的制作时间之和约为电视节目制作时间的53.2%,新闻时间从2010年到2013年逐年增加,广告时间每年的变化趋势较为不稳定,文艺(综艺)所占时间较少。

表2 江苏省广播、电视节目制作时间 (单位:小时)

项 目	2005年	2010年	2011年	2012年	2013年
广播节目制作	491458	569636	580799	582066	600722
新闻	69994	100216	102619	106333	108120
专题	148229	156430	147870	151635	147833
文艺(综艺)	148248	135887	150640	138443	149552
广告	57666	78699	73825	84744	87249
电视节目制作	212222	226743	191070	205738	217672
新闻	49939	46154	50623	58072	61432
专题	36679	52894	53195	50250	54437
文艺(综艺)	14131	54994	20453	23289	23194
广告	33596	43630	32434	48722	46610

数据来源:《江苏省统计年鉴2014》。

内容生产创作日益丰富。近年来,江苏加大精品战略的实施力度,将内容生产作为构筑文化产业核心优势的关键环节,涌现出一大批深受群众喜爱和市场欢迎的优秀舞台作品、影视剧、出版物和品牌栏目,实现社会效益和经济效益双丰收。例如,原创话剧《枫树林》获第十届中国艺术节文华大奖;昆曲《牡丹亭》、锡剧《一盅缘》分获文华优秀剧目奖、剧目奖;唢呐演奏《苏北风情》、舞蹈《香脆萝卜干》、小品《浪漫的事》等9件作品和3个公共文化服务项目、5位群文工作者获得群星奖;34件美术作品入选全国美展,入选数量名列全国前茅。滑稽戏《探亲公寓》、锡剧《二泉映月·随心曲》、淮剧《半车老师》等5台剧目获得第十三届中国戏剧节优秀剧目奖,位居全国第一。

二、广播影视及演艺行业发展存在的问题

首先,市场化程度较低。目前,大多数人谈论发展文化,说来说去,还是在国有的、大型的文化企业范围内,而不是说所有参与文化创造的个人、集体机构。如果把创造先进文化的责任局限在国有的、大型的、某些机关直属的大型文化机构,这必然会产生垄断。有这些单

位垄断和把持,文化市场很难健康发育,市场化程度很难提升。事实上,从先进文化的本义来讲,最大多数人是文化的创造者、交流者,也是享受者。从这个角度而言,最大多数人都有参与创造、交流、进入中介市场的权利。和其他产品市场一样,文化市场不是依靠所有制形式或是依照企业规模来划分的,应当鼓励民间资本进入文化市场。

其次,产业管理体制不健全。目前,江苏广播影视及演艺行业的管理在许多地区不同程度存在着条块分割、多头管理、政企不分等问题,统一高效的文化产业管理体制也尚未完全形成,文化、广电、出版、旅游等相关部门各自为政,管理较为分散。相关产品的内容审查、发行和市场管理、出版、复制分别由文化、广电、出版等多部门分头管理。因而,部分广播影视及演艺单位市场主体地位不明确,缺乏活力。

第三,文化产品传播方式较为落后。江苏广播影视及演艺行业的相关文化产品的传播,仍然停留在传统技术的基础上,运用高技术创新不够,与发达国家存在较大差距,导致文化产品缺乏吸引力和市场竞争力。同时,由于受到传统计划体制束缚,广播影视及演艺行业对文化市场的重视和调研不够,市场开拓意识不强,营销能力偏弱,尚未形成与市场经济体制相适应的营销模式,市场占有率不高,产品附加值难以得到充分有效挖掘。

最后,文化人才队伍建设与文化发展的需要还不相适应,拔尖文化艺术人才和文化经营管理人才比较缺乏,文化人才队伍建设有待进一步加强。

三、广播影视及演艺行业发展对策建议

1. 实施精品战略,创作精品力作

以省舞台艺术精品工程、省重大主题美术创作工程为龙头,创作一批思想性、艺术性、观赏性相统一,在全国有重大影响的作品。争取在国家舞台艺术精品工程、文华奖、中国美术奖等评比中有更多优秀作品入选、获奖,在全国美展中,国画展评成绩继续保持前四名,版画成绩位列前两名。省演艺集团、各市、县每年新创作一定数量演出剧(节)目,并重点打造有影响力的品牌剧(节目)。

2. 注重协调发展,促进艺术繁荣

重点发展江苏昆曲及其他地方戏、苏州评弹、扬州评话、民乐等舞台艺术和国画、书法、版画、水彩(粉)、漆画等美术优势门类。着力推进传统艺术与时代精神的结合,创新艺术形式,实现传统艺术与现代艺术的共同繁荣。在促进文化艺术全面协调发展的基础上,形成具有崭新时代精神和江苏特色的苏派文化艺术。

3. 丰富艺术活动,打造文化品牌

突出办好中国·江苏国际文化艺术周、中国百家金陵画展、傅抱石中国画双年展、林散之书法双年展等重大文化活动,继续举办江苏省戏剧节、江苏省音乐舞蹈节、江苏省曲艺节及地方剧种和单项艺术赛事。每年组织1—2次全国性或国际性的重大文化艺术活动,努力使江苏成为在海内外具有一定影响的国际文化艺术活动中心之一。各地相继举办南京世界历史文化名城博览会、无锡太湖国际民乐节、泰州梅兰芳艺术节、苏州中国昆剧艺术节、中国国际民间艺术节、盐城淮剧艺术节等各类大型文化艺术交流活动。

4. 整合科教资源,优化科教结构

办好2—3所在全国有影响的重点艺术职业学校,建成3—4个在全国有影响的重点学

科和特色专业，突出戏剧、舞蹈、音乐等重点学科建设。加强与高等艺术院校、国内外著名高校的合作，逐步建立多元化办学格局。充分发挥省级文化科研平台的作用，初步建立起以昆曲学科研究、纤维类文物保护、剧场扩声、舞台综合设计和非物质文化遗产生产性保护等为龙头，带动其他学科均衡发展的文化科技和艺术研究体系。

第三章　外围层文化服务行业发展研究

外围层文化服务业主要包括以旅游、娱乐休闲为主的文化休闲娱乐服务业、以互联网信息服务业为主的网络文化服务业以及由会展、经纪、文化创意等构成的其他文化服务业。它是文化产业以及文化服务业的重要组成部分，也是文化及相关产业的核心领域之一。近年来，伴随着江苏省文化产业的跨越式发展以及文化产业的结构调整，外围层文化服务业发展迅猛，表现出总量规模持续扩大、产业构成稳中有变、细分行业有序发展的良好态势，为促进全省经济转型发展，实现“文化强省”的战略目标提供了有力支持。

一、外围层文化服务行业发展现状

（一）发展背景

1. 国民经济高速增长

江苏省位于中国东部沿海的长江三角洲，跨长江中下游两岸，东濒黄海，有将近 1000 米的海岸线，毗邻浙江、上海、安徽和山东。江苏省依靠地理位置和政策支持等区位优势，经济迅猛发展，地区国民生产总值不断上升。

根据统计资料，2013 年，江苏省市县生产总值接近六万亿元，达 59161.8 亿元，按可比价格计算，比上年增长 9.6%。其中，第一产业增加值 3646.1 亿元，增长 3.1%；第二产业增加值 29094.0 亿元，增长 10.0%；第三产业增加值 26421.7 亿元，增长 9.8%。人均 GDP 达 74607 元，比上年增长 9.3%；服务业发展水平稳步提升，全年实现增加值 26596 亿元，同比增长 9.8%，占 GDP 比重为 45%，比上年提高 1.2 个百分点（见图 1）。江苏经济在转型升级中

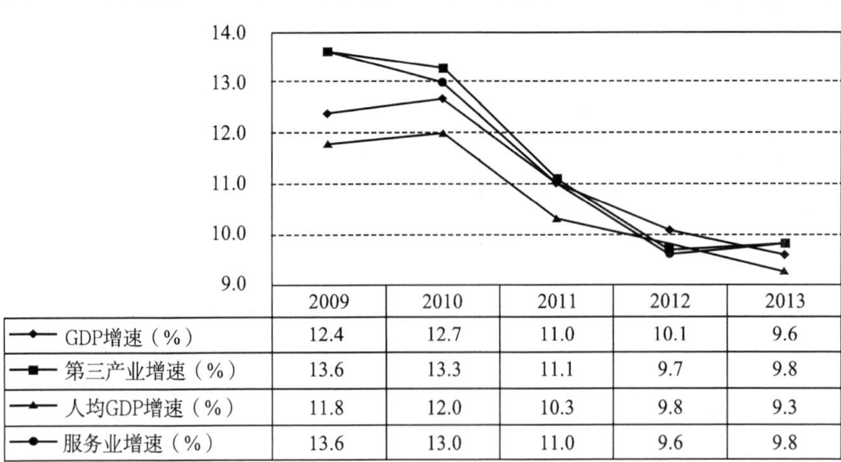

	2009	2010	2011	2012	2013
GDP增速（%）	12.4	12.7	11.0	10.1	9.6
第三产业增速（%）	13.6	13.3	11.1	9.7	9.8
人均GDP增速（%）	11.8	12.0	10.3	9.8	9.3
服务业增速（%）	13.6	13.0	11.0	9.6	9.8

图 1　2009—2013 年江苏省经济发展部分指标增长率

数据来源：根据各年江苏省统计年鉴和统计公报资料整理汇编。

水涨船高，无疑为全省外围层文化服务业的发展奠定了坚实的基础，特别是为那些面向生产的文化服务业提供了有利条件。

江苏省在大力加快经济发展的同时，积极调整经济结构，加快转变增长方式，产业结构进一步优化。江苏省三次产业结构的变动按照“二、三、一”的方向发展。如图 2 所示，三次产业结构由 7.9：56.6：35.6 变化为 6.1：49.2：44.7，第一产业与第二产业比重逐年下降，第三产业比重稳步上升，但第二产业依然处于主导地位。2013 年，江苏省将服务业发展作为推动产业结构调整的重中之重，进一步增强加快发展服务业的责任感和紧迫感，促进全省服务业主要经济指标走势向好，总量持续增长，全年服务业增加值增速高于 GDP 增速，占比提高 1.2 个百分点。2013 年第三产业生产总值达 26421.64 亿元，在三大产业中所占比值已达 44.7%。分行业看，营利性服务业、金融业、房地产业增加值增速超过 10%，分别达到 13.8%、13%和 11.2%；交通运输、批发零售等行业呈现平稳增长态势，增速分别为 8.0%和 8.5%。产业结构的逐步升级，为文化产业的发展创造了良好的外部经济环境。产业结构的转变也引起人才结构的转变，江苏的人才资源在数量、层次、文化程度与人才的培养与使用等方面也取得了一定成绩，为文化产业的发展提供了充足的智力支持。

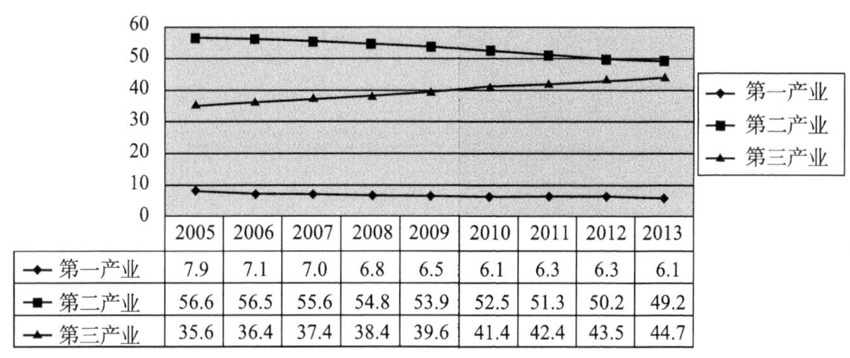

	2005	2006	2007	2008	2009	2010	2011	2012	2013
第一产业	7.9	7.1	7.0	6.8	6.5	6.1	6.3	6.3	6.1
第二产业	56.6	56.5	55.6	54.8	53.9	52.5	51.3	50.2	49.2
第三产业	35.6	36.4	37.4	38.4	39.6	41.4	42.4	43.5	44.7

图 2　2005—2013 江苏省地区生产总值构成

数据来源：《江苏省统计年鉴 2014》。

2. 居民收入与消费稳步提高

通过实施居民收入七年倍增计划，江苏省城乡居民收入稳步增长。根据对城镇住户的抽样调查，2013 年，全省城镇居民人均可支配收入为 32538 元，比上年增加 2861 元，增长 9.6%；城镇居民人均可支配收入中位数为 28654 元，增长 10.3%；根据对农村住户的抽样调查，全省农村居民人均纯收入为 13598 元，比上年增加 1396 元，增长 11.4%(见表 1)；农村居民人均纯收入中位数 11979 元，比上年增长 12.1%。2013 年，城镇居民的人均文化娱乐消费支出为 1250 元，约为 2009 年的 2.06 倍；农村居民的文教娱乐用品及服务支出为 1289 元，略高于城镇居民。

文化消费是衡量一个国家文化软实力的重要标志，是提升人们综合素质的重要途径。随着收入的增长，百姓的文化消费进入活跃期，居民对文化服务的需求不断释放，旅游、娱乐休闲、网络文化等领域的消费热点不断涌，文化服务消费进入一个空前旺盛的阶段，为文化服务业提供了广阔的发展潜力和市场空间，促进了全省外围层文化服务业的发展。

表 1　2009—2013 年江苏省居民收入和支出情况

		2009 年	2010 年	2011 年	2012 年	2013 年
城镇居民	人均可支配收入(元)	20552	22944	26341	29677	32538
	人均消费支出(元)	13153	14357	16782	18825	20371
	文化娱乐服务支出(元)	607	744	1034	1296	1250
农村居民	人均纯收入(元)	8004	9118	10805	12202	13598
	人均生活性消费支出(元)	5805	6543	7693	8655	9607
	文教娱乐用品及服务支出(元)	818	908	1064	1210	1289

数据来源:根据江苏省各年统计年鉴资料整理汇编。

统计资料显示,2013 年,城镇家庭人均消费性支出 20371 元,增长 8.2%,其中,文化娱乐服务支出 1250 元,占人均消费支出的比重为 6.1%,基本与上年持平;农村家庭人均生活性消费支出 9607 元,增长 11.0%,其中,文化教育娱乐用品及服务支出 1289 元,占人均生活性消费支出的 13.4%(见图 3)。从调查数据看,尽管人均文化娱乐服务的消费支出占总消费支出比重略微下降,但城镇居民特别是农村居民人均文化娱乐服务的消费支出总体呈上升趋势。同时,随着居民收入的持续增长,再加上新型城镇化的推进,未来全省居民的文化服务消费总量将进一步扩大。

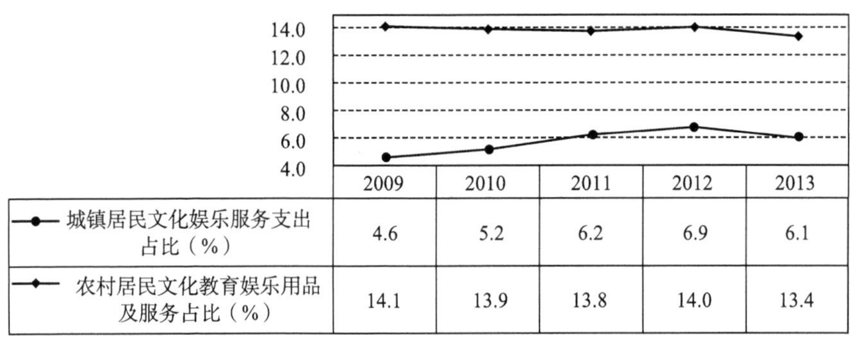

图 3　2009—2013 年江苏省城镇和农村家庭文化娱乐消费占消费支出的比重

数据来源:根据江苏省各年统计年鉴资料整理汇编。

3. 投资规模不断扩大

2013 年,江苏省完成固定资产投资(不含农户)35982.5 亿元,比上年增长 19.6%。其中,以娱乐业为例,其固定资产投资额为 110.3 亿元,比上年增长 13.2%;施工项目数 176 个,其中新开工项目 130 个,全部建成投产项目 128 个(见表 2)。同时,江苏省旅游业投资也呈现强劲的加速增长态势,2013 年完成旅游项目投资超过 1300 亿元,连续多年投资总额增幅在 20%以上,其中 89 个总投资在 10 亿元以上的省级重点旅游项目完成投资 367 亿元①。

① 江苏 2013 年接待游客 5.18 亿 旅游总收入 7195 亿元,中国江苏网,2014.1.20,http://tour.jschina.com.cn/system/2014/01/20/020026234.shtml。

从整个文化产业层面看，自 2010 年以来，全省文化产业立项投资规模超过了 3400 亿元①。全省文化产业投资规模的不断扩大，投资项目不断增加，为外围层文化服务业的发展提供了强劲的动力。

表 2　2009—2013 年江苏省娱乐业固定资产投资情况

	2009 年	2010 年	2011 年	2012 年	2013 年
投资额(亿元)	32.7	58.5	82.8	97.4	110.3
施工项目数(个)	112	158	176	166	176
新开工项目(个)	91	127	135	136	130
全部建成投产项目(个)	90	133	124	120	128

数据来源：根据江苏省各年统计年鉴资料整理汇编。

文化产业的发展需要科技的大力支持。在世界范围内，科技创新改造文化传统产业的程度越来越深，也越来越明显，并为文化产业的发展开辟了新的途径。江苏省固定资产投资的一部分即是用于科技研发和人才培养，科技研发投入比重稳步提升。2012 年全社会研究与发展(R&D)活动经费 1260 亿元，占地区生产总值的 2.3%，其中企业研发投入超过 1000 亿元。全省从事科技活动人员 91.42 万人，其中研究与发展(R&D)人员 52.22 万人。全省拥有中国科学院和中国工程院院士 90 人。区域创新能力继续四年位居全国前列。全省科技进步贡献率达 56.5%。全省专利申请量和授权量、企业专利申请量和授权量、发明专利申请量继续保持全国第一，发明专利授权量突破 1.6 万件，增幅达 46.1%，万人发明专利拥有量 5.73 件。实施省重大科技成果转化专项资金项目 135 项，省资助经费 11.2 亿元。企业与高校院所建立“校企联盟”7216 个，与中科院的合作项目产出连续七年居全国第一，2012 年达 621 亿元。全省高新技术企业超过 5100 家，2012 年高新技术产业产值突破 4.5 万亿元，增长 17.4%，占规模以上工业总产值比重达 37.5%。

4. 文化与科技的不断融合

以网络、通信、数字媒体等现代科技的发展突飞猛进，影响着人们生活和生产的方方面面。同时，文化与科技的融合趋势不断增强，极大地提高了文化的创造力、表现力和传播力，也催生了许多新的文化需求和消费方式。文化与科技的融合不仅为以娱乐休闲、网吧为主的传统文化服务业带来了压力，也为其改造升级提供了契机，更为网络文化、动漫、网络游戏等新兴文化服务业的开辟了新疆域。目前，江苏省在科技发展以及文化与科技的融合方面走在全国前列，各地纷纷推进文化与科技的密切融合，注重文化科技创新，支持高科技文化产业项目建设，加大对具有自主知识产权的文化核心技术研发的扶持力度，引进与培养文化人才，用科技引领新兴文化服务业发展。江苏省沿沪宁线的苏锡常宁四市，以密集的高校和科研院所为依托，形成了数字出版、动漫游戏、高科技文化制造业为重点的新兴业态。常州、南京、无锡先后被评为“国家级文化和科技融合示范基地”。

文化与科技的融合推动生产力的飞跃发展，在改变人们的生活生产方式的同时，强力促

① 江苏文化产业立项投资已超 3400 亿 呈大投入高成长态势，中国江苏网，2011.10.9，http://jsnews.jschina.com.cn/system/2011/10/09/011815184.shtml。

进新兴产业加快发展。2012年,战略性新兴产业蓬勃发展,新能源、新材料、生物技术和新医药、节能环保、软件和服务外包、物联网等新兴产业全年销售收入达40059.9亿元,比上年增长19.6%。高新技术产业快速发展,全年实现高新技术产业产值45041.5亿元,增长17.4%,占规模以上工业产值比重达37.5%,比上年提高2.2个百分点。服务业发展水平提升。全年实现服务业增加值23676亿元,比上年增长9.6%,占GDP比重为43.8%,比上年提高1.1个百分点。服务业税收总额3934.8亿元,增长13.9%,占国地税收入的比重达45.2%。主要服务行业收入保持较快增长,软件业、研发和科技交流及推广服务业、航空运输业、银行业、商务服务业、物流业实现总收入同比分别增长34.6%、37.6%、14.5%、15.5%、17.2%、11.3%。

5. 政府扶持力度不断增强

自2009年江苏省委、省政府提出“文化强省”战略以来,江苏省颁布了多项文化产业扶持政策,如《关于深化文化体制改革加快文化产业发展的决定》、《关于加快文化产业振兴若干政策的通知》、《关于进一步加快发展现代服务业的若干意见》、《江苏省现代服务业“十百千”行动计划(2012—2015)》等。各地先后制定了文化产业的“十二五”发展规划,以支持和引导文化产业发展。

在具体措施上,江苏省不断加大对文化产业发展的资金投入,于2008年成立文化产业引导资金,连续多年通过贷款贴息和项目补助的方式对创意文化、新兴媒体、影视动漫等文化产业项目提供资金扶持,通过引导资金调动社会投资。2012年,江苏省财政厅下达了本年度省级文化产业发展专项引导资金2亿元,共资助文化产业项目214个,比上年增加42个①。2013年度,江苏省下达省级文化产业引导资金2.09亿元,扶持了245个文化产业项目,带动项目总投资额达231亿元②。同时,2013年全省还有47家文化企业获得1.78亿元的中央文化产业发展专项资金,比2012年增长203%,创历史新高,其中文化艺术类贴息项目14个,获贴息补助5510万元,列全国第一③。近年来,全省文化建设财政投入年均增速超过20%。同时,江苏省于2010年由多家机构共同发起组建了初始规模为20亿元的江苏紫金文化产业发展基金,重点投资江苏省媒体文化、创意文化、影视文化、网络文化、演艺文化、动漫文化等领域内具有行业领先地位和极具增长潜力的文化产业项目。全省各地也普遍设立了文化产业引导资金,并同时募集和引入部分文化产业的创投基金。其中,无锡市设立了初始规模为2亿元的文化产业发展基金,重点扶持文化创意产业;常州市每年安排5000万元用于扶持创意产业发展,计划5年投入2.5亿;2011年8月,南京市投入扶持资金近800万元撬动约500亿元的投资,并有108个文化产业项目共获得总额4382万元的专项资金资助;苏州市及各区(县)设立文化产业发展资金1.27亿元,重点扶持创意设计等十大优

① 江苏省财政下拨2亿元省级文化产业引导资金,中国江苏网,http:// economy. jschina. com. cn/ system/ 2012/ 11/30/015388462.shtml。

② 江苏省2013年度文化发展情况统计分析,江苏省文化厅,2014.7.14,http:// www. jscnt. gov. cn/ gk/ zd/ tj/ 201407/ t20140714_23779.html。

③ 中央财政助力江苏文化产业发展,中国文化产业网,2013.12.5,http:// www. cnci. gov. cn/ content/ 2013125/ news_ 80637.shtml。

势项目[1]。江苏省还切实为文化企业减轻负担，如将创意设计等高科技新兴文化产业所得税从25%降至15%，将网吧业营业税从17%降至5%。此外，江苏省坚持优胜劣汰，推进产业集聚，实施了“文化产业示范基地(园区)提升工程”。目前，江苏省文化产业基地(园区)规模已达300家左右。这些文化产业示范基地(园区)为文化服务业的发展提供了良好的载体。

此外，不仅江苏省政府对文化产业的发展给予极大的财政支持，国家也对江苏文化产业的发展予以专项资金支持。在财政部公布的《2014年度中央文化产业发展专项资金支持名录》中，江苏省共有44个项目入选该名单，包括34个重大项目和10个一般项目，其中文化系统项目32个，占该省入选项目总数的72.7%。此次获支持的江苏文化产业重大项目主要分布在文化金融扶持计划、推动电影产业发展、环保印刷设备升级改造工程、推动对外文化贸易和实体书店扶持试点等类别，共计34个；获支持的江苏一般项目主要包括文化体制改革、文化传播渠道建设、文化产业升级和文化产品生产及其他等，共计10个。从项目分类来看，其中文化类企业32家，共计13580万元，比2013年度(7496万元)增长81%；广播影视企业3家，1400万元；出版印刷类企业9家，2600万元。从补贴内容来看，此次共18个文化类项目获得了财政部2014年中央文化产业发展专项资金10660万元贷款贴息资助，较2013年度(5510万元)增长93%；9个项目获得文化出口专项奖励1070万元，较2013年度(726万元)增长47%。

(二) 外围层文化服务业总体发展特征

1. 总量规模不断扩大，但增速下滑

从总量看，近年来随着文化产业的结构调整以及新兴业态的不断涌现，江苏省以文化休闲娱乐服务、网络文化服务以及会展、经纪等为主的外围层文化服务业发展迅猛，总量规模持续扩大，从2008年的170.9亿元，到2010年的331.7亿元，再到2011年的423.4亿元，增加值连上新的台阶，发展态势良好(见图4)。从占比看，外围层文化服务业在全部文化及相关产业增加值中的份额也逐步提高。2011年，江苏省外围层文化服务业实现的增加值占文化及相关产业增加值的比重达27.6%，与上年基本持平，比2008年提高了6.1个百分点(见图5)。

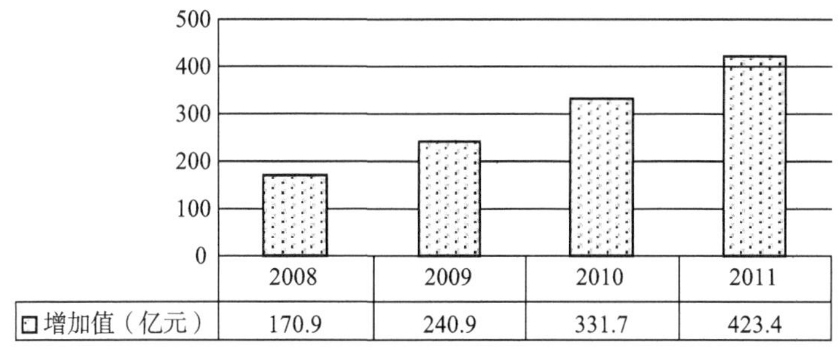

	2008	2009	2010	2011
□增加值(亿元)	170.9	240.9	331.7	423.4

图4 2008—2011年江苏省外围层文化服务业增加值

数据来源：根据江苏省统计局等相关网站发布的资料整理汇编。

[1] 江苏文化产业快速发展的主要特征及动因浅析，江苏统计局，http:// www.jssb.gov.cn/ tjxxgk/ tjfx/ sjfx/ 201201/ t20120105_24163.html。

从增速看，江苏省外围层文化服务的发展速度较快，但呈放缓趋势。2011 年，外围层文化服务业实现增加值比上年增长 27.6%，增速比上年下降了 10.1 个百分点。尽管如此，四年来，江苏省外围层文化服务业仍以年均超过 20%的速度快速增长(见图 5)。

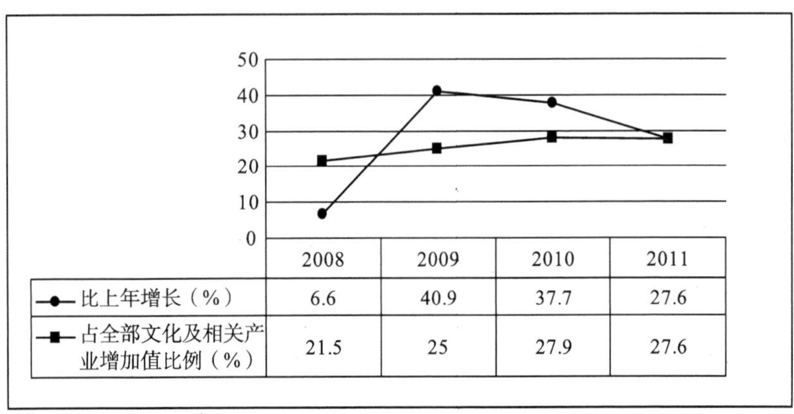

图 5　2008—2011 年江苏省外围层文化服务业的增加值增速及占比

数据来源：根据江苏省统计局等相关网站发布的资料整理汇编。

2. 细分行业高速发展，行业构成稳中有变

从细分行业看，江苏省外围层文化服务业中的各细分产业均保持高速增长态势。2011 年，江苏省以旅游、娱乐休闲为主的文化休闲娱乐服务业实现增加值 256.7 亿元，比上年增长 20.8%；以互联网信息服务为主的网络文化服务业实现增加值 20.7 亿元，比上年增长 41.8%；以会展、经纪等新兴业态为主的其他文化服务业实现增加值 145.1 亿元，比上年增长 39.7%(见表 3)。

表 3　2008—2011 年江苏省外围层文化服务业各细分行业增加值及增速

		2008	2009	2010	2011
文化休闲娱乐服务业	增加值(亿元)	107.8	158.3	213.2	257.6
	比上年增长(%)	—	46.9	34.6	20.8
网络文化服务业	增加值(亿元)	5.5	10.3	14.6	20.7
	比上年增长(%)	—	86.4	41.7	41.8
其他文化服务业	增加值(亿元)	57.6	72.3	103.9	145.1
	比上年增长(%)	—	25.5	43.7	39.7

数据来源：根据江苏省统计局等相关网站发布的资料整理而得。

从各细分行业的增加值看，文化休闲娱乐业依然是江苏省外围层文化服务业的中坚力量，其增加值绝对量在外围层文化服务业的细分行业中长期处于首位①，总量超过另外两大类文化服务业增加值的总和。然而，从各细分行业的增速看，文化休闲娱乐服务业的增速近

① 国家统计局 2012 年下发的《文化及相关产业分类(2012)》中增设了“文化创意及设计服务”一类。资料显示，2012 年，江苏省文化创意及设计服务业的总量规模超越文化休闲娱乐业，成为仅次于文化用品生产的第二大行业。

年来快速下降，但网络文化服务业以及其他文化服务业的增速则相对较快，特别是网络服务业，其增速超过40%。这主要得益于江苏省文化产业结构的内在调整、新兴文化服务业的快速发展以及居民文化消费的多样化等因素。

另一方面，从各细分行业的占比看，文化休闲娱乐服务业占江苏省外围层文化服务业的比重也逐年下降，2011年的占比为60.9%，较之2010年，下降3.4个百分点，较之2009年，下降4.8个百分点。与之对应，网络文化服务业和其他文化服务业的占比则呈小幅上升趋势。其中，网络文化服务业2011年的占比为4.9%，较上年增加了0.5个百分点；其他文化服务业2011年的占比为34.3%，较上年提升了3个百分点（见图6）。总体看来，江苏省外围层文化服务业呈现出产业构成稳中有变、行业结构趋于优化的发展态势。

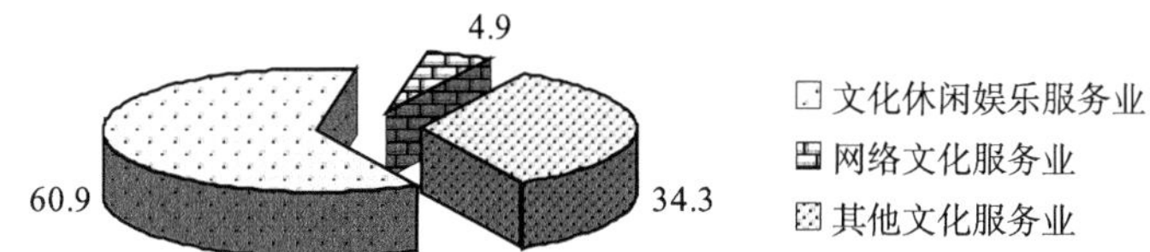

图6　2011年江苏省外围层文化服务业各细分行业市场份额

数据来源：江苏省统计局，http://www.jssb.gov.cn/tjxxgk/tjfx/sjfx/201210/t20121029_147209.html。

3. 服务机构数量略有增加，经营态势持续向好

“十二五”以来，在良好的政策环境以及外部形势下，江苏省外围层文化服务业的服务机构数量较之往年有所增加，经营状况呈现出良性发展态势。从江苏省文化厅发布的有关文化市场经营机构的统计数据看，2012年，全省文化市场经营机构数量为16564个比上年增加1490个[①]；2013年达17016个，比2012年增加452个（见图7）。全省文化市场经营机构从2009年的14839个到2013年的17016个，增加值为2177。经营机构的大量增加，意味着文化市场的经济主体丰富化，为消费者提供的文化产品和服务越加全面。

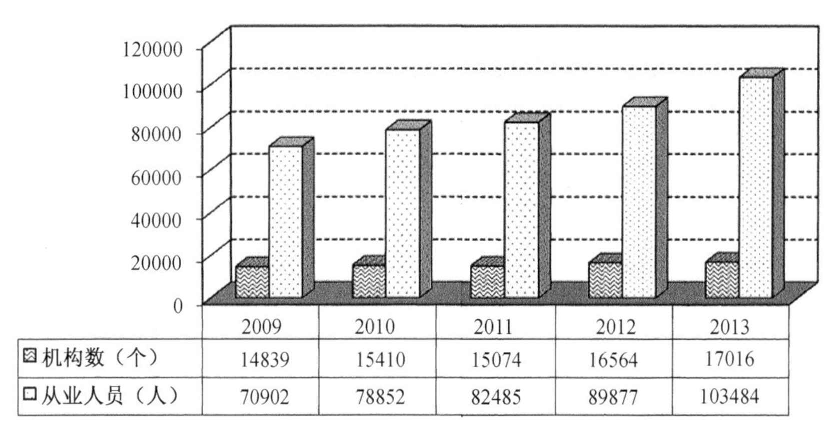

	2009	2010	2011	2012	2013
机构数（个）	14839	15410	15074	16564	17016
从业人员（人）	70902	78852	82485	89877	103484

图7　2009—2013年江苏省文化市场经营机构数量及从业人员

数据来源：《文化发展统计分析报告》（2012、2013）；《中国文物文化年鉴》（2009、2010、2011）。

① 此处统计的文化市场经营机构仅包括娱乐场所、互联网上网服务场所（网吧）、经营性互联网文化单位（或称网络文化经营机构）、演出经纪机构、艺术品经营机构、文化市场连锁机构六类。

尽管前些年江苏省文化市场经营机构数量有所波动,但从业人员总数基本呈上升趋势,表明经营机构的就业吸纳能力逐步增强。据统计,2012 年全省文化市场经营机构共有从业人员 89877 人,比上年增加 7392 人;2013 年达 103484 人,比 2012 年增加 13607 人(见图 6)。全省文化市场经营机构的从业人员从 2009 年的 70902 人到 2013 年的 103484 人,增加值为 32582。

另据相关资料显示,全省文化市场经营机构的资产规模、营业收入较之往年均有上升。其中,2013 年全省文化市场经营机构资产规模总计 202.6 亿元,比上年增长 28.3%,比 2009 年增长 97.2%;营业收入总计 121.7 亿元,比上年增长 27.9%,比 2009 年增长 85.8%。然而,利润总额却有小幅收缩,仅为 33.6 亿元,同比下降了 5.7%,但仍比 2009 年增长 49.5%(见图 8)。

同时,2013 年全省文化市场经营机构的平均资产规模和平均营业收入分别为 119.1 万元和 71.5 万元,分别比上年增长 25.0%和 24.3%,比 2009 年增长 72.1%和 61.8%。平均资产规模和平均营业收入较之往年有大幅度提升,表明经营机构逐步迈向规模化发展的阶段。

此外,2012 年全省 1.7 万个文化市场经营机构共实现总产出 95.2 亿元,增加值 74.6 亿元(见表 4)。其中,娱乐场所和互联网上网服务营业场所(网吧)共实现增加值 64.0 亿元,占总和的 85.8%。其中,娱乐场所吸纳的从业人员最多,为 51682 人;互联网上网服务营业场所(网吧)机构数最多,为 8511。同时,文化市场经营机构占包括公益性机构在内的文化产业增加值的比重较高,达 42.2%[①],一定程度表明全省文化服务业达到了较高的市场化程度,反映出江苏省文化体制改革成效明显。

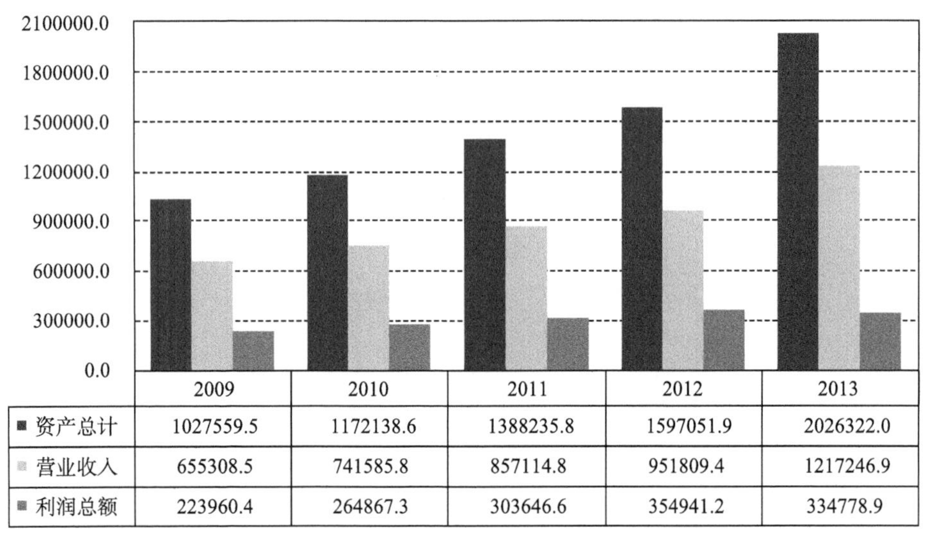

	2009	2010	2011	2012	2013
■ 资产总计	1027559.5	1172138.6	1388235.8	1597051.9	2026322.0
■ 营业收入	655308.5	741585.8	857114.8	951809.4	1217246.9
■ 利润总额	223960.4	264867.3	303646.6	354941.2	334778.9

图 8　2009—2013 年江苏省文化市场经营机构资产规模、营业收入及利润总额

数据来源:《文化发展统计分析报告》(2012、2013、2014);《中国文物文化年鉴》(2009、2010、2011)。

① 各行业经营性单位增加值所占比重可以这一行业的市场化程度。根据江苏省统计局发布的《2012 年江苏省文化产业增加值年报》,经营性文化单位和公益性文化单位共计实现增加值 176.7 亿元。经营性文化单位增加值与之相除得 42.2%。

表 4　2012 年江苏省文化市场经营机构行业细分情况

	机构数(个)	从业人员(人)	增加值(万元)
娱乐场所	7412	51682	398678.5
互联网上网服务营业场所(网吧)	8511	31593	240638.9
经营性互联网文化单位	88	4653	71217.7
演出经纪机构	176	211	5910.2
艺术品经营机构	365	1589	25074.0
文化市场连锁经营机构	12	149	4410.7
总计	16564	89877	745930.0

数据来源:江苏省统计局。

(三) 细分行业概览

近年来,在利好的政策环境下,不断提升的居民收入水平以及高涨的社会投资热情为全省文化休闲娱乐服务业的发展创造了新的空间,文化休闲娱乐业持续发展,网络文化服务业高速增长,以会展、经纪、文化创意等新兴业态为主的其他文化服务业方兴未艾。

1. 文化休闲娱乐服务业

随着居民消费支出的日益多样化以及服务业态的日趋多元化,文化休闲娱乐服务业的发展增速逐年下降,但其增加值绝对量持续上升且比重依然占优。文化休闲娱乐服务业依然是江苏省外围层文化服务业的重要板块。

(1) 娱乐休闲服务

娱乐休闲服务是居民日常文化消费的主要选择之一。从数量和规模看,2013 年全省共有娱乐场所 7587 个,比上年增加 175 个;从业人员 63663 人,比上年增加 11981 人;资产总计、营业收入依次为 1148329.7 万元、648424.2 万元,分别比上年增长 42.0%、29.6%;利润总额为 189776.5 万元,同比下降 1.1%(见表 5);实现增加值 36.6 亿元。娱乐场所的经营面积逐步扩大,从 2009 年的 234.9 万 m^2 增加到 2012 年的 339.1 万 m^2。同时,全省娱乐企业面向市场注重转型升级,逐步向特色化、多样化、规模化和品牌化方向发展,形成了一批档次高、规模大、服务好、经营理念先进的旗舰型企业,在满足人民群众多元化娱乐休闲消费需求方面发挥了积极作用。

表 5　2009—2013 年江苏省娱乐场所主要指标

	2009 年	2010 年	2011 年	2012 年	2013 年
机构数(个)	6603	7071	6832	7412	7587
从业人员(人)	36935	41870	44431	51682	63663
经营面积(万 m^2)	234.9	256.9	286.3	339.1	—
资产总计(万元)	480105.3	568271.8	710494.0	808983.2	1148329.7
营业总收入(万元)	305267.7	371860.0	459764.7	500436.7	648424.2
利润总额(万元)	108148.6	126606.8	163954.5	19186.7	189776.5

数据来源:《文化发展统计分析报告》(2012、2013、2014);《中国文物文化年鉴》(2009、2010、2011)。

另一方面,受移动互联网和家庭宽带的冲击,以及江苏省实施"总量控制"的政策,互联网上网服务营业场所(网吧)总体发展缓慢,进入到发展的瓶颈期。2013 年,全省共有互联网上网服务营业场所(网吧)8560 个,仅比上年增加 49 个,网吧数量仅次于广东,位居全国第二;从业人员 28568 人,比上年减少 3025 人;资产总计 505636.5 万元,比上年增长 2.0%;营业收入 338523.0 万元,比增长 4.9%;利润总额 118310.5 万元,比上年下降 3.3%;实现增加值 19.2 亿元,比上年下降了 4.9 亿元(见表 6)。

表 6　2009—2013 年江苏省互联网上网服务营业场所(网吧)主要指标

	2009 年	2010 年	2011 年	2012 年	2013 年
机构数(个)	7913	8048	7967	8511	8560
从业人员(人)	30920	33538	32350	31593	28568
资产总计(万元)	450053.8	485225.2	501524.2	495533.4	505636.5
营业总收入(万元)	281781.7	297971.0	309826.9	322823.1	338523.0
利润总额(万元)	102588.3	113419.0	114539.3	122352.7	118310.5
经营面积(万平方米)	192.2	199.7	203.3	218.4	—
计算机终端数(个)	786838	—	812974	877500	—

数据来源:《文化发展统计分析报告》(2012、2013、2014);《中国文物文化年鉴》(2009、2010、2011)。

此外,作为全国推进网吧连锁经营管理的试点省份,江苏省先后印发了《江苏省文化厅关于加强网吧连锁经营管理的规定(苏文规[2009]1 号)》、《省文化厅关于进一步推进网吧连锁化管理的意见(苏文规[2013]2 号)》等规范性文件,积极单体网吧实行连锁化改造,实行连锁经营。截至 2012 年底,全省共有浪淘沙、瑞得在线、腾龙科技等网吧连锁企业 12 个(见表 7),从业人员 149 人,连锁门店 8423 个,连锁化率高达 99%;资产总计达 16410.6 万元,营业收入 4599.5 万元,利润总额 1210.9 万元,实现增加值 4410.7 万元。其中,有 A 级网吧浪淘沙、瑞得在线等 5 个,B 级网吧欣网易家、中录时空等 4 个,C 级网吧中电华通、紫日软件等 3 个。同时,江苏省推动 12 家网吧连锁企业共同发起成立江苏网联文化发展有限公司。随着网吧连锁工作的不断推进,连锁网吧的规模优势也逐渐体现出来。2012 年,江苏网吧连锁化率达到 91%,居全国第一。总体看来,全省网吧正向着连锁化、规模化和品牌化的方向发展。

表 7　2012 年江苏省连锁网吧名单及年审情况

序　号	单 位 名 称	等　级
1	江苏省浪淘沙网吧连锁有限公司	A
2	江苏瑞得在线网络文化传媒有限公司	A
3	苏州腾龙科技网络信息有限公司	A
4	江苏共享网络科技有限公司	A
5	常州市逸枫网络科技有限公司	A
6	南京欣网易家网络服务有限责任公司	B

续 表

序　　号	单 位 名 称	等　　级
7	江苏中录时空文化发展有限公司	B
8	江苏新美锦网络科技发展有限公司	B
9	江苏红色动力文化投资发展有限公司	B
10	江苏省中电华通网络服务有限责任公司	C
11	江苏紫日软件科技有限公司	C
12	无锡市灏艺网盟软件科技有限公司	C

资料来源：江苏省文化厅，http://www.jscnt.gov.cn/xxgk/xxkml/201307/t20130729_18289.htm。
注：同一等级中，企业排名不分先后。

江苏省文化厅就进一步推进网吧连锁化管理提出如下意见：① 鼓励创新网吧新业态，支持连锁企业在商业区改造和设立环境有特色、服务有个性的综合性休闲网吧、主题网吧，在城市居民小区设立社区信息服务站、网购中转站式的袖珍型网吧；鼓励连锁企业整合门店资源，开展统一集采、网维、游戏运营、内容点播等业务。② 加强连锁企业互联网上网服务专项资质管理。严格网吧连锁企业年度审核、评级及退出机制；加强对连锁企业总部及各地办事处的管理，各地文化部门在网吧市场管理工作中要发挥连锁化管理优势，加强对各连锁企业在本地办事处的管理，明确连锁企业对旗下门店的管理责任。③ 严格监督连锁企业收费和服务行为，持鼓励连锁企业强化行业自律。④ 增强安全意识，开展连锁网吧门店法定代表人变更试点，开展网吧门店年度核查工作试点，重点对网吧经营场所的布局、从业人员资质、计算机数量、技术经营管理软件运行等情况进行核查 。

（2）旅游文化服务

近年来，江苏省旅游文化服务业在文化休闲娱乐服务业的发展中表现抢眼。究其原因：一是旺盛旅游消费需求为其开创了广阔的市场；二是丰富的旅游资源为其奠定了厚实的发展基础；三是“文化强省”、“旅游强省”等战略目标的确定为其创造了良好的机遇；四是科技文化的融合为其拓展了新的发展空间；五是“美好江苏欢乐游”等系列举措为其提供了有力保障。2013 年，江苏省全年实现旅游总收入 7195 亿元，仅次于广东，位居全国第二；比上年增长 10.7%，连续多年保持高位增长，但增速呈下滑趋势；实现增加值 3212 亿元，同比增长 14.2%。从游客构成情况看，国内旅游人数和国内旅游收入持续呈“双上升”趋势，2013 年达 5.2 亿人次，比上年增长 13.0%；国内旅游总收入达 6940.1 亿元，比上年增长 14.6%。但另一方面，受全球经济不景气、国内人民升值乃至雾霾以及食品安全等因素的影响，全省入境旅游人数和旅游外汇收入却呈“双下降”态势。2013 年，全省入境旅游人数和旅游外汇收入依次为 288 万人次和 23.8 亿美元，和上年相比，均下降了约 2/3(见表 8)。

表 8　2009—2013 年江苏省旅游文化服务业部分指标

	2009 年	2010 年	2011 年	2012 年	2013 年
旅行社总数(个)	1704	1857	1986	2117	2177
入境旅游人数(万人次)	556.8	653.6	737.3	791.5	288.0

续 表

	2009 年	2010 年	2011 年	2012 年	2013 年
国内旅游人数(亿人次)	3.0	3.6	4.1	4.6	5.2
旅游外汇收入(亿美元)	40.2	47.8	56.5	63.0	23.8
国内旅游收入(亿元)	3449.5	4287.9	5161.5	6055.8	6940.1
总收入	3795.7	4685.0	5611.4	6500.0	7195.0

数据来源:《江苏统计年鉴》(2013、2014)、《江苏省旅游业统计公报》(2008、2010)及其他网络资料。

同时,江苏旅游文化服务业的载体建设进入发展的快车道,投资总额增增幅连续多年保持在20%以上。2013年完成旅游项目投资超过1304.6亿元,其中,89个总投资在10亿元以上的省级重点旅游项目完成投资367亿元,南通探险王国、宿迁项王故里、徐州乐园一期等一批重大项目建成开放①。

另据资料显示,截止2013底,全省拥有苏州太湖和无锡太湖2家国家级旅游度假区,31家省级旅游度假区,位居全国第二;国家5A级景区17家,全国第一;4A级景区达126家;3A级以上景区总量达319家;旅行社总数和持证导游数量均为全国第一,分别为2177家和7万人。2012年以来,江苏省连续两年开展了星级旅行社评定工作,截止2013年度,共评出包括国旅江苏分社、江苏中旅、中青旅江苏分社等五星级14家,四星级17家,3星级168家。2013年又有8家旅行社入选全国百强旅行社,比上年增加1家。与往年相比,江苏省旅游文化服务业的产业质态和竞争力都有明显增高。

在旅游业大力发展,旅游景区不断开发,旅行社总量逐渐增加的同时,与旅游相关的配套设施也在不断完善,例如酒店。酒店的数量和质量是反映一个地区旅游业发展的有力指标。如图9所示,江苏省星级饭店个数从2000年的408增加到2013年的970,这种翻倍的增长不仅反映出旅游相关配套服务更加完备,而且表明江苏游客数量的大幅增加。2010年到2012年星级饭店个数略有减少,2013年较2012年,星级饭店个数增加明显,增加值为80。据中商情报网监测数据显示:2013年第一季度,江苏省星级饭店平均房价为309.11元/间夜,平均出租率为53.14%,每间可供出租客房收入为164.27元/间夜,每间客房平摊营业收入为44269.72元。与上季度相比,江苏省星级饭店(一至五星级合计)第一季度平均房价下降6%,平均出租率下降15.66%,每间可供出租客房收入下降20.72%,每间客房平摊营业收入下降22.63%。与去年同期相比,江苏省星级饭店第一季度平均房价下降0.73%,平均出租率下降5.51%,每间可供出租客房收入下降6.2%,每间客房平摊营业收入下降5.14%。

此外,2010年以来,江苏省把智慧旅游作为建设现代服务业的重要切入点和突破口,以科技强旅为先导,促进旅游文化服务的现代化,推进旅游文化服务业的转型升级。在2012年国家旅游局公布的第一批18个"国家智慧旅游试点城市"中,南京、苏州、无锡、常州、南通、扬州、镇江7市名列其中,成为国家智慧旅游试点城市最多的省份。上述7市还建立了全省智慧旅游城市联盟,着力推进智慧旅游城市群的建设试点工作,积极推进合作共建智慧

① 江苏2013年接待游客5.18亿 旅游总收入7195亿元,中国江苏网,2014.1.20,http://tour.jschina.com.cn/system/2014/01/20/020026234.shtml。

旅游城市试验区，从城市智慧旅游建设着手，向城市群、区域性智慧旅游发展。同时，江苏省旅游文化服务业大力实施信息化带动战略，强化全行业的数字化服务和管理，积极推进电子政务、电子商务以及旅游公共服务体系建设。随着科技含量和信息化水平的提升，全省旅游文化服务业的质量也有较大改善。

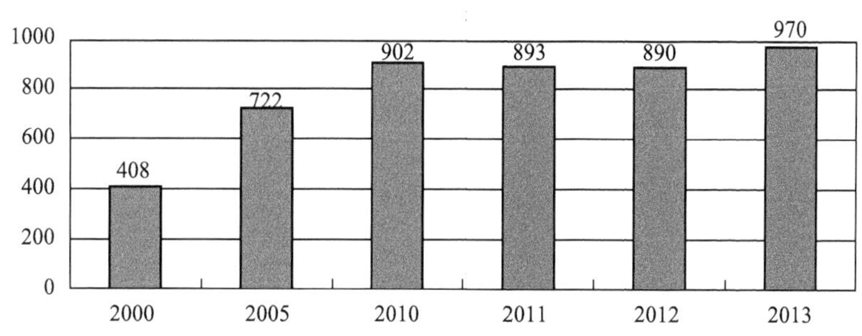

图 9　江苏省星级饭店个数

数据来源：《江苏省统计年鉴 2014》。

2. 网络文化服务业

网络文化是互联网与文化相结合的现象，是科技与文化创新的产物，它集中地体现着文化的内容、表现形式和传播手段等全方位的信息，网络文化的出现和发展，应该说是深刻地影响着甚至是改变着人类的生活方式和生活习惯，因此文化部将引导社会舆论，支持原创产业，使其成为原创产业的先导产业，使网络文化的发展为和谐社会的构建贡献力量。

作为信息产业与文化产业相互融合的产物，以互联网信息服务为主的网络文化服务业的发展有声有色。中国江苏网（又称中江网）、新浪网江苏频道、人民网江苏视窗等公共网络媒体的影响力增大，成为网络文化服务业发展的重要载体以及公众关于江苏文化服务信息重要来源。其中，由江苏省委省政府组建的中国江苏网，通过整合全省新闻资源和政务资讯，成为展示江苏形象的第一门户网站。江苏文化新闻网、江苏文化产业网、江苏文化网、江苏文化市场信息网等公共信息平台先后开通，成为全省文化产业发展对外宣传以及文化资源对外展示重要窗口。江苏旅游信息网、罗漫网、江苏省影视动漫协会官网等一些专业网站的成立也成为相关企业获取行业信息以及开展交流与合作的有效途径。

2013 年，省委省政府出台《关于贯彻落实〈苏南现代化建设示范区规划〉的实施意见》和《关于印发〈苏南现代化建设示范区“十二五”期间推进计划（2013—2015）〉的通知》，要求加快构建新一代信息化基础设施，推广物联网等新技术建设；加快数字城市建设，促进地理空间框架广泛应用，建设基础地理信息数据库及政务信息资源共享交换等一批公共服务平台，丰富城市地上三维、地下空间等地理信息，加大数字城市建设成果的应用力度和广度；完善地理信息等智能化数字系统，建立智慧城市时空信息数据库及云平台。同时，江苏省还开通了江苏省文化产权交易所、南京文化艺术产权交易所、江苏文惠网等专业网络媒介和交易平台，为有效利用文化资源，促进文化产业发展提供了有利条件。数字文化资源的开发力度也逐步增强。江苏省依托文化信息资源共享工程，形成了形式多样、内容丰富、特征鲜明的“流媒体”信息资源库。截至 2012 年底，全省数字资源建设量达 360922GB，其中自主开发资源 47576GB①。作为我省数字城市建设的 5 个示范市，扬州、镇江、常州、苏州、南京，已完成数字城市建设包括数字城市地理空间框架建设和示范应用系统两个部分，并各有创新。5 个示范市的数字城市建设从根本上促进了城市管理与服务体制和模式转变。截至目前，我省已建成项目中示范应用系统在国土、规划、公安、交通、水利、民政、统计、城管、园林、质监、疾控部门工作中发挥了强力的支撑作用，为政府决策提供了有力的支持。

此外，江苏凤凰信息技术有限公司、苏州蜗牛数字科技股份有限公司、江苏中艺文化传播有限责任公司、常州文化科技创意发展有限公司等一批经营性互联网文化服务企业和增值服务提供商相继涌现，成为全省网络文化服务业发展的中坚力量。据统计，2013 年全省共有经营性互联网文化单位 114 个，比上年增加 26 个；从业人员 6165 人，比上年增加 1512 人；运营网络文化产品数 19061 个，其中网络游戏数量 14247 个，注册用户数 36226.8 万人次(见表 9)。

表 9　2011—2013 年江苏经营性互联网文化单位主要指标

	机构数(个)	从业人员(人)	运营网络文化产品数(个)	资产总计(万元)	营业总收入(万元)	利润总额(万元)
2011 年	60	3938	227	112935.9	53533.8	17648.0
2012 年	88	4653	515	168481.3	71078.3	24243.9
2013 年	114	6165	19061	261837.8	162198.8	12814.9

数据来源：《文化发展统计分析报告》(2012、2013、2014)。

3. 其他文化服务

由于国家和地方政府的政策支持力度以及社会投资力度的加大，动漫、会展、经纪、广告等具有高科技特征的新兴业态迅速崛起，规模扩增，影响力提升，成为江苏省文化服务业发展的一个亮点。

(1) 广告

广告产业一般将广告产业分为狭义的广告产业和广义的广告产业。狭义的广告产业由从事广告制作、广告代理以及相关广告服务活动的广告公司构成。广义的广告产业则是把广告活动作为一个市场的主要核心变量，围绕广告活动展开的广告生产、制作、广告的消费以及其他经济活动所构成的市场，即广告市场，由广告主厂商、广告媒介、广告专业公司和广告受众构成。

中国广告业是国内发展最快的产业之一，从 20 世纪 80 年代以来到 90 年代中期，中国广告业的增长速度平均保持在 30%以上，远远超过 GDP 的增长速度。1997 年全球金融危机以来，中国广告业的发展速度逐年放缓，发展速度已经与 GDP 的增长速度日益缩小差距。

近几年，数字媒体和无线终端技术的运用在广告市场呈现迅猛的发展态势，网络、手机、数字电视、商务楼宇广告、地铁大屏幕等形式的数字媒体广告的效用已得到越来越多广告主的认可。精准传播、互动营销等依托数字媒体和无线终端技术的新型传播形式，逐渐成为未

① 2012 年江苏省文化信息资源共享工程基本情况综合年报，江苏省文化厅，2013.12.12，http://www.jscnt.gov.cn/gk/zd/zdxm/201312/t20131212_20944.html。

来广告行业的重要增长点。

进入“十二五”以来,江苏广告业也进入了发展的快车道。2012 年,全省广告收入超 350 亿元,其中,南京市超过 185 亿元,占据全省半壁江山,被业界誉为除北上广之外的中国广告“第四城”①。同时,全省现有南京和常州两个国家级广告产业园。其中,南京广告产业园是全国首批国家广告产业园试点基地之一,现有广告企业 120 多家,园区税收从 2012 年初 200 万元左右发展到 2013 年的 5000 万元左右,预计到 2015 年,园区将集聚 500 家以上广告企业,培育年产值 10 亿元以上领军企业 10 家,广告经营额达到 200 亿元②。常州国家广告产业园总规划面积 75 万平方米,现已集聚各类广告企业 110 多家,包括保纳、灵通、三有广告、化龙文化、九牛传媒等知名广告企业。

电视和广播作为广告宣传的重要平台,电视和广播节目制作中广告时间的长短对广告业的发展也会产生一定影响。如图 10 所示,从 2010 年到 2013 年电视和广播的广告时间共增加 11530 小时,其中广播广告时间增加 8550 小时,电视广告时间增加 2980 小时。在 2011 年,电视、广播广告时间都有所减少,广播广告时间始终多于电视广告。电视和广播广告时间的增加,意味着广告收入的不断提高。然而,在 2013 年,受网络视听业务快速增长、新媒体广告业务分流的影响,传统广播电视广告收入的增幅大幅下降。据统计,全国广播电视行业 2013 年的广告收入约为 1302 亿元,比 2012 年的 1270 亿元增加 32 亿元,增幅仅为 2.52%,较 2012 年 13%的增幅降低了近 11%。

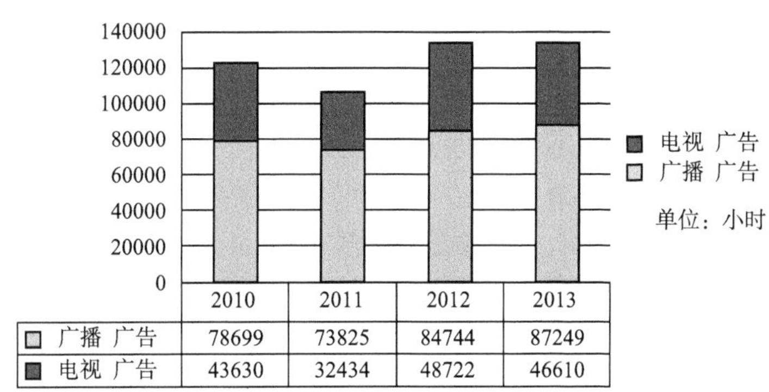

	2010	2011	2012	2013
广播 广告	78699	73825	84744	87249
电视 广告	43630	32434	48722	46610

图 10　江苏省广播、电视广告节目制作时间

数据来源:《江苏省统计年鉴 2014》。

(2) 会展

2013 年,是全面贯彻落实党的十八大和十八届三中全会精神的第一年,也是深化实施“十二五”规划承上启下的重要一年,更是江苏会展业在整顿中求发展,在困难中求生存,在曲折中求前进的一年。2013 年,江苏会展人认真学习、深刻领会、全面贯彻、主动落实中央和省、市政府关于深入贯彻中央“八项规定”、反对“四风”等重要指示,认真贯彻执行关于清理整顿会展、论坛和节庆演艺活动的有关规定,坚持市场化、产业化、国际化、法律化的方向,结合江苏全省及各市各地经济、社会、政治、文化、生态文明,“五位一体”建设、发展的实际状

① 广告业汇聚发展正能量 诠释城市核心竞争力,新华日报,2013 年 10 月 25 日,第 A04 版。

② 南京国家广告产业园获 2500 万元国家补助,南京日报,2013 年 11 月 21 日,第 A03 版。

况,开创性地组织和开展丰富多彩、生动活泼的展会活动,在错综复杂的情况下,创造了江苏会展业发展的新思路、新途径、取得了意想不到的新成绩、新发展。

从发展态势看,江苏省会展业的规模不断扩大,经济效益继续攀升,场馆及配套设施建设日趋完善,会展业已从规模化发展逐步转向专业化、品牌化、国际化,并显示出强大的关联效应和经济带动作用,为促进国民经济发展发挥了积极作用。

截至2013年底,江苏省共有南京国际展览中心、南京国际博览中心、无锡太湖国际博览中心、苏州国际博览中心等会展场馆23座,位列全国第三;室内可销售面积为67万平方米,占全国可销售面积的7%,居全国第四位①。2013年,江苏全年共组织、举办和承办各类展览会、博览会770场,持续以10%以上的速度增长,其中,南京国际展览中心举办220场,位居全国第一;展览面积超过了800万平方米,达813万平方米;平均办展面积达1.06万平方米,首次达到全省全年平均每个展览超过1万平方米的目标②。此外,江苏全省的出国出境展览也有大幅度的提高,2013年共组织全省5000多家企业组团参加了国外、境外各类国际展览会、博览会,参展面积超过3万平方米,涉及国外、境外近40个国家和地区的100多个国际展会③。

在展会数量和规模增加的同时,品牌和知名度也逐步提升。目前,江苏省已形成了中国南京文化创意产业交易会、中国(常州)国际动漫艺术周、无锡太湖博览会、苏州电博会等品牌会展。其中,南京文化创意产业交易会截止到2013年已连续举办六届。第六届中国南京文化创意产业交易会设有展览总面积5.2万平方米,共有22个文化产业项目成功签约,签约内容涉及影视、传媒、创意设计、艺术品投资等文化产业各领域,总投资额189.5亿元人民币,各项数据均超过往届④;中国(常州)国际动漫艺术周连续举办十届。其中,第十届动漫艺术周是交易会举办以来展位布置规模最大的一次,共吸引了来自20多个国家和地区的400余家单位参与,达成国内发行等合作意向项目100多项,现场签约项目11项,签约金额31.1亿元⑤;苏州电博会连续举办了十二届,为国内规模最大、层次最高的IT专业展会之一。

就会议产业而言,2013年,受中央"八项规定"和反对四风精神的影响,政府类的会议、论坛有所压缩,但是社会团体和企业类的会议并未受到太多的影响,虽然在会议规模及会风方面有所改进,但会议召开的频率和数量并不见减少,甚至还有稳步增长的趋势。以南京市为例,2013年,南京市举办大中型展览和会议2510个,其中世界性会议526个,同比增加

① 2013年中国会展业统计数据分析报告,商务部,2014.9.18,http://www.mofcom.gov.cn/article/difang/zhejiang/201409/20140900735853.shtml。

② 2013年江苏省展览业发展综述(一),中国国际贸易促进委员会,2014.8.26,http://www.ccpit.org/Contents/Channel_3366/2014/0826/413488/content_413488.htm。

③ 2013年江苏省展览业发展综述(一),中国国际贸易促进委员会,2014.8.26,http://www.ccpit.org/Contents/Channel_3366/2014/0826/413488/content_413488.htm。

④ 2012第六届中国南京文化创意产业交易会,南京文化产业网,2013.1.31,http://njculture.longhoo.net/index.php? m=content&c=index&a=show&catid=65&id=322。

⑤ 十年造就动漫主流互动平台,中国文化传媒网,2013.10.10,http://www.ccdy.cn/wenhuabao/seb/201310/t20131010_774082.htm

17.4%，成为国内举办会议最多的城市之一[①]，已连续多年以年均超越15%以上的速度增加。此外，会议的举办模式也在逐步转型，全省70%以上的会议和节事节庆活动都完全转型或部分转型为市场化运作的模式，政府主导型的展会活动在数量上得到大幅度压缩和精简[②]。

(3) 经纪、代理与拍卖

就演出市场而言，2012年演出市场全年演出11万场次，演出总收入近10亿元。城乡居民文化娱乐消费的不断增长，为演艺业的发展创造巨大的市场空间。2013年，全省共有演出经纪机构192个，比上年增加16个；从业人员528人，比上年增加317人；资产总计29536.7万元，同比增长77.8%；组织演出4524场，比上年增加1085场；观众171万人次，比上年增加52万人次；营业收入28256.5万元，同比增长53.6%；利润总额3762.6万元，同比增长57.3%(见表11)。其中，非公有制艺术表演团体176个，从业人员3363人；资产总计15314.6万元，营业收入14568.0万元，营业利润2570.2万元；组织演出场次3.193万场次，观众718.322万人次[③]。数据显示，演出市场的观众人次较往年有较大幅度减少，究其原因，一方面是由于演出市场的高票价影响了上座率，另一方面是多元化的文化休闲娱乐活动影响了上座率。总体而言，演出市场逐渐在规范中发展，发展形势逐步转好。另外，江苏省演艺集团按照“演艺产业化，产业立体化”的理念，变作品为产品，变剧目为项目，加快让艺术产品走向市场，实现了经济效益与社会效益双丰收。

表11 2011—2013年江苏省演出经纪机构主要指标

	机构数(个)	从业人员(人)	组织演出(场)	资产总计(万元)	营业总收入(万元)	利润总额(万元)
2011年	153	809	2220	23703.4	15192.6	3471.6
2012年	176	211	3439	16605.3	18395.4	2391.5
2013年	192	528	4524	29536.7	28256.5	3762.6

数据来源：《文化发展统计分析报告》(2012、2013、2014)。

就艺术品市场而言，全省艺术品经营机构在经历了2012年井喷式发展之后，2013年的发展则相对缓慢，稳中有降。2013年，全省共有艺术品经营机构387个，基本与上年持平；从业人员1197人，比上年减少392人；资产总计65666.7万元，营业收入25276.4万元，利润总额7544.2万元，分别同比下降10.1%、26.7%、41.3(见表12)。同时，江苏省先后成立了南京文化艺术产权交易所、江苏文化产权交易所、江苏紫金版权交易中心、南京版权登记中心，业务活动涵盖文化产权交易、文化投融资服务、文化企业孵化、文化产业信息发布等。江苏省还拥有凤凰拍卖、聚德拍卖和华艺拍卖等一批以拍卖、经营文化艺术品为主营业务的独立法人企业，为艺术家和收藏家搭建起了艺术品交流服务平台。随着经济的发展，艺术品消费已

① 南京跻身境内举办国际会议最多的前三甲城市，南京市贸促会，2014.5.13，http://nanjing.ccpit.org/Contents/Channel_665/2014/0513/387003/content_387003.htm。

② 2013年江苏省展览业发展综述(一)，中国国际贸易促进委员会，2014.8.26，http://www.ccpit.org/Contents/Channel_3366/2014/0826/413488/content_413488.htm。

③ 江苏省2013年度文化发展情况统计分析，江苏省文化厅，2014.7.14，http://www.jscnt.gov.cn/gk/zd/tj/201407/t20140714_23779.html。

成为人们内在的文化需求,然而艺术品市场存在的不规范现象也严重制约了全省艺术品市场的健康发展。

表 12 2011—2013 年江苏省艺术品经营机构主要指标

	机构数(个)	从业人员(人)	经营面积(万平方米)	资产总计(万元)	营业总收入(万元)	利润总额(万元)
2011 年	50	402	1.81	21087.1	8882.9	1004.7
2012 年	365	1589	8.55	73038.1	34476.4	12874.4
2013 年	387	1197	—	65666.7	25276.4	7544.2

数据来源:《文化发展统计分析报告》(2012、2013、2014)。

就典当行业来看,江苏省典当行业总体发展稳健。江苏省从规划入手,根据全省各地典当发展现状及经济发展对典当的未来需求,决定实行区域差异化准入政策,促进行业合理布局。有关部门按照“公平、公正、公开”及“扶大、扶优、扶强”和“优先发展空白点”等原则,对苏南、南中、苏北三个地区提出不同的注册资本要求,引导行业在发达地区做大做强,在欠发达地区适度增加布点,以满足不同地区多层次的典当需求。在江苏省数百家企业中,有不少典当行在做好传统业务的同时,还积极开展了汽车、房地产、股票、企业原材料等财产或财产权利的质押、抵押贷款业务,中小企业和个体经营者取代普通自然人,成了典当行的“主力军”,房产、汽车和股权在金银、珠宝、字画等传统当品的基础上成为典当行的“新三样”,在扩大社会服务面的同时,也拓展了典当行的发展空间。现在,江苏全行业房地产典当比重由 2011 年的 80%—90%回落到现在的 50%左右,极大地规避了典当业务品种单一的经营风险。此外,江苏各地还出现了仓单质押、应收账款典当和股权质押等业务创新探索。根据地方典当行业效益:2013 年 1—10 月户均营业收入 300 万元以上的地区增加 1%。截至 2013 年 11 月,2012 年度批准设立的典当企业开业率低于 50%的减少 1%。根据地方监管水平,截至 2013 年 11 月,全国典当行业监管信息系统上线率不足 95%的地区减少 1%,辖区内典当企业存在违规违法行为受到通报和行政处罚的减少 1%。

二、外围层文化服务行业发展存在的问题

从数据看,目前江苏省外围层文化服务业的发展势头良好,成绩突出,各项指标均处于全国走在前列,但同时也存在着一些问题和不足之处。

(一)外围层文化服务业的总量规模仍然不高

一方面,尽管江苏省外围层文化服务业的增加值以年均超过 30%的速度在增加,但相对于全省庞大的经济总量而言,其规模仍然偏低,占 GDP 和服务业增加的比重还比较小,表明对经济的贡献力度不高。另一方面,外围层文化服务业占整个文化及相关产业的增加值不及文化制造业,反映出江苏省文化产业的发展对那些科技含量低、文化含量低、附加值低、大量耗用资源的文化制造业有较强的依赖。相较而言,外围层文化服务业总体不够发达,外围层文化服务业的服务产品的总量、质量和结构还不能充分满足人民群众的日益增长的文化消费需求。另外,从不同行业的发展看,全省文化休闲娱乐服务业的增加值超过了上海等先进城市,但是,网络文化服务业和其他文化服务业等新兴文化服务业的增加值与先进地区相

比仍有较大差距。以上海为例,2011 年全市网络文化服务业实现增加值 172.7 亿元,其他文化服务业达 204.5 亿元,与之相比,差距明显,特别是网络文化服务业,差距悬殊(见图 11)。江苏网络文化服务业增加值仅有 20.7 亿元,上海的网络文化服务增加值是江苏的 8 倍。

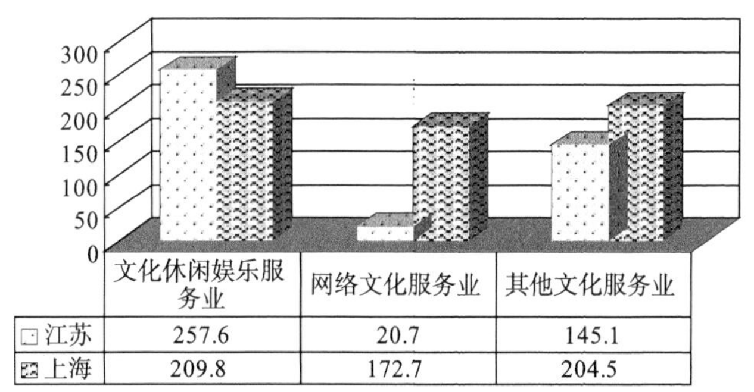

	文化休闲娱乐服务业	网络文化服务业	其他文化服务业
江苏	257.6	20.7	145.1
上海	209.8	172.7	204.5

图 11　2011 年江苏省与上海市外围层文化服务业细分行业增加值

数据来源:根据网络资料整理汇编。

(二) 外围层文化服务业的结构状态还有待进一步优化

从行业结构看,2011 年江苏省外围层文化服务业增加值中,文化休闲娱乐服务业、网络文化服务业与其他文化服务业这三大类细分行业的比例为 60.9:34.3:4.9。虽然其比例结构较之往年有小幅改善,但仍不合理。外围层文化服务业的发展过分倚重于以传统业态为主的文化休闲娱乐服务业,缺乏可持续发展的能力和潜力。同时,文化休闲娱乐服务业主要是面向广大人民群众日常娱乐休闲的生活性文化服务业,相比而言,面向企业的生产性文化服务业的发展相对滞后。然而生产性文化服务业具有较强的产业关联性、融合性、创新性和区域差异性特征,并对促进我国经济快速增长、加快产业结构优化升级、提升企业国际竞争力具有重要作用。

表 13　2008—2012 年江苏省城乡文化市场经营性单位机构数量

	2008	2009	2010	2011	2012
机构总数(个)	20648	14839	15410	15345	16564
城市(个)	8928	7134	7234	7450	6425
县城(个)	6693	4206	4739	4648	6531
县以下(个)	5027	3499	3437	3247	3627

数据来源:《文化发展统计分析报告》(2012、2013);《中国文物文化年鉴》(2009、2010、2011)。

从城乡结构看,城市外围层文化服务业的发展具有明显优势,而农村文化服务业的发展则相对不足。以文化市场经营性单位为例,2012 年,全省共有经营性文化单位 16564 个,其中,城市和县城共有 12956 个,占 78.2%,而农村仅有 3627 个,只占 21.8%(见表 13)。一些研究表明,随着收入的增长,乡镇居民比大城市居民更有文化消费的迫切性①。因此,农村文化服务的供给滞后,不仅制约了农村文化服务业市场的发育,也不利于全省外围层文化服务

① 中华人民共和国文化部.2013 文化发展统计分析报告.中国统计出版社,2013 年版。

业的持续发展。

此外,外围层文化服务业发展的地区结构也不尽合理,苏南、苏中、苏北三大地区外围层文化服务业的发展有明显的层次性。其中,苏南地区得益厚实的经济底子以及人才、要素、技术、环境等资源,外围层文化服务业的发展明显优于其他地区,极化效应凸显,但扩散效应不足。以文化创意产业为例,虽然各市都积极推进文化创意产业发展,但相关企业主要还是分布在江苏省沿沪宁线的苏锡常宁四市。旅游文化服务业的发展也是如此。全省国际旅游、国内旅游长期倚重苏南的南京、苏州、无锡三地,苏中、苏北尽管有丰富的旅游资源,但没有形成优良的旅游产品,旅游文化服务业一直未形成规模。

(三)外围层文化服务业的发展缺乏科学规划和引导

尽管难以准确计算某项文化产业给其他产业带来的影响,但是可以直观地觉察,文化服务业的发达,能够给旅游、服装、工业产品设计、展览乃至建筑业等诸多产业带来更高的附加值。近年来,基于对文化产业发展价值的充分认识,江苏省高度重视文化产业的发展,从战略层面提出了"文化强省"的建设目标,也在实践中出台了若干政策和意见,制定了《江苏省"十二五"文化发展规划》。各市也纷纷出台了文化产业发展规划,引导文化产业的发展。但是,这些规划主要针对文化产业整体而言的,缺乏专门文化服务业发展规划以及各细分行业的发展规划,未能从整体上勾勒出文化服务业以及细分行业的发展框架和具体思路,不利于文化服务业的健康发展和结构优化,也不利于文化服务业竞争力的提升,更不利于文化产业的转型升级。由于缺乏科学和统一规划的引导,各地区文化服务业发展过程中,盲目投资、一哄而上、发展雷同的现象时有发生;各有关部门往往各自为政,从而形不成合理的市场结构和资源优化配置,导致畸形发展和资源浪费,制约了文化服务业的发展质量,影响了其竞争力的提升。旁观文化服务业发展落后于江苏省的浙江省,其于 2011 年 7 月印发了《浙江省文化服务业"十二五"发展规划》,这一做法值得江苏省借鉴。

(四)内容、人才和管理机制方面尚存瓶颈

从服务内容看,全省外围层文化服务业,特别是新兴文化服务业的服务内容有待加快创新力度和速度。全省一些地区在发展文化服务业的过程中,过分重视硬件建设,而忽视内容建设,政府投入没有真正的用于文化服务内容的开发、用在扶持原创和内容文化的发展上。内容创新乏力也是导致外围层文化服务业难以形成品牌效应、竞争力难以提升的一个关键因素。推动外围层文化服务的发展文化服务业的发展,需要不断拓宽服务领域,加快服务内容创新。从人才因素看,外围层文化服务业的发展还缺乏具有较强的开拓能力、创新精神和创新能力、经营管理能力以及熟悉国际惯例和规则、擅长媒介市场运作、具有战略思维的外向型经营人才。目前,江苏省在文化教育方面进步较快,但人才培养总体处于起步阶段,人才引进工作也不能完全满足需要,适应信息时代文化产业高技术化的人才缺乏,文化服务业经营管理人才更为短缺,尤其缺乏整合产业资本、金融资本和文化资源的企业家。在管理体制和机制方面,也存在着体制不顺、重复交叉的现象,仍存在着一些深层次矛盾和问题,制约了文化服务业的发展。

根据 2012 年第四季度的数据来看,各技术等级人才求人的倍率都在 1.0 以上,说明各等级技术人才都是攻击小于需求的,其中,中高级技能的人才更是紧缺。外围层文化服务业正是对高技术人才有较大的需求,这就要求加强对企业人才的专业技能培训。

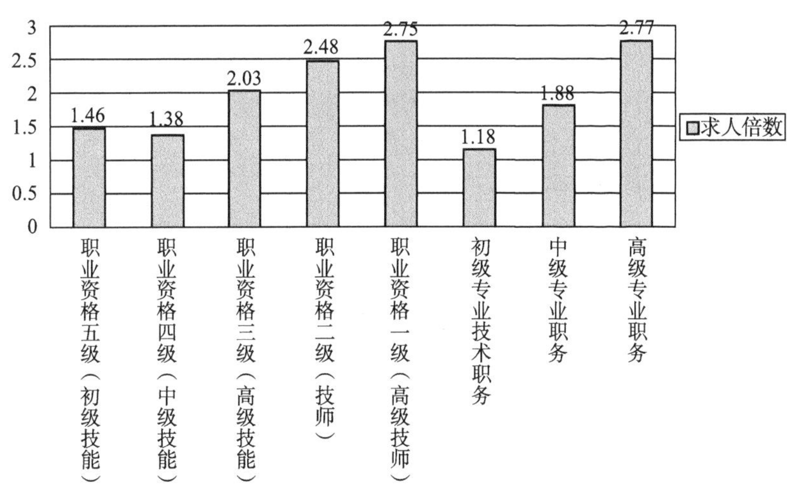

图 12　2012 年第四季度按技术等级分组的供求人数对比

资料来源：江苏人力资源和社会保障网

（五）细分行业的发展也存在着多种多样的不足

随着居民整体消费观念的逐步成熟，文化消费也会出现比较稳定的层次和人群，形成多元化的需求格局，文化产业将深度细分，同时将包含更多的文化元素和资源，以满足更广的需求。外围层文化服务业各细分行业的发展过程中也存在着诸多不足。以文化休闲娱乐服务业为例，近年来，江苏省文化休闲娱乐服务业的发展主要得益于旅游文化服务业的发展，娱乐休闲和网吧业规模增长乏力，服务内容单一、缺乏创新，经营粗放。而旅游文化服务业也同样存在着一些不足，主要是旅游开发深度不够，资源竞争特性欠缺，旅游与文化的融合程度不高等。再以其他文化服务业为例，虽然江苏省动漫行业的发展处于全国前列，但也存在动漫产品商业价值低、与地方特色联系不紧密、网络动漫内容良莠不齐以及动漫内容低俗化倾向等现象。动漫内容产品的竞争力也有待提升。广告、会展、经纪代理等行业也存在着行业发展不规范，服务机构偏少、服务质量不高的问题，与北京、上海、广东、浙江等省份相比，存在一定的差距。网络文化服务业的发展总体上落后于上海等先进地区，知名度较高和规模较大的企业比较缺乏。同时，从经营性互联网文化单位经营的产品看，绝大部分单位主要从事网络游戏及相关产品运营，服务内容也比较单一。在市场竞争日益激烈的今天，单纯提供某一种服务产品或服务项目，显然已经不能满足行业发展的需求。

三、外围层文化服务行业发展对策建议

从目前江苏省文化服务业的发展状况看，在未来的几年里，全省外围层文化服务业及细分行业的发展将呈现出以下几个方面的趋势。

（一）外文层文化服务业的发展将进入结构调整期

从今后几年的发展趋势看，随着文化体制改革进一步深化、城乡居民文化消费需求持续增长以及网络技术和信息技术的快速发展，外围层文化服务业将继续保持快速增长的势头。外围层文化服务业增加值占文化服务业增加值的比重和占文化产业及相关产业增加值的比重将持续提高。与此同时，外围层文化服务业内部各行业面临结构优化，其发展将迈入结构

调整期。以文化创意与设计服务、会展、文化经纪、代理和拍卖为主的新兴业态将超越文化休闲娱乐业成为全省外文层文化服务业的核心力量,引领文化服务业的发展。各行业内部,特别是文化休闲娱乐服务业,也将面临结构调整。此外,随着城镇化的推进以及农村文化市场的开发,城乡文化服务业的发展也将趋于协调。

(二)文化休闲娱乐服务业将呈平稳增长态势

在过去的几年里,江苏省文化休闲娱乐服务业的总量规模一直处于文化服务业的各细分类别的首位,保持着较高的增幅,但增速呈现出较大幅度的下滑。这主要是由于在居民消费需求多样化的背景下,网络文化以及其他新兴业态的发展对其产生了挤压。特别是家庭宽带和移动互联网的发展,对网吧业的发展产生了较大的影响,是造成其客户流失的主要原因之一。同时,党的十八大以来,国家出台了“八项规定”等政策,奉行“节俭”援助,也将对文化休闲娱乐服务业的发展产生影响。尽管如此,以娱乐休闲、旅游为主的文化休闲娱乐服务仍然是居民文化服务消费的主要选择之一,依然存在着广阔的市场需求。根据对居民文化娱乐方式的调查,以卡拉 OK 为代表的休闲娱乐服务是居民娱乐消费的首选,因为其最易缓解工作和生活压力(见图 13)。与此同时,随着文化休闲娱乐服务业的改造升级以及创新发展,也必将锁定稳定的消费人群。因此,从整体上看,江苏省文化休闲娱乐服务业将保持平稳增长态势。

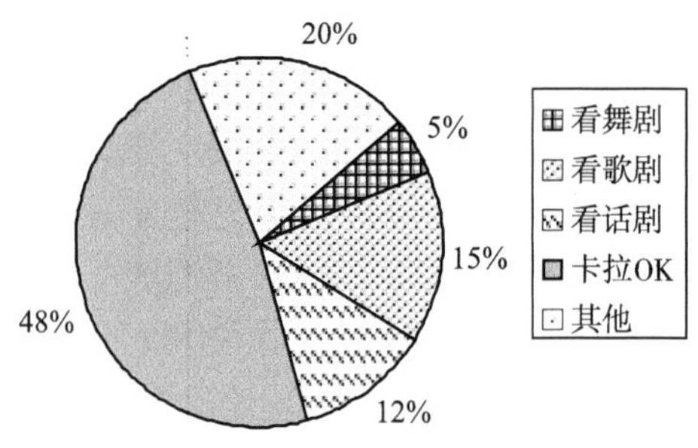

图 13 娱乐消费方式

资料来源:《文化发展统计分析报告》(2013)。

2013 年国内话剧演出票房达 7.4 亿元,同比增长 6.5%,音乐剧票房收入达 2.35 亿元,增速高达 21.7%,经典音乐剧中文版与小制作原创音乐剧促进市场快速发展。2013 年音乐节票房收入突破 3 亿元,增长 44.7%,成为增长最快的演出细分市场。

(三)网络文化服务业将成为外围层文化服务业的生力军

目前,江苏省网络文化服务业的增加值规模还比较低,仅占外围层文化服务业的 4.9%,总量不及上海市的一个零头。差距的存在不仅反映出江苏省网络文化服务业发展相对滞后,也反映出未来巨大的发展潜力。同时,江苏省网络文化服务业的发展也具备良好的基础。截至 2013 年,江苏省网民数达到 4095 万人,网民数量比 2012 年增长了 3.7 个百分点,江苏省互联网普及率达到 51.7%,网民在江苏省总人口中的比例持续提升,手机网民规模持续增长,达到 3349 万人,比 2012 年增长 12.9%,占总体网民 81.8%。同时,2013 年新增光纤到户覆盖家庭 1693 万户,居全国第一位;使用 4M 及以上宽带接入产品的用户达 1121 万户，占全省宽带接入用户总数的78.3%[①]。

另外，就互联网的应用状况看，网络游戏、网络音乐、网络视频等网络应用的用户规模呈上升趋势，为网络文化服务业的发展积累了良好的用户基础（见表14）。截至2014年7月，中国网络视频用户超过4.39亿，网络视听服务成为网民在线消费时间最长、覆盖细分群体最广的基础性网络服务。总之，伴随着互联网行业及通信行业的迅猛发展，网络文化服务业的增加值将快速提高，成为全省外围层文化服务业发展的生力军。

表14 2012—2013年江苏省部分网络应用使用率

应 用	2012年			2013年		
	用户规模（万人）	使用率（%）	增长率（%）	用户规模（万人）	使用率（%）	增长率（%）
网络新闻	3173	80.3	5.5	3323	82.1%	4.7
网络广告	1031	26.1	4.3	1073	26.3%	4.0
网络游戏	2494	63.1	2.6	2554	63.7%	2.4
网络视频	2612	66.1	10.8	2852	68.0%	9.2
网络音乐	3241	82.0	11.6	3564	84.2%	10.0
网络文学	1707	43.2	12.1	1886	44.9%	10.5

数据来源：《江苏省互联网发展状况报告（2012、2013）》。

（四）其他文化服务业将引领外围层文化服务业的发展

以动漫、广告、会展、经纪等新兴业态为主的其他文化服务业是近年来江苏省也是各地文化服务业发展中的一个亮点，其增加值规模突飞猛进。近年来，无论是国家层面，还是地方政府，都把发展新兴文化服务业视为当务之急，视其为转变文化产业结构的突破点，不仅在宏观政策上予以引导，也在资金上给予优先资助。毫无疑问，江苏省新兴文化服务业的发展处于全国第一梯队，具有良好的发展基础，目前，其增加值规模已接近150亿元。未来，在国家和江苏省政府的政策推动和扶持下，新兴文化服务业在外围层文化服务业的比重将迅速上升，进而引领全省文化服务业的发展，其中，文化创意和设计服务将最为突出。

① 2013年江苏光纤到户覆盖家庭近1700万户，中国行业研究网，2014.3.11，http://www.chinairn.com/news/20140313/113307577.html。

第四章　动漫游戏行业发展研究

一、动漫游戏行业发展现状

动漫产业，是指以“创意”为核心，以动画、漫画为表现形式，包含动漫图书、报刊、电影、电视、音像制品、舞台剧和基于现代信息传播技术手段的动漫新品种等动漫直接产品的开发、生产、出版、播出、演出和销售，以及与动漫形象有关的服装、玩具、电子游戏等衍生产品的生产和经营的产业，因为有着广泛的发展前景，动漫产业被称为“新兴的朝阳产业”。2011年全国电视动画生产分钟数达 27 万分钟。动漫产值从 2005 年不足 100 亿元人民币，增加到 2011 年达 621.72 亿元，年均增长率超过 40%，已成为世界动漫生产大国。2007 年至 2011 年间，国产动画片由 186 部增至 425 部，复合增长率达 24%；动画片时长由 1698 小时增至 4354 小时，复合增长率达 27%。2013 年，江苏省动漫企业数为 74 家，占全国 525 家的 14.1%，为全国之最。

受益于良好的外部环境，作为文化创意与设计服务的重要组成部分的动漫产业迎来了历史性的发展机遇，全省动漫产业近年来始终保持强劲发展势头，取得了显著的成效。影视动漫原创产量位居全国前列，影视动漫创作质量提升迅速，有多部作品被评为优秀国产动画片，并获得“金鹰奖”、“华表奖”等相关奖项。江苏动漫的国际合作和海外拓展也加快了速度，目前已有多部原创影视动画向国外售出播映版权和品牌授权。全省现有苏州、无锡、常州、南京 4 家国家级动画产业基地和昆山、张家港 2 个国家影视网络动漫实验园，直接从业人员达一万多人。其中，苏州基地和无锡基地入选 2012 年度全国 5 大国家动画产业基地①。

从制作单位看，全省现有动漫企业 300 多家，其中，80%以上的企业入驻南京、苏州、无锡、常州四个国家级动画产业基地。2009 年到 2013 年间，通过文化部、财政部和国家税务总局三部门共同认定的动漫企业数量达 78 家，重点企业 3 家，数量居全国前列②。

从制作数量看，2013 年全国共有 24 个省份以及中直有关单位生产制作了国产电视动画完成片共 358 部，204732 分钟③，其中，江苏省制作完成了 69 部，共 36819 分钟，原创动画片数量位于全国第一，但总时长仅次于广东（见表 10）。同年，共有 9 部原创动画片被国家广电

---

① 江苏 76 家动漫企业享财税优惠 数量全国第一，中国江苏网，2013.9.17，http://news.jschina.com.cn/system/2013/09/17/018635300.shtml。

② 根据国家动漫产业网提供的“动漫企业和重点动漫企业认定名单”整理而得。

③ 2013 年国产动画片产量下降至 204732 分钟，中国动画产业网，2014.3.5，http://www.cnaci.com.cn/html/dhzx/gnyw/14226.html。

总局评为优秀动画片并向全国推荐播出①。在动画片制作方面，苏州市一枝独秀。2012 年，全市共有 47 部 24737 分钟原创动漫片获准发行，位列全国原创电视动画片十大城市榜首，苏州国家动画产业基地全年原创动画片产量 16945 分钟，约占我国国家级动画产业基地总产量的 13.7%，位居全国第二②。

同时，截至 2013 年底，江苏省共有 10 余部作品入选"中国文化艺术政府奖首届动漫奖"和"国家动漫精品工程"；2013 年，全省又有 1 件作品获得国家"动漫品牌"奖；3 件作品获得国家"动漫创意"奖；1 个创意项目入选"2013・国家动漫品牌建设和保护计划"；来自常州恐龙园股份有限公司的两部原创动漫作品分获 2013 第九届中国国际动漫节"最具潜力动画电影"和"最具潜力动画系列片"殊荣；28 家企业，6 个项目入选 2013—2014 年度国家文化出口"双重点"，入选数量位居全国前列。无锡第五映象空间动画制作有限公司名列 2013 年度全国原创电视动画片生产企业前五强，苏州和无锡分别名列 2012 年全国原创电视动画片生产十大城市之首和之七。

此外，在一系列举措的推动下，全省连续创造出一批具有中华民族风格、江苏文化特色并在国内外产生一定影响的动漫作品与品牌，逐步形成比较成熟的动漫产业链，动漫产业取得了突破性进展。

表 1　2011—2013 年江苏省动画片制作情况

	报备单位数量(个)	制作动画片部数(部)	制作动画时长(分钟)	优秀动画片部数(部)
2011 年	57	68	48542	16
	(1)	(2)	(2)	(1)
2012 年	58	85	47923	14
	(1)	(1)	(2)	(2)
2013 年	41	69	36819	9
	(1)	(1)	(2)	(2)

数据来源:《中国动漫产业发展报告》(2012、2013)；国家新闻出版广电总局网站。

注:括号中为该指标在全国的排名。

二、动漫游戏行业发展存在的问题

总体而言，江苏动漫产业"政府主导、园区集聚"的发展模式，一是可以充分利用苏南和上海的地缘优势，形成长三角的动漫产业发展板块优势；二是依托江苏丰富的教育资源和发达的产业资源，培养各层次的动漫专业人才，推动江苏动漫人力资本的积累；三是有利于企业依托园区公共平台支持，快速壮大规模；四是有利于吸引江苏和长三角充沛的资金，解决动漫产业发展的资金问题。

---

① 关于 2013 年度全国电视动画片制作发行情况的通告，国家新闻出版广电总局，2014.5.23，http://www.sarft.gov.cn/articles/2014/05/23/20140522172546440837.html。

② 苏州文化产业挺进全国 10 强，新华网江苏频道，2013.3.26，http://www.js.xinhuanet.com/2013—03/26/c_115165478.htm。

尽管具有如上优势,但是这种模式也面临一些问题:其一,政府对动漫企业的奖励扶持时间越久、层面越广,越容易使企业产生依赖心理,很多动漫企业靠拿政府补贴和优惠来打平成本,不利于动漫产业的可持续发展。其二,制作和加工环节与播出、传播和衍生品开发环节不相匹配,造成产业链断裂,尤其是衍生品市场开拓艰难,企业难以形成良性循环。其三,大多数动漫企业依然靠加工维持生存,缺乏品牌建设,许多动漫产品没有市场认可度,一些原创动画企业往往采取先制作再营销的方式,企业缺乏下游市场的运作经验和人员,形成了投入大、风险高的窘况。

三、动漫游戏行业发展对策建议

为了推动江苏动漫产业向更高层次发展,必须提升和改造江苏省现有动漫产业的发展基础和发展模式,以适应新时期动漫产业的健康持续发展。

(一)产业发展模式从分散式园区型向以龙头企业为主导的园区类型转变

江苏动漫产业园区中的企业大多规模小,相互之间没有联系。反观动漫强国美国,以迪士尼等大型动漫企业为核心,中小动漫企业围绕这些大型企业紧密合作,充当大型动漫企业的某种产品或服务的供应商,与大型动漫企业共同成长,在这个过程中建立自己的品牌和竞争优势。因此,江苏动漫产业园区应择优扶强,通过重点打造园区龙头动漫企业,逐步实现从分散式企业园区向以龙头企业为主导的园区转变。

为此,政府应改变普遍撒网的扶持方式,将现有分散投入的动漫扶持资金集中,重点引进和培育龙头大企业,并有计划、有重点地将补贴和政策扶持向研发和动漫传播平台建设倾斜,将评判标准放在品牌打造、收视率、市场销售份额、衍生品销售份额等具体的指标上。

(二)从企业苦寻播出渠道向打造动漫产业的核心传播平台转变

首先,政府要转变扶持方式,从播出时间主导政策转向收视率主导政策,从数量为主的扶持策略转向质量为主的扶持策略,将动漫企业的品牌塑造目标与电视台的收视率目标统一起来。

其次,要充分利用园区的集聚优势,以园区核心企业为带动,形成研发、制作、衍生品开发的集群优势,吸引传播媒介积极加入园区的建设和发展。政府和园区可设立共同发展基金和制作委员会,重点扶持园区企业和传播媒介联合开发的动漫作品,促进园区和媒介的合作。

再次,要利用财政资源买断频道时间或自建频道,由政府行政主管部门出面买断整个或部分频道播出时间,或由政府财政全额补贴自建动漫频道并保证其运转,解决动漫片传播渠道与生产割裂的瓶颈问题。

最后,随着我国三网融合的推进,手机、互联网等正在成为重要的传播平台。为此,应采取扶持措施,鼓励园区和企业与电信、移动等运营商开展广泛合作,实施版权交易,建立电视、手机、互联网、数字印刷等多种传播渠道。

(三)从单一的作品制作向上下游发展的产业链模式转变

一是借鉴迪士尼等跨国企业的成功经验,建立“五层式”的产业链模式:制作层、媒体传播层、衍生产品开发层、品牌授权层、主题公园层。美国迪士尼公司从绘制卡通形象的手工作坊起家,逐步从单一制作延伸到销售电影、出售专利卡通形象产品,经营迪士尼主题乐园、购买电视频道等领域，形成了紧扣市场的巨大产业链，造就了拥有极佳品牌和年销售额220亿美元的大型跨国公司。迪士尼的成功之道，在于能不断制造出吸引不同年龄人群的卡通明星，并从创意逐步扩大到产业，通过大批量地制作动画片、出版《米老鼠》杂志、制作唱片等向世界各地进行推销。

二是在现有产品的基础上拉长产业链。以广东奥飞动漫为例，其前身为广东奥迪玩具实业有限公司，后来利用自身优势，先做动漫玩具，积累资金、技术、销售渠道等优势，再拍摄以动漫玩具为主题的动画片，利用电视台播出和动漫形象推广带动了动漫玩具销售的大幅增长。我们常能看到的小熊维尼、米奇、“悠悠球”等，就是奥飞动漫销售模式的成功案例。

三是动漫企业强强联合，整合产业链。动漫企业间利用各自特色取长补短、优势互补，就可能获得更大的整体优势和效益，从而使企业更快成长，产生“1＋12”的规模化效应。

（四）从部门和区域分割向跨部门和跨区域合作模式转变

一是加强文化、广电、新闻出版三部门的合作，由三部门联合成立动漫产业发展联合办公室，统一研究解决动漫产业发展出现的问题。

二是加强动漫产业与传播网络的合作。2008年10月，文化部下发的《关于扶持我国动漫产业发展的若干意见》指出：“大力发展以数字化生产、网络化传播为主要特征的网络动漫、手机动漫产业，充分利用数字、网络化传播为主要特征的网络动漫、手机动漫产业。”2013年中国网民规模6.18亿，手游用户2.15亿，动漫企业应充分利用这一巨大的潜在市场，加强与电信、移动等网络服务提供商的合作。

三是加强动漫产业与教育、商务等部门的合作。一要加强与发改委的合作，在“十三五”文化产业发展规划中，明确未来5年动漫产业的发展思路、主要任务、重点领域和政策措施，统一规划动漫产业的发展方向，设立长期目标和阶段目标；二要加强与教育部门的合作，通过在高等教育特别是在研究生课程中设立动漫专业，根据行业、企业需求，采取联合培养等多种方式，培养实用复合型人才；三要加强与商务部门合作，积极支持参加国际知名会展活动，通过国家对优秀动漫企业、动漫作品“走出去”的奖励扶持，积极开拓国际市场；四要加强与财税部门的合作，通过项目补贴、资金奖励、出口退税、贷款贴息等方式，获得财政扶持，同时通过企业认定享受税收优惠政策，降低企业税负；五要加强与工业和信息化部门合作，积极研发动漫生产关键技术，提高动漫自主创新水平和技术服务能力，推动动漫产业公共技术服务平台社会化服务。

第五章　文化用品、设备及相关文化产品行业发展研究

一、文化用品、设备及相关文化产品行业发展现状

文化及相关产业是指为社会公众提供文化、娱乐产品和服务的活动，以及与这些活动有关联的活动的集合。2004年，国家统计局在与中共中央宣传部及国务院有关部门共同研究的基础上，制定了《文化及相关产业分类》，具体包括：文化产品制作和销售活动、文化传播服务、文化休闲娱乐服务、文化用品生产和销售活动、文化设备生产和销售活动、相关文化产品制作和销售活动。

文化相关产品生产是文化产业链的高端环节，文化相关产品生产行业对下游行业的发展有重要影响，该行业的迅速发展有利于大力推动整个文化产业的发展。文化及相关产业的范围包括：以文化为核心内容，为直接满足人们的精神需要而进行的创作、制造、传播、展示等文化产品（包括货物和服务）的生产活动；为实现文化产品生产所必需的辅助生产活动；作为文化产品实物载体或制作（使用、传播、展示）工具的文化用品的生产活动（包括制造和销售）；为实现文化产品生产所需专用设备的生产活动（包括制造和销售），即主要包括文化产品生产的辅助生产、文化用品的生产和文化专用设备的生产三大类型。

表1　2013年江苏省文化相关产品生产行业三上法人单位发展情况

行业类型	单位数	从业人员（人）	营业收入（亿元）	利润总额（亿元）	增加值（亿元）
文化产品生产的辅助生产	776	114132	748.4	56.4	187.7
文化用品的生产	1609	406560	4496.0	306.3	754.1
文化专用设备的生产	265	71740	728.6	43.2	109.9
合计	2650	592432	5973	405.9	1051.7

数据来源：江苏省统计局社会和科技统计处。

在经济环境不断优化和相关政策的支持下，江苏文化产品的生产和文化相关产品的生产单位数量逐步上升。2013年，全省三上文化企业法人单位中，属于文化产品的生产企业共有3243家，占总量的54.9%，比上年增加865家，增幅为36.4%；属于文化相关产品的生产企业共有2650家，占总量的45.1%，比上年增加632家，增幅为31.1%，三上文化产品的生产企业增幅高于文化相关产品的生产企业。具体来看，在文化产品的生产企业中，文化创意与设计服务法人单位数量最多，达到1338家，占总量的22.7%；在文化相关产品的生产企业中，文化用品的生产企业数量最多，数量为1609家，占总量的27.3%。

二、文化用品、设备及相关文化产品行业发展存在的问题

（一）文具行业发展存在的问题

中国文具行业现状是：制造企业在区域分布上非常集中，但市场集中度却相当低，产品同质化严重。文具行业发展趋势：产品消费趋于个性化；销售趋于渠道扁平化、商务电子化；文具产业竞争模式将由单一企业的竞争演变为整个供应链竞争，制造商向服务商转变。

文具行业是江苏省轻工行业当中发展最迅速最完善的行业，随着文具专卖店、专业化市场的渐趋成熟，经营者的管理水平和服务内涵有着向高层延伸的趋势，以品牌为主的中高档产品将成为消费的主流。面对品种繁多的文具用品，消费者可选择的余地也越来越多，国外竞争对手的涌入也将使得整个市场的竞争压力不断加强，随着竞争的愈演愈烈，江苏省文具业应该积极主动的通过各种努力实现品牌化突围。

与此同时产品的营销也竞争激烈，现在江苏省文具企业营销水平尚在初始阶段，未来将会是文具产品营销竞争的时代，主要有扁平化和电子商务两个发展方向，只有在营销上采取务实策略，不断创新，紧跟时代的脚步，才能打动消费者，取得良好业绩，树立自己的品牌形象。江苏省文具行业面临全球化的竞争，必须做好顺应时代变化的准备，在新品研发和销售渠道上进行变革，要想不被市场淘汰，只有创新自己的品牌，提升品质才能得到有效的持续发展。

（二）照相器材行业发展存在的问题

中国产业研究报告网数据中心监测：2013 年 1—11 月全国数码照相机累计总产量 43651990 台，同比增长－33.75%。11 月当月数码照相机产量 4347980 台，同比增长－26.88%。由表 3 可知，江苏省数码照相机的产量占全国总产量的 27.9%，累计同比增长为－50.71%，由此可知，江苏省文化用品行业在国民经济中占有相当重要的地位。

表 2　2013 年 1—11 月中国数码照相机分省市产量数据

地区	11 月产量(台)	1—11 月累计(台)	11 月同比增长(%)	累计同比增长(%)
全国	4347980	43651990	－26.88	－33.75
北京	2806	70030	－72.53	－58.81
天津	549083	5973526	－33.47	－23.8
江苏	1429284	12198015	－40.75	－50.71
浙江	31144	234641	－74.75	－64.35
福建	163982	1504058	－36.28	－59.6
广东	2171681	23671720	－6.31	－17.68

（三）乐器行业发展的现状分析

根据中商情报网行业分析：2013 年末，江苏省规模以上乐器制造行业企业达 18 家，总资产达 11.76 亿元，同比增长－4.13%。中商情报网数据显示：2013 年 1－12 月，江苏省乐器制造行业共计实现销售收入达 21.64 亿元，同比增长 9.24%，利润总额为 1.12 亿元，同比增长 0.64%，行业毛利率为 12.84 %。

国家工信部发布了《关于2013年国家级工业设计中心名单的通告》,江苏常州市文化创意产业企业吟飞工业设计中心在列,并成为乐器行业首家国家级工业设计中心。吟飞工业设计中心成立于2007年,是吟飞科技(江苏)有限公司与南京艺术学院工业设计学院合作的产学研机构,它把吟飞公司技术、工程、市场的优势与南京艺术学院工业设计学院的设计优势相结合,开展有关工艺设计、结构设计、产品调试及品牌推广工作。此前,该中心已设计出RS系列电子管风琴、MIDI键盘琴、TB系列电子琴、TG系列数码钢琴等一系列人性化、艺术化产品。

文化部日前正式授予泰兴凤灵乐器公司"国家文化产业示范基地"称号。据了解,在国家已命名的75家文化产业示范基地中,"凤灵"是唯一的制造业企业,也是全国乐器业行业唯一获此殊荣的企业。在国家商务部公布的2011～2012年度国家文化出口重点企业名单中,江苏靖江经济开发区奇美乐器有限公司入选其中,成为靖江首家国家级文化出口重点企业,也是全国竖笛、口风琴、口琴行业唯一一家获此殊荣的企业。

(四)玩具行业发展存在的问题分析

1. 产业分工层次较低

江苏玩具产业以劳动密集型为主体,处于附加值较低的产业价值链末端。长期以来,江苏玩具产业以加工贸易为主,一般贸易为辅,90%以上为OEM生产方式,即"代工生产"和"贴牌生产",产业层次较低。江苏玩具即使产量规模较大,但是整个行业获得的净利润不能与高产量成正比。

2. 产品创新能力不强

江苏省目前没有一家玩具研究专业机构。绝大多数玩具企业依靠来样、来料加工,产品设计、关键生产原料和加工设备大多依靠进口,缺乏技术创新能力,缺乏产品设计和研发优势,缺乏具有自主知识产权的知名品牌。即使有少量研究设计队伍,绝大多数没有接受过正规专业培训,而且信息闭塞,缺乏与国外同行的合作交流和现代设计理念。如果企业不开发新产品,而只停留在模仿的阶段,都不会有什么大的发展,也不能为整个产业的发展作出任何贡献。最重要的是自己做独立的开发设计,拥有独立的知识产权,那样才会更具有国际竞争能力。也只有这样,才能真正实现公平竞争,才能真正发展起来。

3. 经营理念相对落后

江苏省玩具企业构成中,民营企业所占比重较大。许多民营玩具企业采用家族化管理,经管理念和管理方法落后,视野狭窄,缺少相对独立畅通的经销渠道,信息来源和销售渠道很大程度依赖海外供应商和进口商,市场开拓处于被动从属地位。而且同室操戈,竞相压价接单,市场竞争无序,大量应得利税流失,严重影响企业效益。

4. 产权保护意识淡薄

江苏玩具企业的生产规模普遍较小,不少企业法律意识淡薄,开发理念浮躁,满足于追求一时之利,仿制和抄袭现象相当普遍。有的企业甚至生产假冒伪劣产品,侵犯他人知识产权,严重影响企业信誉。

(五)游艺器材行业发展的现状分析

游艺用品及室内游艺器材制造指主要供室内、桌上等游艺及娱乐场所使用的游乐设备、游艺器材和游艺娱乐用品,以及主要安装在室内游乐场所的电子游乐设备的制造。包括:电子游戏机，游艺娱乐设备及器材（弹球桌、台球桌、保龄球设备及器材、飞镖等），游艺娱乐用品（围棋、象棋、麻将牌、各种娱乐棋牌类，以及其他游艺娱乐用品），其他电子游艺设备和器材。

2013年1—9月江苏省规模以上游艺器材及娱乐用品制造行业企业数量为104家，游艺器材及娱乐用品制造行业资产合计8952354千元，同比增加7.81%；实现销售收入11779496千元，同比增加19.95%；完成利润总额721393千元，同比增加30.58%；游艺器材及娱乐用品制造行业整体从业人数23745人，同比增长－11.54%。

表3　2013年1—9月江苏省游艺器材及娱乐用品制造业经济运行状况

经济运行分析	游艺器材及娱乐用品制造业
企业单位数（个）	104
从业人员平均人数（人）	23745
从业人员平均人数同比增长（%）	－11.54
工业销售产值（千元）	11913614
工业销售产值同比增长（%）	20.27
出口交货值（千元）	5189772
出口交货值同比增长（%）	15.75
流动资产合计（千元）	5580849
流动资产合计同比增长（%）	25.83
资产合计（千元）	8952354
资产合计同比增长（%）	7.81
负债合计（千元）	5181859
负债合计同比增长（%）	20.96
主营业务收入（千元）	11779496
主营业务收入同比增长（%）	19.95
主营业务成本（千元）	9926805
主营业务成本同比增长（%）	20.76
利润总额（千元）	721393
利润总额同比增长（%）	30.58

注：数据信息来源于中国产业研究报告网。

（六）纸张行业发展存在的问题分析

1. 纸品行业存在问题

（1）消费结构不够合理

近几年，纸巾类生活用纸的消费量飞快增长，厕纸所占比重不断下降，但仍然占据着约70%的市场份额。纸巾纸大约占30%，其中餐巾纸约占8.5%，面巾纸约占8.8%，手帕纸约占12.7%。生活用纸的消费水平是衡量一个国家现代化水平和文明程度的重要标志之一。

据统计,世界生活用纸中,厕纸的消费量仅占总量的56%,其他纸巾类生活用纸的消费量占44%,两者所占比重相差不大。在美国、欧洲等发达国家,厕纸的消费量则比纸巾类生活用纸的消费量少。

(2) 地区消费不均衡,城乡消费差异大

据统计,苏南地区的生活用纸消费占全省消费总量的60%以上。南京市的人均生活用纸消费量就达到了10公斤左右,正在逐渐接近世界发达国家的消费水平。而江苏省的中部和北部地区的生活用纸消费量仍然非常低。

除了地区消费水平不平衡之外,江苏省生活用纸的城乡消费差异也较大。虽然江苏省城镇人口少于农村人口,但是城镇人口生活用纸消费量占全国总消费量的70%以上,中高档生活用纸的消费主要集中在城镇。

(3) 消费观念有误区

不少消费者认为白就是质量好,其实不正确。恰恰相反,越白反而越不环保,不利于健康。尤其食品包装纸更是这样,因为它没有加荧光粉,不污染。而那些质量比较差的纸,如果白度要达到九十几度,就必须加荧光粉。在美国不加任何荧光剂的纸达到七十几度就够了,用很少的过氧化氢一漂即可。因此,我国消费者要转变对白卫生纸的认识。

2. 纸包装行业存在的问题

纸包装由于其良好的环保性能,广泛应用于食品、化工、医药、建材、家电等行业。纸包装是江苏省包装产业中产量比最大的一个行业,占整个包装工业总产值近30%的份额,已成为最大的包装主行业,包装用纸和纸板的消费量占造纸行业产品总量的50%以上。虽然江苏省纸包装业近年来得以迅速发展,市场空间巨大,但与国外发达国家相比,江苏省的纸包装业在资源、环保和技术水平等方面还有一定的差距。

3. 资源问题

长期以来,江苏省木浆发展缓慢,同时,林业与纸业发展相互脱节,纸业缺少强大的林业支持。从市场空间来看,江苏省在纸制品的需求上还有很大的发展空间,世界人均年消费生活用纸为52公斤,江苏省目前仅有29公斤,还未达到世界平均水平,仅为美国的1/10。如果江苏省人均消费量达到世界平均水平,其总消费量就要再增加3000万吨。广阔的前景必须有良好的资源作为基础,但目前江苏省的森林资源严重缺乏,同时启动自然林保护工程,省内木浆供应减少,已无法满足纸制品的快速增长。

目前,我们江苏省内有90%以上的造纸企业主要原料是靠进口OCC和废纸。2004年,江苏省进口纸浆331.79万吨,同比增长21.28%,进口废纸约400万吨,同比增长37.5%。江苏省每年进木浆、纸和纸板、废纸用汇达10亿美元左右。由此可见,江苏省资源紧缺在很大程度上影响了纸制品行业的效益,在一定程度上限制了企业的快速发展。

4. 环保问题突出,资金投入不足

近年来,随着社会的不断发展和进步,人们越来越关注环保问题,很多企业都是因为环保问题而在发展过程中受限,尤其是与纸包装产业息息相关的上游造纸产业。小规模造纸厂治污成本很高,要解决废水污染问题需要大量资金投入,动辄数百万元,甚至上千万元,给企业带来很大的经济压力,有些企业因为环保原因而不得不停产。同时,因造纸企业造成的水污染,也给江苏省委和省政府带来了很大的经济损失,江苏省每年在治理水污染上投入的资金是一个不小的数字。全省县级及县级以上造纸及纸制品工业的废水排放量占全省总排放量的10.8%左右，废水排放达标量仅占造纸废水排放量的14%，仅次于化学工业和冶金工业。因此，纸包装行业的发展，资源上受到了环保问题比较大的牵制。这个问题既需要行业内企业积极参与，也要江苏省有关部门加大管理增加投入。

5. 技术水平较低，科研投入力度不大，造成恶性竞争

目前，小规模企业在行业内还占有比较大的比重，整体技术水平较低。江苏省造纸企业大多以生产普通低档纸为主，中、高档纸生产能力严重不足，特种纸、艺术纸主要依赖进口。一般小规模企业都是设备陈旧、技术水平低下、能耗高产出低，省内企业每吨纸和纸板的综合能耗比世界平均水平高出一倍，纸制品行业的产业工人技术水平也还有待于进一步提高。很多小企业目前所采用的生产设备都是一些大中型企业淘汰的旧设备。缺少核心技术，科研投入不足，只与对手拼价格，不求产品质量和产品档次，造成低水平的恶性竞争。在参与国际市场竞争中，这种企业的竞争力很低，对整个行业技术水平的提升也很不利。

（七）工艺品行业分钟的现状分析

江苏是我国工艺美术商品的重要产地之一，无论是特种工艺美术品，还是民间工艺品，都以其门类全、品种多、技艺精成为江苏文化的载体和标志，兼具艺术品和商品的双重身份。在漫漫千年的发展历程中凝聚了历代能工巧匠的心智与才华，形成了独特的风格和特色。新中国成立以来，党和政府的关怀组织，工艺美术行业保护和复原了一批传统的工艺美术行业并且推陈出新，佳作迭出，至今还在正常生产经营，成为旅游市场拳头产品，特色产品。但有些产品或因陈旧的体制，使其生产举步维艰，难以适应旅游市场的需求；或因无市场竞争力，而造成企业亏损；或属于基本无市场的产品，采取"以辅养主"和"以资产养人"的勉强维持的状况。面对这种局面，江苏省采取对内创新体制，改造原有的产权制度；加大人才保护与培养力度，使传统工艺后继有人；采取特殊政策，扶持和保护特色工艺品。对外研究市场，把握机遇，打响传统工艺品牌，以新设计、新工艺、新材料，提高其科技含量，面对新的消费者。经过近5年的努力，江苏传统旅游工艺品在创新中保护，在发展中利用，建立规模化的市场，采取多样化的展示，因而走过困境，迈向辉煌，具有了较坚实的基础，成为江苏旅游的特色品牌。

1. 专题工艺品生产城市——宜兴陶都

江苏有许多工艺品的生产城市，在国内外享有盛名。扬州玉器、漆器，镇江的金银器，无锡的泥人，连云港的贝雕都列入专门的工艺品生产城市，这些城市都成了旅游热点城市。7000年的宜兴陶瓷文化，是宜兴的一笔重要财富，承载了远古的文明和现代的荣耀，陶瓷文化的交流，陶艺的互访，让世界更了解宜兴，宜兴也融入了世界。解剖陶都宜兴，其做法是：

(1) 以工艺为载体，做大规模，形成特色

明清两代极负盛名江苏宜兴紫砂陶器，今已成为世界收藏家所青睐的艺术珍品。现在的宜兴可谓"家家做坯，处处皆窑"，在宜兴丁山蜀山一带，匠人将紫泥、朱砂泥、团山泥混合炼熟，制成瓜壶、树段壶、仿古提梁壶。刻上古诗、山水、花鸟虫鱼，配上印章，经过焙烧，一件件集雕塑、书法、绘画、金石于一身的工艺品诞生了。由于紫砂壶表里不施釉，透气性能好，贮茶不变色，不变馊，用久的壶，内壁气孔积满"茶锈"，就是不放茶叶，冲入开水也能喝到清香的茶味，故有神壶之称，为他处无法比拟，服务人员或讲解，或演示，使游客不忍离去。

(2) 挖掘制陶的民俗内涵

宜兴紫砂陶始于北宋,采用宜兴特产紫砂泥烧制而成,质地精密,造型大方,装饰纯朴,民间风味极浓。南宋时技艺传入日本,至今日本仍视紫砂壶为珍品,其后又与茶叶一起传入西方,被西方人称为“红色瓷器”。宜兴不愧为陶都,丁山、蜀山一带家家以制陶为业。这里崇拜陶朱公范蠡,传说是他研究出烧窑方法,所以人们为他立庙塑像,如今这里的崇福寺、东岳庙、关帝庙、茅庵都有他的泥胎塑像,白脸白须,青衣束发,有的塑像手执窑叉,人们称他为造缸先师,致富先师。每年正月初一、三月十六、九月初九和十月半,各地都会轮流集会,演戏纪念范蠡,以求陶业兴旺。在宜兴的民俗婚姻中,紫砂壶扮演着重要的角色,当爱情臻于成熟,小伙子上门求亲,依俗须带上一把上好的紫砂壶,父母若接受,亲事告成,男家即备一对装满酒的瓮头送至女家,作为定亲礼,故新媳妇又称酒瓮头。女家陪嫁必备龙凤坛一对。无锡缸尖诸是陶器铺的集中地,农历七月三十晚上叠缸为塔,燃灯其上,名宝塔灯。这种来自民间的,具有广泛群众基础的民俗,通过复原、强化、讲解,引起了游客的极大兴趣。

(3) 变静为动,让游客体会陶器产展运销的过程

旅游纪念品的销售具有“相机性”,只有将静态的特色变化为动态的演示,才能引起游客的兴趣。这里的一家家陶坊各有特色,整个工艺流程非常繁杂,陶模、陶窑、上釉、雕刻、焙烧现场演示,部分工序可以让游人参与制作,并可将作品带走。步入丁蜀镇,到处是陶器商店,光彩耀眼,琳琅满目,一声接一声地吆喝推销,热情得使游客驻足流连,附近的道路、河流,来往船只、车辆,所运皆是陶器。可以说这里无家不陶、无业不陶。而“宜兴陶瓷馆”,陈列着各种陶器,“集历代名陶于一室,述千年历史于一时”,让人饱眼福,长见识,给旅游者以丰富的审美情感。

2. 传统特色工艺——苏州刺绣

由于工艺品制作多为手工,尤其是高档工艺品都是艺人辛劳数月甚至数年制成,其生产过程很值得参观,游人也以一睹艺人精湛技艺为快。必须让绝技走出深闺,从幕后走向前台。以苏绣为例,它和湘绣、蜀绣、粤绣合称为中国四大名绣,近年来,在走近游客方面,措施喜人。

苏州工艺品较为精致,主要是指精工细作,这与苏州人的生活和性格有关。文静温和的山水风物陶冶了苏州人不急不躁、一叹三咏的性格,富裕的生活又养成了有足够的空余时间去细心观察和体味万物的微妙变化。这种性情渗透、延伸到工艺美术的领域中来,形成了苏州艺人特有的细腻情感和精工细作的习性。

(1) 保护艺人,抢救遗产

突出工艺美术大师对中国刺绣工艺所做的巨大贡献,尽管在苏州是家家户户绣,姑娘个个绣,十分普及。艺工们各有高招,斗妍争奇,一千多年前就有很高的水平。清代时,苏州被称为“绣市”,苏绣有“精、细、雅、洁”的佳评,尤其是总体水平高超,其中有绝技的,如清末民初沈寿创立仿真绣,表现油画、照片人物、风景山水。20 世纪 20 年代,杨守玉教授用传统针法结合西洋画的笔触色彩而发明乱针绣,其弟子慧闲又创虚实乱针绣、双面异色异样绣,运针洒脱,融汇中西,形成独特风格,鸟兽、风景、人物无不精工,尤以人像见长,代表作《列宁像》、《齐白石像》、《刘海粟像》等为中外博物馆、艺术馆、美术馆收藏,作为国家礼品赠予外国领袖和政府。现在任慧闲等大师享受政府的特殊津贴,为她们创立大师工作室、事迹展示

厅、大师作品展、名绣大厅，展示他们的作品，并安排心灵手巧的绣工为徒，使其技艺得到延续，发扬光大。

(2) 采取前店后作式，形成氛围

将设计、表演、出售融为一体，表现中国精湛的刺绣艺术，形成苏州特有的民俗风情。在山塘街旅游区有刺绣园，苏州传统民居、园林，有敞开式的精致厅房，沿河的明清古式窗权，小桥流水，花香覆郁，具有人情味、自然味；与苏绣相映衬的背景音乐《茉莉花》、苏州评弹，时时让你感受江南春雨，杏花丝竹；精品中，有个人注册商标，或品牌标识，作品附有个人署名和产品说明书，增强其独特性；不同风格的艺工荟萃一处，百花齐放，斗艳争奇。现场参观，只见艺人们端坐于花绷前，全神贯注，飞针走线，近看线条纵横交叉，似乎毫无规则，远看却神态逼真，既有刺绣风韵，又有油画趣味。比如双面绣《猫》是苏绣中的珍品。双面绣是指在一次性操作中完成，在薄蝉翼如的尼龙绸上，正反两面在色、形、大小及针脚排列诸方面完全相同的绣品。双猫周身采用一百多种色线，依据毛的长势和肌理，由粗到细，层层绣出，毛丝浓密厚实，尤其边沿的飘毛绣工尤为细密，猫眼使用双色线多达十五种，丝线的光泽回动，增加了跃动态势，使人感到猫眼似乎正窥视周围的动静。游客参观制绣过程，通过大师的作品展览和刺绣演示，领略到“东方艺术明珠”的风采，感受到苏绣的深不可测。

(3) 苏州刺绣名家

沈寿(1874—1921)，初名云芝，号雪宧。她生长于江苏吴县(今属苏州市)，从小学绣，16岁时已颇有绣名。1904年沈寿绣了佛像等八幅作品，进献清廷为慈禧太后祝寿，慈禧极为满意，赐“寿”字，遂易名为“沈寿”。同年，沈寿受清朝政府委派远赴日本进行考察，交流和研究日本的刺绣和绘画艺术。回国后被任命为清宫绣工科总教习，自创“仿真绣”，在中国近代刺绣史上开拓了一代新风。

王守明，常熟梅李人，生于1858年。18岁嫁本地人吴恒初，一月后夫亡。以后创办刺绣传习所，在常熟老县场斗吉弄教授刺绣。作品有《猫蝶图》、《英雄》、《锦鸡独立》、《白头到老》、《梅花锦鸡》、《虎》、《狮》、《太师少保》、《神女》、《仕女》等。曾获比利时博览会一等奖和南洋劝业会奖状。所绣作品均为仿真绣，针法以擞和针为主。在当时有“常熟绣王”之称。

金静芬(1885—1970)原名彩仙，小名杏宝，回族，生于苏州。自幼学苏州刺绣，曾拜沈寿为师，并随师进京任清农工商部工艺局绣工科教习。1911年后曾在苏州武陵女校、苏州女子职业学校、南通女红传习所任教。她的作品题材广泛，有花鸟、人物、山水，尤以古今人物见长。作品有《水墨苍松》、《猫戏图》，在1910年南洋劝业会上获优质奖，《肖像》在1915年美国旧金山“巴拿马枣太平洋国际博览会”上获青铜奖。她的作品《观音大士像》，仿露香园顾绣，颇具古风。

3. 多种门类工艺品——扬州漆器、玉器

江苏不少城市能生产多种工艺品，以扬州工艺美术品为例，以历史悠久、品类丰富、技术精湛、特色鲜明著称于世，现产品有漆器刺绣、金银饰品、剪刻纸、制花、灯彩等20多个大类。西汉时期，扬州的漆器、玉器、铜器生产已有相当规模。唐代，扬州的青铜镜、漆器、玉器、绒花等被列为贡品。清乾隆年间，扬州工艺美术制品的生产进入鼎盛时期，扬州成为全国漆器、玉器、书画装裱、木版印刷、制花等工艺品的中心产地。现存故宫珍宝馆的《大禹治水图》和田白玉的玉山，重达5350公斤，从选料、设计到制作完毕，耗时整整10年。这座“世界玉器之王”,是扬州玉器雕琢技巧和艺术造诣的典型代表。

扬州其他工艺制品也十分丰富。扬州八刻、扬州剪纸、扬州刺绣、扬州灯彩、扬州绒花、扬州玩具等工艺制品也都有其辉煌成就。可以说,像扬州工艺这样门类全、品位高、现存规模大,在全国相关地级市中绝无仅有。现今他们将工艺和旅游结合,走出了一条新路。

(1) 资源整合,建立规模化的旅游产品市场

更新各自为政的传统观念,相对集中工艺生产厂家,在玉器厂、漆器厂之间的沿河地带建设“特色工艺商品一条街”,形成漆器、玉器、绣品等扬州传统特色文化集中的参观点,促进旅游业与工艺美术行业的共同繁荣。工艺部门将工艺展示与游客参与制作结合,形成互动,使游客产生兴趣。一方面通过游客的参与使游客认识工艺品制作的艰难,认可工艺品的值价相符,从而慷慨解囊,另一方面也增加旅游的个性趣味,滞留游客在扬的时间。

(2) 建成大型工艺美术馆,荟萃传统工艺美术

馆内共有26个大类,2000余件精品和数千件(套)旅游纪念品、各类装饰品,有瑰丽典雅的漆器,圆润灵秀的玉器、古色斑斓的雕版、玲珑剔透的剪纸、几可乱真的通草花、雍容华贵的金银器、巧夺天工的八刻,展示手段先进,声光色电使工艺品锦上添花,导引解说恰到好处,点到人心,令人目不暇接。

(3) 展示名品、精品

扬州玉器是汉族民间雕刻艺术之一,扬州亦是中国玉器加工的重要基地之一,古籍《书经 禹贡》中便有“扬州贡瑶琨”的记述。1977年在扬州蜀冈尾间,发现新石器时代后期氏族公共墓葬60多处,有石斧、石锛、玉璧、玉琮等器物,即说明早在4000年前,先民们就在这里生产生活,有了玉石琢磨的活动。新中国成立后在扬州境内发现和清理的百余座汉墓中,出土玉器数以百计,达数十个品种。

扬州的玉器中最著名的形式是山子雕,在全国独树一帜。其特点是保留和利用玉料天然优美的外形,形成山势,再随形施艺,将人物山水、亭台楼阁、珍禽异兽、树木花草等物象汇聚于玉山上,层次重叠,绕山一周,如见一国画长轴,首尾衔接,过渡天然,意境深远。此种山子雕需将立雕、浮雕、镂空雕技法精心运用,并要恰当处理玉石天然色彩,并能避让、改造玉石裂痕、瑕疵,去脏遮塔,使其完美无瑕。比如1986年完成的《石刻聚珍图》和1989年完成的《大千佛国图》即是这种技艺的代表作。《石刻聚珍图》通高120厘米,宽90厘米,厚60厘米,重1000多公斤,是我国新疆玛纳斯高山产的墨绿石的天然碧玉。这一玉山以中国著名的佛教石刻艺术为题材,将四川乐山大佛、大足石佛,河南洛阳龙门大佛,山西大同云冈石佛之精英集于一体,以高山峻岭,映带清流衔接勾连,以佳木芳卉、飞鸟虫鱼烘托,构成和谐之美。琢玉艺术家黄永顺领衔雕琢,另七位艺师辅助,历时近两年,将传统的圆雕、高浮雕、镂空雕、内雕、外雕技法熔于一炉,以工艺美辉映玉石的天然美,赵朴初先生的题词“妙聚他山”,镌刻于玉石之端,珠联璧合,被外报评论为“是继中国乾隆年间制成的《大禹治水图》之后二百年来仅见的玉雕珍品”。

刻漆,先以木坯作胎或雕红脱胎,涂漆若干层,有的器物要涂200多层。传统的屏风多用乌黑发亮的漆为底,而炉瓶多以大红的漆为底,如果是挂屏、台屏,此时在漆面上勾出画面轮廓线条,而将线条之外的部分铲去,在铲去的部分中填上色彩,以色调丰富,刀工入微,线条流畅取胜,颇有壁画的味道,所不同的是有了立体感;如果是红雕漆的屏风、炉瓶,则要做

出浮雕,浮雕又分线雕、浮雕、高浮雕等技法,形成光滑圆润的花纹,层次清晰的画面。如1991年,完成一对红雕漆大花瓶《江天一览》,瓶身高2米。周圆2.8米,运用传统的干漆夹绘法脱胎造型,髹涂朱漆400多层,漆厚2厘米,历时两年半,以万里长江为题材,以中国画散点透视、高远构图手法把上游山峦起伏、飞瀑激流,中下游江面辽阔、水天一色之状巧妙地再现出来。花瓶颈部象征中华文化锦纹、龙纹图案无不高妙,成为中华漆器之最。通过精品展示,倾听游客的臧否,对不同层次和消费能力的游客进行调研,确立不同细分市场的需求,以此确定产品的设计方案和生产规模,实现旅游产品在市场需求基础上的规模生产,按照供应链的原则,可逐渐开发出不同种类、不同档次、不同包装、不同价位的玉器、漆器。

4. 乡村手工艺品——苏北剪纸

江苏广大农村乡镇有很多民间手工艺品,花灯、核雕、竹刻、泥捏、布娃娃、剪纸、风筝,这些质朴的,充满乡土气息的手工艺品都是就地取材,原材料很简单,一经村民精思巧慧,就能化平凡为神奇。这种群众工艺常处于自生自灭的状况,为了通过旅游方式使其得到发展,他们对此进行包装。

剪纸是用剪刀或刻刀在纸上剪刻花纹,用于装点生活或配合其他民俗活动的一种民间艺术。在中国,剪纸具有最广泛的群众基础,它交融于各族人民的社会生活,是各种民俗活动的重要组成部分,其传承延续的视觉形象和造型格式,蕴涵了丰富的文化历史信息,表达了广大民众的社会认识、道德观念、实践经验、生活理想和审美情趣,具有认知、教化、表意、抒情、娱乐、交往等多重社会价值。今天,剪纸依然是中国百姓用以表达意愿、思想和情感的方式或形式,它介入当代民俗活动,呈现出互动的活力和再创造的面貌。

(1) 形成一种乡村氛围

以剪纸为例,春节之前,正值农闲,苏北徐州的丰县、沛县,淮阴的金湖,淮安一带乡村大场上,常见数十个妇女团团而坐,头顶蓝天白云,背倚青山绿水,阳光和煦,表演者心情愉悦,游客也神爽目明;民间艺人不带功利性,纯粹属于爱好;没有任何框框条条,尽情发挥个人才智;不保守自闭,而是随意臧否,颇有"沙场秋点兵"的阔大气势。就凭一把剪刀,一张红纸,不用笔作勾描,将平素积累胸臆的生活,随手剪出,人物、动物、文字,"闭目如在眼前,出手即在剪下",将民间实用工艺升华为欣赏艺术,其速度之快、花式之多、构图之巧,令人叹为观止。

(2) 善于挖掘、包装

由文化人略加指点,并对不同特长的艺工相对集中,有意图地在艺工随意创作的基础上进行引导、提炼、概括、升华,突破固有的程式化,以克服低水平的重复。比如十二生肖,经提炼后,他们能以故事为题材,将人物和动物和谐相配如关云长骑马横刀过五关(马),苏武牧羊(羊),武松打虎(虎),时迁偷鸡(鸡),牛郎织女(牛),苏轼赋鼠(鼠),哪吒闹海揍龙(龙),孙悟空偷吃蟠桃(猴),嫦娥奔月(兔),白娘娘显蛇形吓坏许仙(蛇),樊哙屠狗(狗),八戒招亲(猪),十二个故事组成生气勃劲的画面,线条质朴,形象生动,散整结合,疏密相间,虚实相生,动静有致,简洁明朗而不失严整,富丽堂皇又不失质朴。乡土气息引动中外嘉宾纷至沓来,甚至参与其间,自娱自乐,成为旅游亮丽的风景线。

三、文化用品、设备及相关文化产品行业发展对策建议

(一) 文具行业

目前我国文具发展趋势大体分四大特点:多功能化,简洁实用化,高档化,玩具化。根据最近的调查显示,有超过六成的消费者表示喜欢个性时尚的文具,而且随着对环保要求的提高,绿色环保低碳的文具也受广大消费者的青睐,这些都给江苏省文具企业的未来指明了发展方向。

(二) 玩具业

1. 主动适应国际规则

深入开展玩具标准体系和认证体系的研究工作。引进国外先进、科学、安全和系统的管理理念。实施 ISO9000、ISO14000 质量和环境管理体系认证,按照国际玩具的安全标准、环保标准、质量标准和产品标识等方面的要求组织生产。随着玩具进口商和零售商对压低商品库存和加快产品更新的要求越来越高,国际玩具市场受优惠店、特价超市和大型玩具零售商主导的趋势越来越明显。江苏省玩具企业必须积极适应不断变化的采购方式,抓紧建立出口预警机制,采取灵活的柔性化产销运作方式,迎合客户对快速反应和即时付货的要求。

2. 不断推进产业集聚

充分发挥已初步形成的产业集聚优势,进一步加强专业化分工协作,促进产业布局优化。玩具产业是劳动密集型产业,要鼓励苏南和苏中玩具企业向劳动力成本较低的苏北转移,苏北地区要抓住玩具产业梯度转移的机遇,营造良好的发展环境,承接玩具产业的转移和辐射。鼓励和支持有条件的企业走出去,在国外建立分公司,直接面向国际市场。目前江苏省的好孩子集团、康濑轻工业(昆山)有限公司、常州大卫玩具公司等企业已在国外建立玩具生产基地。这是形成产业规模优势,尽早实现产业升级和转型,改变中国玩具低附加值的好方法。从长远看,这是江苏省玩具企业创品牌、树形象,适应市场竞争需要,提升竞争力的必然之路。

3. 努力提高创新能力

强化企业创新意识,积极扶持科技型、创业型中小玩具企业发展,推进产业升级。从建立内涵式企业技术创新机制入手,应用信息化技术改造提升玩具产业,引进工业设计等现代设计理念和方法,开发富有中华民族特色的现代玩具。培养一批高素质专业技术队伍,增强研究设计、开发生产能力,逐步增加自主设计产品的比重,巩固 OEM 优势(定牌加工模式),发展 OBM 方式(前店后厂模式),扩大 ODM 业务(原创设计模式),逐步建立自己的渠道,打自己的品牌。同时要培养和引进玩具设计生产先进人员,注重科技研发,用电子信息技术改造玩具产业,使其向动态化、智能化、更人性化转变,全面推广电脑三维辅助设计系统,加快出样节奏,缩短新品出样与产品面市的周期。

4. 拓展新型流通渠道

充分利用长三角地区已形成的玩具生产、销售配套能力,以扬州为中心,建设集物流、信息流、资金流、科普教育为一体的玩具展销、原料供应、零件配套中心,建设大型玩具商城和批发市场。随着 IT 技术的发展和广泛应用,网上交易、网上购物方式已逐渐普及,并将逐步成为国际贸易交易的主要模式。要积极开展电子商务,运用先进的技术手段,实现销售体系

的信息化、网络化，全方位拓展玩具产品的流通渠道，不断扩大市场占有率。

5. 建立知识产权保护机制

针对玩具产业知识产权意识淡薄的现状，从宣传与培训入手，建立行之有效的知识产权保护机制。构建行业共性技术和关键技术专利信息数据库，创建专利信息利用机制、知识产权决策咨询服务机制和行业知识产权保护机制。充分发挥玩具行业协会的作用，促进行业自律、规范发展和有序竞争，江苏省玩具协会可在省知识产权局等部门的指导下，成立玩具科技市场，组织玩具知识产权交易，实行有偿转让。

（三）纸张业

1. 优化产品结构

利用国际市场释放过剩产能，对省内产业结构升级也有较大的负面影响，尤其不利于节能减排目标的实现。纸制品企业应加速向高附加值、高科技含量的可持续发展方式转型。事实上，出口退税率下调，在一定程度上已削弱了企业的出口竞争力，减少了企业的利润空间。

如果产品结构不改变，附加值得不到提升，就会失去市场，失去客户，危及企业的生存与发展。同时，出口退税政策给了企业优化产业结构的机会。因此，改变产业链条的被动局面，减少对国际高价原材料的依存度，增强对价格的话语权，是江苏省纸制品生产企业眼下急需解决的难题。

世界纸产品需求已由数量型向质量型转变，纸制品由单一功能向多功能方向发展，低档的书刊纸、包装纸及纸板市场逐渐萎缩，而高质量的胶印新闻纸、彩色书刊纸、高级文化用纸、高档生活用纸、牛皮纸和牛皮箱纸板、涂布纸等已成为需求主流。

2. 提高技术集成度

造纸技术的集成化程度不断提高，是世界造纸工业发展的趋势。目前，世界先进国家造纸企业依靠科技创新，调整技术结构，优化科技资源配置，广泛使用信息网络、自动化控制等技术，提高了技术集成化程度。制浆、造纸设备已向大型化、自动化、高效率方向发展。而纸制品的技术发展也要紧跟市场需求发展，纸制品的集成化程度的提高将是提高企业生产效率的有效途径之一。根据造纸产业结构调整的市场需求以及企业自身的条件，今后 5—10 年，制浆造纸技术装备的开发应着重提供年产量 10～30 万吨高水平、低消耗、少污染的技术和装备，并跟踪制浆造纸前沿技术，研发具有自主知识产权的高新技术产品。

3. 重视资源集约化程度

世界先进的造纸工业生产方式已经实现了由资源粗放利用型，向资源集约利用型的转变。世界纸业强国如美国、加拿大、芬兰等国，90％以上的企业实现了资源集约化，原料实现自给、生产消耗逐年下降。纸制品受限于原材料的成本制约，因此将资源集约化将是扩大企业获利空间的最有效的措施。

园 区 篇

江苏省文化创意产业园区发展现状与对策研究①

文化创意产业园区由于技术、人才的高度集聚，被看作是文化创意产业发展的“孵化器”和“酵母菌”。但目前，国内外对于文化创意产业园区还没有一个准确统一的定义。这里的文化创意产业园区是指以创意生产为主要活动，主导产业明确、公共服务平台和设施完备、产业链相对完整、示范作用明显的集聚区。

一、江苏省文化创意产业园区现状分析

（一）政府大力扶持，不断推进园区建设

为加快江苏省文化创意产业的发展，江苏省政府2010年出台了《江苏省政府关于加快文化产业振兴若干政策》，并且从2007年设立了江苏省文化产业引导资金，用于扶持对文化产业发展具有引领和示范带动作用的重大产业项目。2013年共有245个文化产业项目获得资金总额为1.642亿元的补贴。

各个市也设立了相应的文化产业发展资金。南京市设立了每年1500万元文化产业发展专项资金；常州市市级文化产业引导资金自2010年设立以来，相继资助了一批成长性好、自主创新能力强、有市场竞争力的文化产业项目。2010—2013年共资助项目95个，扶持金额累计2545万元，带动项目总投资超过600亿元，有效发挥了财政资金“四两拨千斤”的作用。全市文化产业增加值逐年递增，最新数据显示，已由2010年的70.15亿元提高至2013年的231.02亿元，文化产业增加值占比由2.3%提高至5.3%，连续3年位居全省第三。

（二）配套设施建设加强，服务体系趋于完备

目前，江苏省已有部分园区在完善服务管理体系方面有所探索。常州创意产业基地除了确保企业“拎包入住”外，还形成了从创意研发、制作生产、衍生开发、市场打造、人才培养引进、融资到销售的超长服务链：创意产生后，园区配套100多位专家组，免费对题材进行先期评估，减少失误和成本；制作过程中，免费或优惠使用国家级二维无纸动漫技术公共服务平台、省级创意产业技术开发公共服务平台、产品产权交易、投融资等十大公共服务平台；制作完成后，带入国内外动漫节进行市场推介等。

南京垠坤·创意中央科技文化园针对客户特点提供了温馨齐全的公共服务，具体包括多功能会所、无线网络服务、自行车租赁服务、餐饮等。园区还设立了客户资源管理服务中心，为园区所有入驻企业提供软性的增值服务，并配有客服专员对客户进行一对一贴心服务，包括搭建平台整合资源、联合媒体辅助宣传、工商行政一站式咨询服务、园区文化生活建设（节庆、交友、培训）等。

---

① 张书，侯月丽，顾长青.江苏省文化创意产业园区发展现状与对策研究[J].中国标准化，2013(12)：105—108.

(三) 产业聚集效应初步形成,示范作用明显增强

江苏省文化创意产业园区快速健康发展,截至 2013 年 8 月,已建成 13 个国家级、44 个省级文化产业示范基地和 7 个省级文化产业园区,6 个国家动画产业基地、动漫园区,4 个国家级影视基地和全国影视指定拍摄基地。其中,垠坤 · 创意中央科技文化园荣获 2010 年中国最佳创意产业园区。2011 年 4 月揭牌的江苏(国家)未来影视文化创意园投资规模约为 50 亿元,建成后将成为国内首家以"近现代景观"为特色的影视拍摄制作国家级基地。

(四) 相关标准研制加强,标准化研究逐步展开

由江苏省标准化研究院牵头的国家质检公益性行业科研专项《创意产业基础标准体系建设及重要标准研究》通过研究文化创意产业的本质、内涵、外延、类别,分析了文化创意产业发展的基本规律,研制了《文化创意产业园区服务规范》和《文化创意产业园区服务评价》两项国家标准(草案)。此外,常州市创意产业基地动漫服务标准化试点项目于 2009 年 5 月通过国家标准化管理委员会审查,作为 2009 年度江苏省获准立项的三家国家级服务业标准化试点一类项目之一,成功获得立项。这也是常州继中华恐龙园《主题公园服务规范》成为服务业国家标准之后的第二个服务业"国标"试点项目。

二、江苏省文化创意产业园区发展存在的问题

(一) 发展规划缺位

江苏文化创意产业发展已有一定的基础,省市各级政府部门也已编制了许多相关的规划,并出台了一些扶持政策。但从整体性、系统性、前瞻性的视角来看,急需从省级层面尽快编制专项产业发展规划,进一步明确文化创意产业园区发展思路、功能定位、空间布局和发展重点,研究制定全面系统的政策支撑体系,引导文化创意产业园区的有序快速发展。

(二) 同质化现象严重

目前,江苏有多个动漫基地,如南京软件园国家动漫产业基地、世界之窗文化产业园——紫金山动漫 1 号、南京数码动漫创业园、苏州国家动画产业基地、无锡国家动画产业基地、常州国家动画基地等。虽然动漫行业有着广阔的市场,但是这样重复建设不利于实现文化创意产业的差异化发展。此外,由于市场拓展不充分、创意人才储备不足等问题使得动漫产品质量低,得不到市场的认可。产业同结构趋同问题已经成为江苏省文化创意产业园区发展中急需解决的问题之一。

(三) 标准体系缺失

2010 年江苏省政府出台了《江苏省政府关于加快文化产业振兴若干政策》,要求加强园区和基地建设,研究和制定省级文化产业园区和基地标准,加强认定管理。江苏省目前已建成一大批文化创意产业园区,文化创意产业标准化的相关研究也取得了一些成绩,但仍存在一些问题。没有引领文化创意产业标准化发展的技术组织——江苏省文化创意产业标准化技术委员会,文化创意产业标准体系尚未建立,园区建设在创意保护、企业认定、项目扶持、园区规划方面仍显得比较盲目,缺乏相应的标准支撑。

(四) 高端创意人才匮乏

(1) 政府相关部门负责指导、统筹协调、科学管理全省文化创意产业发展的人才匮乏;(2) 文化创意产业链中的创意、技术、营销、经营等人才匮乏,能够达到高端要求的创意和经

营的有效人才则更少。同时，北京、上海、深圳等一线城市对文化创意人才的吸引导致江苏省每年流失大量人才，这使得文化创意人才匮乏问题更为严重；(3) 从实践层面研究和探索加快发展文化创意产业的专业人才匮乏。

三、加快江苏省文化创意产业园区发展的对策建议

（一）发展思路

江苏文化创意产业园区发展的总体思路：必须立足江苏优势领域，重点发展旅游、创意设计、动漫游戏等行业，围绕江苏的文化资源、产业基础和市场优势，依托创意产业发展的良好基础，探索新的发展路径，形成具有鲜明特色，能最大限度发挥江苏科技、文化、教育等资源优势的创意产业发展方式，构造自己的产业体系。

（二）对策建议

1. 强化组织领导，完善政策体系

(1) 建立畅通的工作机制。成立江苏省文化创意产业发展领导小组，研究制定全省创意产业发展中的重大战略和政策，统筹协调解决全省创意产业发展中的重大问题，协调推进重大项目发展。

(2) 加紧研究建立符合江苏实际的文化创意产业统计评估体系，监测和评价江苏文化创意产业发展的情况。根据全省文化创意产业发展规划，明确产业导向和发展空间。

(3) 由江苏省文化创意产业发展领导小组牵头研究制定并不断完善市场准入、土地税费优惠、投融资便利、出口支持、中小企业扶持、鼓励创业等各项政策，形成全面系统的产业政策体系。

2. 科学规划，促进产业集聚发展

(1) 合理规划创意产业空间布局。把文化创意产业园区用地的选址纳入到地方总体规划中，通过市场调查和评估，制定城市文化创意产业园区总体规划布局方案，根据文化创意产业的空间布局特征，制定空间发展战略，优化布局，推进产业梯度发展，动态把握产业发展态势。根据文化创意产业的分类特征，有步骤地实现产业集聚。

(2) 将创意产业融入江苏城市文脉。江苏的诸多城市都是历史文化名城，要实现文化遗产保护中的创新，就必须将创意产业融入江苏城市文脉，通过发展文化创意产业保护城市的文化遗存，延续城市文脉，通过历史与未来、传统与现代的交叉融汇，为江苏城市增添历史与现代交融的文化景观。

3. 注重标准研究，构建标准化实施平台

(1) 制定标准化发展战略。江苏省文化创意产业标准化发展战略是指借助标准化这一技术支撑，加强政府对江苏省文化创意产业及园区的管理与扶持，促进江苏文化创意产业的健康、快速发展。由于文化创意产业标准化研究在国内处于起步阶段，因此，首先应制定江苏省文化创意产业园区标准化发展战略，对江苏省文化创意产业及园区标准化工作进行总体指导和宏观把握，保证江苏文化创意产业园区标准化工作的顺利实施。

(2) 成立标准化技术委员会。文化创意产业标准化工作机制的运行需要有专门的机构来负责，需要该机构来负责组织和实施文化创意产业及园区相关标准的制定、修订和实施工作，指导和推动文化创意产业及园区的标准化工作。江苏省的文化创意产业标准化工作刚

刚起步，尚没有专门的机构对其进行有效管理。因此，应成立江苏省文化创意产业标准化技术委员会，从文化创意产业标准的制修订和组织实施的角度，支撑文化创意产业的发展。

(3) 构建标准体系。尽管江苏省的文化创意产业园区在政策、资金、项目、人才方面政府都给予了大力支持，但是目前江苏省文化创意产业园区的发展在创意保护、企业认定、项目扶持、园区建设方面仍然显得比较盲目，缺少科学的评判依据，导致出现产业支持对象不明确、发展路径不清晰等问题，这归根结底是由于文化创意产业园区的发展缺乏相应的标准体系。因此，应加快文化创意产业标准体系的建立。

(4) 加快制定基础标准。通过调研江苏文化创意产业园区对各种标准需求，建议首先加快文化创意产业园区术语和定义、园区分类、园区评价等基础标准的制定。分类标准的制定，旨在为界定和规范江苏省文化创意产业提供标准，为开展文化创意产业研究、建立和完善文化创意产业统计制度奠定基础，为监测和评价江苏省文化创意产业发展提供依据。通过建立文化创意产业园区评价标准，指导园区发展规划。在明确各项标准化指标的基础上，才能明晰江苏省文化创意产业的建设方向和目标，引导政府、园区、企业、个人等更好地贯彻文化创意产业的发展战略，促进文化创意产业大发展大繁荣。

4. 加快人才培养，强化智力支撑

(1) 建设人才培训基地。文化创意产业园区与江苏高等院校互动，联合设立与文化创意产业相关的学院，建立文化创意产业人才培训基地，开设相关课程，着力加强对高端创意人才的教育和培养。

(2) 制定具有强大吸引力的优惠性人才引进政策。文化创意产业的发展需要高层次、高技能、通晓国际通行规则和熟悉现代管理的高级文化创意产业人才。为此应制定各种优惠政策，进行特殊扶持，吸引和留住高素质文化创意产业人才落户江苏，形成人才的集聚效应。

(3) 增强国际合作，开阔人才国际视野。在选派人员出国研修，培养具有世界水准的专业人才的同时，重视引进国外的优秀人才，提升和充实江苏省文化创意产业的人才队伍，包括引进一批海外专家和优秀团队来江苏省工作。此外，要加强与海外文化创意机构的合作，开展人才培训与交流，进行项目合作和举办研讨会等。

企业篇

2013年，江苏省文化产业法人单位9.4万家，实现增加值2500.7亿元。其中三上文化产业法人单位共有5893家，比去年增加34.1%，吸纳就业人员1008284人，实现增加值1800.2亿元，占全部法人单位创造增加值的71.9%，三上文化产业法人单位成为江苏文化产业支柱力量，重点文化企业成为中流砥柱。此外，江苏省还拥有国家重点文化出口企业60家，省级重点文化科技企业80家，2013年入选全国文化企业30强企业3家，特别是国有文化企业集团如新华报业集团、江苏省广电集团、凤凰出版传媒集团、江苏省广电网络信息股份有限公司、江苏省演艺集团、江苏省文化产业集团等，展现出良好的发展态势和规模经济效应，在江苏文化产业发展中起到引领和带动示范效应，成为江苏省文化产业发展的标杆。

一、凤凰出版传媒有限公司

江苏凤凰出版传媒股份有限公司起始于1953年组建的江苏人民出版社。2001年9月，在江苏省出版总社的基础上成立江苏出版集团，江苏凤凰出版传媒股份有限公司由江苏出版集团更名而来。集团融图书、报刊、电子音像、网络等出版物的出版、印制、发行、物资供应、对外贸易于一体，是中国出版行业的龙头企业。江苏凤凰出版传媒股份有限公司(以下简称“公司”或“本公司”)系于2009年6月经江苏省委宣传部和江苏省财政厅苏宣复【2009】3号、苏财教【2009】75号文批准，由江苏省新华书店集团有限公司整体变更设立的股份有限公司。公司的企业法人营业执照注册号:320000000001056。2011年11月30日，在上海证券交易所上市。所属行业为出版传媒。

公司住所:南京市仙新路98号。法定代表人:陈海燕。许可经营项目:图书、报纸、期刊总发行，图书、报纸、期刊、电子出版物全国连锁经营，图书、报刊、电子出版物批发零售，音像制品连锁经营(分支机构经营)，普通货运，酒类、预包装食品批发兼零售。一般经营项目:纸及纸制品，文教用品的销售，货物包装，货物托运，仓储，出版发行信息服务，出版发行营销策划，人才培训，自营和代理各类商品及技术的进出口业务，房屋租赁，设计、制作、代理、发布国内各类广告(分支机构经营)。

江苏凤凰出版传媒股份有限公司注册资本7.2亿元，2007年总资产118.86亿元，销售收入超过90亿元。销售收入、利润总额、资产总额等各项主要经济指标连续9年位居全行业榜首，在进入中国企业500强的出版集团中排名第一，位居首届全国文化企业30强出版发行类之首。在首届中国出版政府奖中，两个出版集团被评为先进单位，江苏凤凰出版传媒股份有限公司名列其中。

2013年，公司一方面强化和突出出版主业，力保大盘稳中有升，另一方面加快产业链延伸，加快数字化和新业态转型，经营业绩持续攀升，实现营业收入73.16亿元，归属于母公司净利润9.4亿元，同比分比增长9.1%和1.4%(注:如扣除上年发行板块增值税免征及退税因素影响，则归属于母公司净利润同比增长28.07%)；连续第五年入选“全国文化企业30

强”，主要经济指标位列 30 强之首；被国际出版咨询公司评为全球出版业 50 强，排名第 23 位。

（一）内容生产再创佳绩

2013 年有 7 种和 3 种图书荣获第三届中国出版政府奖和装帧设计奖，位列全国同行第三位和第二位；有 10 种图书入选第四届“三个一百”原创图书出版工程，位列全国同行第二位；7 种图书荣获第四届中华优秀出版物奖，12 种图书入选中宣部、总局等向青少年推荐的百种优秀读物，5 种图书入选首届向全国推荐的优秀古籍整理图书；入选“十二五”国家重点出版规划项目图书增补到 102 种；有 8 个出版项目入选国家出版基金项目，1 个项目入选新闻出版改革发展项目库，9 个项目入选江苏省文化产业引导资金项目；《创先争优系列读本》等图书入选中组部精品、优秀教材，获奖层级和数量居全国同行前列；《“中国梦”的根本法保障》等入选中宣部“十八大精神主题出版重点选题”；有 11 种教材通过教育部第二阶段审查，在全国推广使用；省外教材发行机构建设新拓展四川、广东、湖南等地；省内免费教材和作业本采购招标周期调整为三年，成功取得免费教材、作业本和《新华字典》的供应权；面对有史以来最为严厉的教辅新政，省内教辅市场保持稳定。苏科社荣获“中国出版政府奖先进单位”，苏教社位居全国出版单位总体经济规模综合排名第八名。

（二）数字化转型成效显著

数字内容、数据库建设、多媒体出版、软件出版、有声阅读、电子书报刊、网络平台、移动阅读、视频点播、数码印刷、网络游戏和云计算中心等多点布阵、全线展开，形成规模，年销售超 4 亿元。在教育教学内容开发上，以数字化教材、凤凰优课系统、凤凰学习网、中学学科网、凤凰智能英语等中心，基本形成“凤凰云校园”数字教学整体解决方案，入选省级科技计划项目；成功中标江苏移动英语学堂项目，开发中学网络衔接课程，通过凤凰优加进入电信翼校通；凤凰创壹虚拟实训软件已进入全国 200 所中职高职学校，全年净利润突破 4200 万元。在存量内容的数字化建设上，外延进一步拓展，音频库、图片库以及医学、农业、科技等专业资源库已具规模；与三大运营商合作，将数字内容接入阅读基地、动漫基地，并开发 50 多种智能终端应用程序。在投送平台建设上，加快升级，成长壮大，凤凰学习网流量增加、订购增长，被评为“江苏未成年人思想道德建设”先进网站；电子书综合阅读平台“凤凰悦读网”成功上线。在数字印刷集成创新上，数码印刷连锁直营与加盟店已发展 11 家；绿色印刷实验室获国家资质认定，成为江苏省唯一专业从事绿色环保印刷检测的重点机构。在数字化新型产业拓展上，亮点迭现、力度加大：出资 3.1 亿元并购的慕和网络实现营收 1.88 亿元，净利润 4843 万元，超过预期约 10%；凤凰游侠网全年实现营收 2000 万元，净利润增长 50%以上；嘻呱系列儿童数字产品提档升级，新开嘻呱乐园，腾讯电子阅读平台、多媒体互动教室等产品已在运作，并成功签约台湾太极公司儿童数字图书馆项目。

（三）业态创新成果颇丰

省内发行市场在确保高基数稳定的基础上不断争取最大化；团供图书销售又有新突破，销售码洋约 2 亿元；展会平台持续发力，销售码洋超 1.6 亿元；北京发行中心（发展中的中盘）全年实现京版书经销 5.5 亿元，包销图书近 200 种、销售码洋 5000 多万元；成功启动全省读书卡，在部分门店运行取得不俗业绩；文化 MALL 建设全面加快推进，苏州项目已开门营业，姜堰、南通项目有望年内开业，扬州、合肥项目开工建设，江阴、昆山、射阳、泰兴、盱眙等项目成功取地、即将开工，十余个项目新增商业面积约 70 万平方米；新购省外网点 11 个；“字里行间”创意书吧拓展至江苏，南京、苏州、无锡三店已经开业。

（四）产业链完善与拓展取得突破

为了兑现上市承诺，完善和延伸产业链，年底，公司遵循公正、规范和市场化原则，将原属于控股股东的凤凰传奇影业公司和 5 家印刷企业的股权，以现金购买方式注入公司。此举不仅消除了公司与控股股东在传统出版领域印刷环节的关联交易，打通了编印发产业链，而且还为公司未来发展提供了诸如数码印刷、云计算、影视制作与发行等的增长点。

（五）“走出去”迈上新台阶

全年向非华语国家输出版权 150 种，同比增长 30%；有 3 种图书入选“经典中国国际出版工程”，有 7 种图书荣获第 12 届“输出版、引进版优秀图书奖”；承办“江苏符号”全球征集活动，《符号江苏》丛书成功走向世界；在英国、美国、智利、加拿大、澳大利亚等国设立分支机构，出版、印刷、贸易、培训、文化服务等方面拓展较为顺利。随着《国务院关于加快发展对外文化贸易的意见》的颁布，上述项目及新拓展项目必奖赢得更好的机会与回报。

一方面，在文化强国战略、城镇化战略、“走出去”战略、民生工程以及优惠政策扶持、计划生育政策调整等多重利好因素的综合作用下，出版传媒业仍将保持持续较快增长，市场规模持续扩大，市场集中度持续提高，内容资源、市场资源进一步向优势企业集聚；但另一方面，新媒体、新技术在促进传统传媒企业转型发展的同时，将分流、冲击传统传媒企业的受众群体和市场份额，使之面临较为严峻的转型发展压力与竞争。为此，公司将以十八大和十八届三中全会精神为指针，以改革创新、转型升级为动力，以基因裂变适应环境变化，深化改革，加速转型，扩大影响，做强实力。要秉持“开放式发展，可持续发展，跨越式发展”的理念，做文化，做影响，做大企业，加快成为以内容为核心、以物业为依托、以数字技术为基础的多元化、全媒体的新型传媒企业，打造世界出版强企。

二、江苏省广电集团

江苏省广播电视总台（集团）成立于 2001 年 6 月，是由原江苏人民广播电台、江苏电视台、江苏有线电视台等单位合并组建而成。目前，总台开播 14 个电视频道，其中江苏卫视（标清、高清）、优漫卡通卫视为上星频道，城市、综艺、影视、公共、体育休闲、好享购物、教育为地面频道，国际频道为境外落地频道，江苏动视为移动电视频道，靓妆、幼儿教育、财富天下为数字付费频道；拥有 11 个广播频率，开播 10 套广播节目，包括新闻综合、新闻广播、金陵之声、交通广播网、音乐广播、经典流行音乐广播、文艺广播、故事广播、健康广播以及财经广播；除广播、电视以外，江苏广电总台（集团）还拥有报纸、杂志、影视动漫、院线、影城、网站、学校、家庭购物、新媒体等业态，具备了在多级市场上进行多媒体运营、对内容进行多渠道传播的资源优势。

江苏省广播电视总台（集团）现有在册员工 4100 名，具有高级专业技术职务者 300 余人，硕士研究生以上学历近 500 人。江苏省广播电视总台（集团）拥有相当规模具有世界先进水平的技术设备和设施：不同规格的电视演播室 15 个，各种型号的广播电视转播车、卫星新闻直播车 9 辆，数字硬盘播出系统全面启用，广播电视节目制作和播出设备数字化改造基本完成，网络化改革全面推进，建设了国内领先的全台制播系统和媒体资产管理系统，实现节目制播的全程数据化、无带化。2008年底,江苏广电城历时四年,胜利竣工启用,江苏未来影视文化创意产业园建设有序推进,将逐步投入使用。

2010年,江苏广电总台(集团)连续第七年入选“中国500最具价值品牌”,品牌价值73.38亿元,在所有入选的广电媒体中排名第3位,居省级广电媒体第一位,且品牌影响力继续被定义为“全国性”。2013年,江苏广电总台经济总量达123亿元,同比增长11.8%。2014年的目标是实现135亿元,继续保持两位数的增长。江苏广电总台2013年总台收入中,传统业务约占43%,新产业约占57%。2014年各类新项目预计新增总量近13亿元。

江苏广电集团倡导“以人为本,与您同在”的理念,在中国广电行业率先制定了人力资源战略规划,积极构建以绩效管理、薪酬管理、岗位管理为核心的现代企业人力资源管理体系,不断完善员工多通道生涯发展规划和培训发展体系,为员工提供在业内具有竞争力的薪资报酬和激励性的福利,激发个人潜能,实现个人与总台(集团)的共同发展。其战略愿景是:做优江苏,做强华东,率先全国,走向世界,努力把江苏广电总台(集团)建设成为党和人民满意的广电主流媒体、建设成为多级市场上一流的以广电为主的多媒体运营商、建设成为国内知名的新闻、文化娱乐等传媒内容提供商。

三、新华报业传媒集团

2001年9月28日,经中宣部、国家新闻出版总署批准,省委、省政府研究,新华日报报业集团正式组建成。2011年,经省委、省政府批准,更名为新华报业传媒集团。

集团拥有14份报纸7份刊物和1个网络群、1个移动手机媒体及10多家经营性公司。具体包括《新华日报》、《扬子晚报》、《大学生村官报》、《南京晨报》、《江苏经济报》、《江苏法制报》、《江南时报》、《扬子经济时报》、《扬子体育报》、《昆山日报》、《靖江日报》《海门日报》、《东台日报》、《宿迁日报》等14份报纸,《群众》、《传媒观察》、《党的生活》、《精品健康》、《培训》、《文史阅读》、《幸福老年》等7份刊物,中国江苏网(含新华报业网、扬子晚报网)和移动手机媒体《江苏手机报》,独资和控股的江苏新华传媒投资实业公司、江苏新华传媒信息发展公司、江苏新华传媒时代江南公司、江苏华汇新闻实业公司、江苏华新出版物发行公司、集团印务总公司、江苏新华柏印务公司、苏州新东印务公司、淮安新华印务公司、江苏九九递送公司、江苏新华房地产开发公司等10多家经营公司和单位。

旗下《扬子晚报》系江苏报业日发行量排名第1,中国报业日发行量排名第4,世界报业日发行量排名第21;是江苏地区唯一入选中国500强价值品牌的平面媒体,排名第150;是江苏地区唯一入选亚洲500强价值品牌的平面媒体,排名第170。

《扬子晚报》每日在江苏省内南京、苏州、无锡、常州、镇江、扬州、泰州、南通、徐州、淮安、宿迁、连云港、盐城,以及上海市、安徽省部分地区同步印刷发行,已发行10000多期,日发行量约为220万份。其中,南京地区约60～70万份,苏州地区约25万份,无锡地区约20万份,常州地区约20万份,除南京外,在其余江苏省12个地级市报纸发行量排名中均为第1。

2005年8月6日,在北京结束的第二届中国报业竞争力年会上,2005年全国都市生活类报纸竞争力监测结果揭晓,扬子晚报再次入列“全国晚报都市报竞争力20强”,成为江苏地区唯一入选的媒体。

2010年8月16日,世界报业与新闻工作者协会在巴黎发布了“2010年世界日报发行量前100名排行榜”,《扬子晚报》以发行量173.8万份排名世界第22位、中国第4位,在中国报纸中排名仅次于《参考消息》、《人民日报》和《齐鲁晚报》。

2012年10月,世界报业与新闻出版者协会发布了“2011年世界日报发行量前100名排行榜”,扬子晚报名列第21位,排名较上一年上升一位;在上榜的中国报纸中,列《参考消息》(第5位)、《人民日报》(第12位)、《南方都市报》(第18位)之后,排名第四;在上榜的中国晚报中排名第一,是江苏地区唯一进入百强榜单的平面媒体。在世界媒体实验室(World Media Lab)编制的2013年度《世界媒体500强》排行榜中,中国内地共有42家媒体公司入选,其中新华报业传媒集团排名第358位,系江苏唯一入榜的报纸品牌。江苏入选的媒体公司还有江苏凤凰出版传媒集团、江苏广电总台(集团)。

新华报业传媒集团规划13万平方米、投资10亿元新的新闻传媒中心建筑群在南京河西新城CBD新华报业传媒广场落户,已于2014年正式投入使用。集团中央信息厨房,为集团各类介质媒体提供统一的共享信息数据平台。集团传媒文化产业园苏州园区和南京园区建设正有序推进。集团还参股了江苏紫金财产保险公司和江苏文化产业发展基金,与省广电集团合作建设石湫影视基地。这些平台的建设,将推动集团各项事业在十二五期间和更长时期再上新台阶。截至2013年,集团正进一步整合资源,丰富载体,积极推进全媒体建设,提升竞争力影响力,努力建设国内一流、国际先进的现代传媒集团。

四、南京日报报业集团

南京日报报业集团于2002年12月17日挂牌组建。集团拥有《南京日报》、《金陵晚报》、《周末报》、《大众证券报》、《江苏商报》、《东方卫报》、《现代家庭报》、《家教周报》、《都市文化报》、《南京手机报》、《金陵瞭望》杂志和壹家园房产家居网、龙虎网、南京报业网、中国家教网,网尚购物等十报一刊四网站。同时,集团共有18家全资、控股和参股公司,分别从事报刊出版、数字传媒、印刷发行,并涉足新闻纸生产、物流配送、地产开发、物业管理、金融担保、餐饮服务等领域,成为全国具有一定影响力的综合性传媒集团。

南京日报报业集团是全国文化体制改革试点单位。在集团党委带领下,集团员工发扬创新进取、务实敬业、诚信和谐的精神,聚精会神抓导向,一心一意谋发展。集团新闻宣传平稳有序,经济实力显著增长,内部改革取得突破,和谐建设出现新的面貌。集团拥有当今国际一流水平的印务中心,印刷能力和技术水平在全省名列前茅。由南京时代传媒发展公司、南京金陵新闻开发公司、南京报兴达报刊发行公司、南京龙虎园林发展公司、南京报业广告公司和南京日报出租车公司等组成的主业突出、产权结构多元的经济实体,为集团可持续发展奠定了坚实基础。

南京日报报业集团旗下《金陵晚报》1993年1月1日创刊,自2004年至今,据央视CTR、新生代CMMS等多项权威调差数据显示,金陵晚报发行量、阅读率稳居南京第一。如今,金陵晚报已密集覆盖南京1小时都市圈,包括安徽马鞍山、芜湖、滁州,江苏扬州、镇江等城市,发行量超越所有当地媒体;在苏州、无锡、常州、南通等城市,金陵晚报的覆盖面逐步扩大,在南京都市圈地区发行量第二(仅次于扬子晚报),基本覆盖至县(区)乡(镇)。

五、江苏可一文化产业集团股份有限公司

(一) 公司主营业务介绍

成立于 2004 年 7 月的江苏可一文化产业集团有限公司(以下简称“公司”),是一家从事文化创意产品内容策划和运营的文化传媒企业。自设立以来,一直以内容策划为基础,通过图书期刊、数字出版和在线服务平台等多种媒介,实现创意策划、设计制作、发行和广告运营多元化发展,打造内容策划、数字出版和在线服务三位一体的新型文化业态。

公司是国内最早同时拥有国家新闻出版广电总局颁发的图书、报纸、期刊、电子出版物“全国连锁经营许可证”、“总发行许可证”和“互联网出版许可证”的民营文化传媒企业之一。近年来,公司立足图书期刊市场,以多年在文化教育、文学艺术和古籍典藏等领域的内容策划优势为依托,抓住科技与文化融合的契机,积极拓展数字出版领域,主营业务增长迅速。2011 年、2012 年和 2013 年,公司营业收入分别为 19066.42 万元、26107.28 万元和 31229.95 万元,年均增长率为 31.90%。

公司在图书期刊市场精耕细作,依托高品质的内容策划,凭借强大的多种销售渠道,实现了图书和期刊发行量的稳定增长。随着出版行业数字化进程的加速,公司加快传统出版产业的业务转型,通过动漫化、结构化和碎片化等数字化方式,拓展数字出版业务。2012 年 10 月,公司以婴幼儿和青少年图书内容为蓝本,形成第一批电子书包产品,实现了数字出版的突破;2013 年 3 月,公司参与江苏省泗洪县教育现代化建设项目,负责泗洪县 6 所学校的数字化课堂建设,电子书包产品规模持续扩大;2013 年 7 月,公司完成对三源教育的控股收购,借助三源教育在线教育信息服务平台建设领域中多年的实践与积累,推动公司互联网教育平台的构建,为数字出版提供更全面的互联网信息化服务渠道。

(二) 公司的竞争优势分析

1. 内容创作优势

(1) 丰富的内容资源。自设立以来,公司一直致力于优质内容开发,每年策划发行的内容品种超过 300 种,形成了 182 项著作权。公司策划并发行的内容品种涵盖了婴幼儿、青少年和成年人等不同年龄段的阅读需求。在文化教育领域,公司始终把握婴幼儿和青少年素质教育的需求变化,培养婴幼儿和青少年自主学习的兴趣和能力。以《幼儿阶梯阅读》、《牛津快乐幼儿英语》、《启东黄冈系列》、《自主学习系列》等为核心品牌,覆盖从幼儿园到初中、高中的素质教育及同步配套内容,帮助学生有效学习和系统整理所学知识;在文学类内容策划方面,《天下阅读》、《拓展阅读》等图书内容来源广泛、文笔清新,在推出市场后取得了较高的品牌美誉度,形成了公司内容创作的一大特色;在艺术类内容策划方面,公司利用可一画廊多年来的经营经验,通过举办多种形式的活动,并借助于公司运营的图书、期刊和数字媒体饭推广和宣传,为艺术类图书和期刊的内容提供创作素材;在古籍典藏方面,公司专注于社会思想和道德风尚的传播,注重人文素质的培养和提升;在期刊方面,公司拥有《读天下》等著名品牌期刊的策划和运营业务,并取得了《纽约时报》和《经济学人》等全球顶级期刊的内容授权,期刊内容作为图书的补充,丰富了公司的产品线。

(2) 优秀的策划团队。① 丰富的人才储备。以创意为核心的内容提供企业,创意人才是公司持续、快速发展的根本保证。经过多年的内容创作,公司培养了一批优秀的创作团

队。目前,公司拥有策划人员近 200 人,策划事业部也成为公司人才需求最大的部门。此外,公司还凭借自身的市场和品牌优势,通过长期合作的形式吸引高端的创意人才,为公司内容策划提供了有力保障;② 知名的主创人员。公司通过引进、培养和签约等形式,凝聚了一批在内容策划领域影响显著的知名人才和团队,并成为公司各产品线的主创带头人。这批专业人才的加入,快速提高了公司产品的整体策划水平和影响力,亦有效地带动了公司后续人才的培养。③ 广泛的合作关系。公司还通过"可一画廊"、"文学创作大赛"等形式的推广活动,与海外数百名学者、作家、艺术家建立了合作关系,为公司文化创意策划内容提供了有力的支撑。

2. 完整的数字化解决方案

公司通过内容资源的动漫化、结构化和碎片化等数字化方式,迅速进入数字出版领域,实现集内容策划、技术开发和平台服务为一体的数字化解决方案。

(1) 内容资源的整合优势。公司在文化教育领域内形成了较为突出的内容资源优势,在数字化发展的初期通过已有的品牌效应和用户基础,做出了快速的市场反应,并形成了数字出版产品的内容基础。

(2) 先进的数字化技术基础。公司已在数据加工和多媒体软件开发等方面形成了一定的先发优势,获得 9 项国家专利和 23 项软件著作权。公司通过内容资源的数字化技术,结合互联网科技的运用推出了基于云计算的"可一数字化教学系统",是基于新课程标准,整合教师备课工具、资源管理、电子设备、网络教研于一体的综合型数字化教学运用平台。

(3) 完善的内容集成方案。新闻出版发行企业参与数字出版,将从单纯的内容提供者向内容集成者转变,由原来单一的内容提供模式,向动漫化、结构化和碎片化等数字化方式转变,实现海量内容和资源的融合。公司已经在文化教育领域形成了完整的内容集成解决方案,通过内容提供+数字出版+在线信息服务的有机结合,形成涵盖教学内容、教学管理和教学服务的完整系统。

(4) 参与产品标准的制定。公司凭借自身在数字出版领域的技术优势,积极参与相关产品标准的制定,并作为全国信息技术标准化委员会下属的电子书标准工作组全权成员单位,参与了电子课本及电子书相关国家标准的制定。可以预见未来几年,以公司电子书包为代表的数字出版产品将成为江苏省教育数字化建设的标准产品。

3. 网络营销优势

(1) 全国性的连锁经营销售网络。公司较早就开始培育全国范围的销售渠道。2010 年,公司以打造全国范围内的民营连锁销售渠道为目标,在国内各省市建立了 16 家销售公司,并与全国 300 多家区域分销商建立了长期、稳定的合作关系,是策划发行的图书已进入全国 28 个省市自治区的图书市场,是民营图书出版发行行业中营销覆盖区域最广的公司之一。

(2) 多种销售渠道互补优势。经过多年的市场积累,公司不仅拥有了覆盖全国范围的自有民营渠道,而且成功进入各地国有新华书店。公司根据不同产品选择适当的销售渠道,实现以最积极的成本实现产品的快速推广,保证公司业绩的稳定增长。

(3) 品牌运营优势。公司致力打造的"可一"品牌已具有一定的品牌知名度和影响力,公司依托该品牌已推出 L 图书、期刊和数字出版等多种形式的产品系列,并将进一步丰富。

2011年,“可一”商标被认定为江苏省著名商标。随着“可一”品牌影响力的提升,公司在优秀作品的获取、出版成本的控制、营销渠道的扩张、市场的快速推进等方面形成了强大的联动效应,进一步提升了公司产品的持续盈利能力、市场影响力和客户忠诚度。

(三) 公司的发展目标与计划

公司的发展战略是:以“可一图书,关爱一生”为使命,以国家大力推进文化体制改革委契机,着力于文化和科技的融合,通过内容创新、品牌扩张和产业链延伸,不断满足我国全民的精神文化需求,进而建设成为我国一流的、多媒介、多渠道的文化创意企业。

1. 总体经营目标

围绕上述发展战略,公司未来三年的总体经营目标包括:

(1) 不断丰富和优化公司的产品结构和市场结构,增强自身原创能力,实现销售规模的快速增长和公司品牌影响力的大幅提升,使公司在传统图书期刊领域的市场份额稳步提升。

(2) 抓住文化与科技融合的契机,加快推进传统文化业态的转型,凭借内容策划优势,运营新技术手段,逐步提升产品的附加值。加快进入数字出版领域的步伐,以幼儿和青少年教育的数字化转型为切入点,大力拓展电子书包业务;着力研究新型仿真技术和印刷技术在传统文化产业中的应用,逐步开展艺术品复制经营和线状古籍图书业务。

(3) 以文化创意人才培养计划为依托,精心打造各类大赛及活动,集聚大批文学、绘画、设计方面的优秀青年艺术人才,利用签约艺术人才的独家资源,开展艺术品经营等业务,同时为可一文化的艺术类图书、期刊等提供丰富的内容资源,强化可一文化此类图书的品牌优势。

(4) 通过资本手段,整合多种文化创意资源,迅速提升公司的创作实力、丰富公司跨媒介产品种类,加快公司的发展。

2. 公司的经营发展计划

(1) 持续加强内容开发力度。内容是文化企业竞争的根本,是文化企业的核心竞争力。内容创新是可一公司的立足之本、发展之源。公司应继续加大力量推动内容创新,坚持立足图书期刊内容策划,拓展数字出版业务,形成内容创新的持续动力,建成更多更有影响力的出版平台,大力实施精品工程,打造出一批品牌产品。

(2) 打造精品数字化课堂。随着我国数字化教育方式的转变,青少年教育已经不再限于单纯的传统纸质媒介,公司将利用互联网等现代媒介,基于内容策划,开发多种衍生产品,如音频、视频、FLASH动画等,建立立体阅读系统,不仅为公司的纸质发行图书提供了配套的电子读物,而且可以开发出一种新型的后续图书消费模式,打破了传统纸质图书的限制。

(3) 新技术在传统文化产业应用。随着人们对艺术品审美追求的不断提升,公司将借助长期的画廊经营经验,运营艺术品高仿真复制技术,创造出一套独特的直接在宣纸上进行艺术品高仿真的复制技术,还原率高达99%,复制成本低廉。完全可以满足广大群众对艺术的审美需求,使得艺术品能够在普通百姓中推广,提升人们的艺术人文素养。同时,公司将投资出版多套极具收藏价值的典籍图书,取得良好的社会效益和经济效益,在传统图书收藏领域再创经典。

(4) 加快和优化区域销售网络布局。公司将以江苏为中心,以华北、华东、华南省份及各直辖市为重点,在现有销售网络的基础上,进一步加大和优化区域销售网络布局,充分利用公司图书总发行和全国连锁经营等资质优势，策划发行品种更为丰富的产品。公司将通过优化销售网络布局来扩大产品的市场占有率，进一步增加省外的销售规模，减少对单一地区市场依赖的风险，同时强化渠道信息流和商流互动平台的作用，加强对销售渠道中的下一级批发商和零售门店的服务和联合。

(5) 品牌推广计划。公司将实施立体式的品牌推广战略，即以"可一"为主品牌，通过"可一画廊"、"可一文学创作大赛"、"可一艺术大赛"等若干领域内的推广活动，塑造品牌知名度。以高质量的产品树立品牌美誉度，以品牌影响客户。在具体的产品方面，目前公司已有"启东黄冈"、"天下阅读"、"拓展阅读"等几大畅销图书品牌。未来公司将开发出更多优秀的内容作品以丰富以上品种系列，进一步扩大可一的知名度与影响力，让"读书是最美的姿态"深入读者内心，打造更多优秀的品牌。

(6) 人力资源计划。人力资源是公司最有价值的资源，这其中包括了作者、策划编辑，文字编辑、美术设计、原画创作、发行人员、管理人员等。为此公司将加大人力资本的投入，不断完善人才的培养、选用、评价和激励机制，健全人力资源开发制度，通过内部培养和外部引进，造就一支高水平的文化创作队伍和高素质的职业经理人队伍。此外，公司将积极探讨建立中高层管理人员和核心专业人员的股权激励机制，并以公司上市为契机，实现公司股份社会化。打造具有良好社会形象和较高员工满意度的公众公司。总之，公司将以打造高素质、高效率团队为核心，注重创新、务实氛围的营造，以制度化的手段和人性化的措施不断提升员工的归属感和忠诚度。

(7) 行业资源整合计划。伴随着新型业务的不断扩展，公司对在专业领域的行业合作有着迫切的需求。一方面，公司在未来将加强与多个大、中型出版社建立紧密的合作关系，确保公司内容策划及出版等业务的稳定开展，并且在政策许可和支持的前提下，以兼并重组等方式争取成为获得出版通道的民营出版公司；另一方面，公司将根据自身的发展需要，收购兼并优秀的数字化教育平台运营企业，以满足公司在数字化转型中的平台建设的需求。

政 策 篇

一、关于印发《江苏省省级现代服务业(文化产业)发展专项引导资金使用管理办法》的通知

苏财规〔2013〕9号

江苏省财政厅
江苏省文化厅
江苏省广播电影电视局
江苏省新闻出版局

各市、县(市)财政局、文化广电新闻出版局:

为推动文化产业繁荣发展,加快文化强省建设,省政府设立了省级现代服务业(文化产业)发展专项引导资金。为进一步提高引导资金使用管理水平,根据党的十八大精神和省委省政府关于实施文化建设工程的部署,我们对《江苏省省级现代服务业(文化产业)发展专项引导资金使用管理办法》(苏财规〔2011〕7号)进行了修订,报经省政府同意,现印发给你们,请遵照执行。

附件:《江苏省省级现代服务业(文化产业)发展专项引导资金使用管理办法》

二〇一三年四月一日

主题词:文化产业　资金　办法　通知

附件:

《江苏省省级现代服务业(文化产业)发展专项引导资金使用管理办法》

第一章　总　则

第一条　为推动文化产业繁荣发展,尽快使文化产业成为江苏的支柱产业,实现文化大省向文化强省的跨越,促进经济发展方式转变和经济社会又好又快发展,省政府设立了省级现代服务业(文化产业)发展专项引导资金(以下简称"引导资金")。为加强引导资金使用管理,提高资金使用效益,制定本办法。

第二条　引导资金每年由省财政预算安排,省财政厅和省文化产业引导资金管理协调小组联合办公室共同管理。

第三条　引导资金使用与管理坚持"突出重点、择优扶持、公开公正、严格监管"的原则。

第二章　工作机构及职责

第四条　成立省文化产业引导资金管理协调小组(以下简称协调小组),协调小组由省政府分管文化工作的副省长任组长,省政府分管副秘书长、省文化厅和省财政厅主要负责同志任副组长,成员由省政府办公厅、文化厅、财政厅、广电局、新闻出版局,以及省委宣传部分

管负责同志组成。主要职责是：

（一）审议引导资金使用管理办法；

（二）审议引导资金年度工作计划；

（三）审议引导资金年度经费预算；

（四）审议引导资金资助项目；

（五）协调解决引导资金运作与管理中的重大问题。

第五条 协调小组下设联合办公室，具体负责引导资金管理的日常工作。联合办公室设在省文化厅，由省文化厅一名负责同志任主任，省政府办公厅、省文化厅、财政厅、广电局、新闻出版局等有关处室人员参加。主要职责是：

（一）研究提出引导资金管理办法、相关实施细则及项目评审论证标准等；

（二）编制引导资金管理工作计划；

（三）研究提出引导资金年度支持重点和项目申报指南；

（四）组织专家开展引导资金项目评审、论证工作；

（五）对项目进行综合平衡，提出引导资金年度资助项目及经费安排建议；

（六）负责引导资金项目实施过程的跟踪管理，包括合同签订、项目监理、验收、统计等，并向协调小组汇报重大项目进展情况；

（七）办理协调小组交办的其他事项。

第三章 引导资金支持对象、范围和方式

第六条 引导资金支持对象体现国家文化发展战略和规划、政府鼓励投资的文化产业项目，即：能够引导社会资本进入文化产业领域，明显提升文化产业自主创新能力和市场竞争力，迅速壮大文化产业规模，具有显著的社会效益和经济效益，市场前景好、带动能力强、影响力大的项目。

第七条 优先支持省里确定及与国家有关部委共同立项的重点工程和项目，对经济、税收以及对地方文化知名度、影响力等有重大贡献的文化项目，以及地方着力推进、财政积极支持的项目。

优先支持原创性强、能形成自主知识产权的项目；重大民营投资项目；有助于文化企业上市的项目。

有条件的市、县(市、区)应对优秀项目进行匹配支持。

第八条 引导资金支持范围：

（一）支持文化与科技融合程度较高的创意设计、新兴媒体、影视动漫、数字出版、网络游戏等新兴文化产业发展；

（二）支持出版发行、印刷复制、广播影视、演艺娱乐、文化旅游、工艺美术、广告会展、版权贸易和服务等文化产业发展；

（三）支持国家级、省级文化产业园区和文化产业示范基地建设，重点发展文化与科技融合的创意产业园区，积极发展地方特色文化产业园区；

（四）支持代表江苏文化水准并可产业化运作、在全国有重大影响、社会效益与经济效益俱佳的文化艺术、电影、电视剧、广播剧、动漫、影视节目(栏目)、出版项目等内容生产和品牌打造。进一步支持舞台艺术精品生产及市场推广(资金管理办法另行制定)；

（五）支持骨干文化企业“走出去”及具有自主知识产权的文化产品和服务出口；

（六）支持发展演出院线、电影院线、文化连锁经营、物流配送、电子商务等现代流通方式和各类文化中介机构；

（七）支持富有地方传统特色的文化资源产业化开发利用；

（八）支持各类文化产业人才的培养；

（九）协调小组确定的其他重大文化产业项目。

第九条　引导资金采取贷款贴息、项目补贴等方式对符合条件的项目进行支持。

（一）贷款贴息。主要用于能够形成较大产业规模，经济效益显著的文化产业项目因银行贷款而发生的利息贴补。对申请银行贷款贴息的项目，根据项目水平、贷款规模、贷款利率确定相应的贷款贴息额度。

（二）项目补贴。分为事中补贴和事后奖励。事中补贴主要用于项目实施过程中的专项仪器设备购置等前期投入；事后奖励主要用于对项目完成后的以奖代补。对申请引导资金补贴的项目，根据其重要性和影响力确定补贴额度。

（三）开展有偿资助试点。结合项目建设规模、发展前景、预期收益、企业资产负债情况等，对少部分项目实行有偿资助。有偿资助分年归还，不计利息，可以单独使用，也可以与其他扶持方式相结合。

引导资金支持额度原则上不超过项目总投资预算的30％。优先支持贷款贴息项目。

积极探索股权投资、风险投资等其他资助方式，扶持有发展潜力的重点文化项目以及处于初创期、成长期的创新型文化企业和高成长性文化企业，引导社会资金进入文化领域，通过市场机制发展文化产业。同时，加强与江苏紫金文化产业发展基金等专项资金的联动，加大对文化企业的金融支持力度，建立多元化的文化产业发展投融资服务体系。

第四章　项目申报条件和评审原则

第十条　申报引导资金的项目必须具备以下条件：

（一）申请项目的承担主体必须是在江苏省行政区域内依法登记注册设立的文化企业单位和企业化管理的文化事业单位，具有独立法人地位、完善的经营管理机制和健全的财务管理制度，会计核算规范，股权结构清晰合理，技术创新能力特别是原创能力较强；管理团队稳定且素质较高，具备与完成项目相适应的经营管理能力；企业资产及经营状况良好，资金筹措能力强，资信等级较高，注册资本50万元以上，项目投资额300万元以上，资产负债率低于60％。

（二）申报项目必须符合国家产业发展政策及我省国民经济和社会发展规划、文化发展规划。

（三）申报项目所需资金主要由单位通过银行贷款、吸引社会资本以及自筹的方式解决。

（四）申报项目已经按规定程序通过审批。

第十一条　有下列情形的项目，引导资金不予资助：

（一）知识产权有争议的；

（二）申请单位因违法行为被行政处罚未满2年的；

（三）申请单位违反有关规定，正在接受有关部门调查的；

(四)应由或已获得政府其他专项资金支持的;

(五)违反《江苏省省级财政专项资金管理办法》(省政府63号令)第三十八条规定,被禁止申报该专项资金项目的;

(六)项目实地考察时未能按要求提供财务和税收资料的;

(七)以前年度引导资金扶持项目经绩效评价不合格未按要求整改的。

第十二条 引导资金项目按地区实行限额申报制度。根据各市、县(市)及省直单位文化产业发展综合指标及近年来引导资金扶持情况等因素,确定各市、县(市)、省直单位项目申报个数,其中县(市)级项目申报数须占一定比例。

第十三条 引导资金项目申报程序:

(一)申请引导资金的项目单位根据项目类别向所在地市、县(市)文化广电新闻出版部门提出申请。南京地区的省直单位可直接向省文化厅、广电局、新闻出版局申请。申报单位应提交以下材料:

1.项目单位的申请报告,包括企业法人营业执照、项目概况、项目实施进度安排说明、项目预算(决算)支出明细情况表;

2.项目批文和规范的项目可行性报告;

3.项目单位近两年经会计师事务所审计的会计报表,包括资产负债表、损益表、现金流量表、银行贷款证明以及报表附注说明等(复印件);

4.申请贷款贴息的,需提供相关银行贷款合同、已支付贷款利息凭证、利用贷款实施项目情况说明等;

5.其他相关材料。

(二)各市、县(市)文化广电新闻出版行政主管部门负责对本地区申报项目进行汇总,并会同同级财政部门对申请单位的申请资格、申请材料的真实性和完整性等进行审查。对符合申请条件和要求的项目,出具推荐意见,对口上报省级相关部门。省文化厅、广电局、新闻出版局对申报项目进行形式审查并提出初步意见后,报协调小组联合办公室。形式审查的重点包括:项目单位的申报资质、项目建设内容是否符合扶持方向、项目发展前景、企业资产负债情况、项目预期效益、项目与文化产业的关联度等。

(三)加强重大项目带动和资源统筹整合。实施重大项目带动战略,重点支持具有重大示范效应和产业拉动作用的文化产业项目。协调小组联合办公室和省文化、广电、新闻出版行政主管部门要加强对文化产业发展的战略研究和前瞻部署,重点关注并组织实施一批重大项目,提高项目显示度和影响力;加大对苏中、苏北地区项目组织申报工作的指导和资金扶持力度。

(四)协调小组联合办公室组织业内专家组按规范的评审办法对申报项目进行专业和综合评审,并组织专家对项目进行实地考察。协调小组联合办公室根据专家评审和实地考察的意见,分别征求各主管部门意见后,提出项目安排建议,报协调小组审定。经审定的项目,采取适当形式予以公示。经公示无异议的项目,由协调小组联合办公室与有关责任方签订引导资金项目合同,并会同省财政厅下达项目经费。

第十四条 建立评审专家库。入库专家主要由国家相关管理部门、高等院校、研究机构、文化投资机构等文化产业知名专家组成。协调小组联合办公室每年在专家库中随机抽取部分专家组成评审专家组，对当年度申报项目进行评审。

第五章　资金使用和监督管理

第十五条　省财政厅根据年初预算安排情况、协调小组对年度项目的安排意见等会同协调小组联合办公室下达项目经费。协调小组联合办公室负责项目过程管理、指导服务和监督检查。

各级财政部门应及时将项目资金拨付到项目实施单位。

项目承担单位必须严格执行国家有关财经政策和财务制度，科学、合理使用引导资金，加强引导资金的管理，单独明细核算，并按照规定妥善保存有关原始票据及凭证以备检查。对协调小组联合办公室及主管部门组织的专项检查，应主动配合并做好有关工作。

第十六条　建立项目定期报告制度。各项目单位应在每年年底前向所在省辖市财政、文化广电新闻出版部门报告引导资金使用情况、项目进展情况，各省辖市将具体使用情况汇总上报相关省级部门，协调小组联合办公室会同有关部门汇总全省年度引导资金使用情况报协调小组，并采取一定形式向社会公布。

第十七条　建立项目过程监管制度。协调小组联合办公室组织专家或中介机构，定期不定期地对项目进行现场检查，了解引导资金项目执行情况、资金使用情况和财务管理情况、项目实施效果，确保引导资金专款专用、发挥最佳效益。

对进展过于缓慢的项目，协调小组联合办公室应会同相关部门进行连续跟踪检查。对引导资金下达后6个月内仍未实施的项目，省财政将收回引导资金。

第十八条　建立重点文化产业项目库，对获得扶持资金的项目实施跟踪管理。

第十九条　引导资金项目在执行过程中因特殊原因需要变更时，需报经协调小组同意。对因故撤销的项目，项目单位必须做出经费决算上报协调小组核批，剩余资金如数退回省财政。

第二十条　对违反财经纪律，弄虚作假、挪用或挤占引导资金的，追回已经下拨的引导资金，在5年内不得申报引导资金扶持项目，并依照《财政违法行为处罚处分条例》等相关规定予以处理处罚；构成犯罪的，移交司法机关处理。

第六章　绩效管理

第二十一条　建立引导资金使用绩效考评和奖惩机制。省财政厅会同协调小组联合办公室组织专家或委托中介机构对引导资金进行绩效考评。

绩效考评是指对引导资金资助项目实施过程和完成结果的考评。主要考评项目立项目标完成程度、立项目标的合理性、项目验收的有效性、项目组织管理水平、项目实施产生的经济和社会效益、项目的可持续影响、项目资金落实情况、项目资金实际支出情况、单位财务管理状况、单位财务信息质量等方面的内容。

绩效考评的结果作为以后年度引导资金安排的依据。

建立项目验收总结制度。每年年终，协调小组联合办公室会同省财政厅将本年度引导资金的安排、使用、管理情况书面报告协调小组，并适时对以往年度项目进行跟踪考核和绩效分析，确保引导资金使用取得实效。

第七章　附　　则

第二十二条　协调小组联合办公室依据本办法制定项目评审、有偿资助、绩效评价等实施细则，报协调小组审定后实施。

第二十三条　本办法自2013年5月8日起施行，《江苏省省级现代服务业(文化产业)发展专项引导资金使用管理办法》(苏财规〔2011〕7号)同期废止。

二、省政府办公厅关于进一步加强文化产业园区（基地）建设的意见

苏政办发〔2013〕76 号

各市、县（市、区）人民政府，省各委办厅局，省各直属单位：

加强文化产业园区（基地）建设，是省委、省政府实施文化建设工程的重要内容，是提高文化产业规模化、集约化、专业化水平的重要抓手。近年来，我省文化产业园区（基地）建设取得显著成效，但还存在规模不大、功能不全、层次不高等问题，与加快文化产业发展的要求不相适应。为深入贯彻落实党的十八大精神，进一步加强文化产业园区（基地）建设，充分发挥园区（基地）在促进经济转型升级、推动文化产业跨越发展等方面的重要作用，提出如下意见。

一、总体要求

坚持以邓小平理论、“三个代表”重要思想、科学发展观为指导，紧扣科学发展主题和加快转变发展方式主线，遵循合理布局、突出特色、内容优先、创新引领的原则，以促进产业升级、延伸产业链条、扩大产业规模、增强产业实力为目的，以优势产业、龙头企业、重大项目、知名品牌为依托，以文化资源优势和技术经济优势为支撑，以体制创新和科技进步为动力，在全省建设一批特色鲜明、功能完备、富有活力、效益明显的文化产业园区（基地），形成以国家级文化产业园区（基地）为龙头、省市级文化产业园区（基地）为骨干、各地特色文化产业群为支点，共同推动文化产业快速发展新格局，为深入实施文化建设工程、加快推进“两个率先”作出贡献。到“十二五”期末，培育 1—2 个国家级文化产业示范园区，5 个国家级文化产业示范基地，做大做强国家级动画和影视园区（基地）、数字出版基地，新评选命名一批省级文化产业园区（基地）特别是重点科技文化产业园区，培育 1—2 个千亿级产业群。

二、重点任务

（一）优化文化产业园区（基地）布局和结构

积极发挥政府引导作用，加强对文化产业园区（基地）建设的统筹规划，围绕创意设计、新兴媒体、动漫游戏、出版发行、广播影视、广电网络、演艺娱乐、文化旅游、工艺美术、广告会展等重点文化产业门类，规划建设一批主业优势明显、综合效益突出、辐射带动作用大的园区（基地），提高产业集中度和集约化经营水平。在文化艺术领域，抓住大运河申遗契机，整合开发大运河沿岸楚汉文化、淮扬文化、吴文化、金陵文化等历史文化资源，加快建设徐州创意文化产业园、淮安古淮河文化生态产业园、宿迁运河文化城等文化创意产业园区；整合开发无锡吴文化主题公园、常州环球动漫嬉戏谷、扬州智谷文化产业园等特色文化园区；整合

开发苏州镇湖苏绣产业群、泰兴溪桥镇乐器生产基地、苏州周庄油画创作复制生产基地等全国特色文化产业基地和专业市场。在广播影视领域，加快影视动画企业向沿沪宁线集聚，大力提升苏州、无锡、常州、南京等国家动画产业基地及昆山、张家港等国家影视网络动漫实验园的建设和发展水平，继续保持江苏原创动漫游戏产量位居全国前列；加快影视内容生产企业向无锡国家数字电影产业园、江苏(国家)未来影视文化创意产业园、甘泉影视服务外包基地等影视基地集聚，着力提升江苏影视制作竞争力。在新闻出版(版权)领域，以南京为中心，以苏州、无锡和镇江、扬州为两翼，加快推进江苏国家数字出版基地建设，到"十二五"期末，总产出超过1000亿元；推广版权保护促进产业发展的南通模式，推动家纺美术、紫砂陶艺、东海水晶等版权产业基地建设，并在南京、苏锡常等地建成若干各具特色、技术先进的印刷复制基地。

省级文化企业集团可根据各自产业定位，利用自身优势，以自主建设或合作共建园区(基地)的形式加快发展。

各地要坚持因地制宜，综合考虑经济基础、市场空间、消费水平、文化生态、资源禀赋、生态环境等条件，科学确定文化产业园区(基地)的总体布局、功能定位和发展路径，高标准编制文化产业园区(基地)总体规划、中短期发展规划和主体建设规划，突出区域、产业和行业特色，发挥比较优势，实现错位发展。

(二) 加强文化产业园区(基地)内涵建设

坚持重大项目带动，组织实施一批具有显著示范效应和产业拉动作用的文化产业项目，筛选储备一批规模大、前景好、带动性强的后续项目，打造一批国内领先、国际知名的著名企业、著名品牌和著名产品。鼓励支持文化产业园区(基地)面向市场，坚持社会效益和经济效益相统一，推出更多高质量文化产品和服务，更好满足人民群众多样化、多层次、多方面的精神文化需求。充分发挥政策引导作用，优先支持文化原创能力强、文化内涵丰富、文化特色突出的文化产业园区(基地)加快发展。

各地要合理开发地域特色文化资源，建设一批文化产业与旅游、体育、信息、物流、建筑等产业融合发展、形态多样、具有市场吸引力的特色文化园区(基地)，把文化资源优势转化为产业优势和竞争优势。

(三) 提高文化产业园区(基地)创新研发能力

深入实施科技带动战略，支持高新区、科技产业园、科技创业园等各类科技园区建立文化创意产业集聚区，创建国家级文化和科技融合示范基地及省级文化科技产业园，推动文化产业园区(基地)加快新技术的运用和高科技文化产品的开发。到"十二五"期末，科技型文化产业园区(基地)占新评定的国家级、省级文化产业园区(基地)的比例高于50%。

加快建设文化产业园区(基地)公共服务平台，重点构建创意设计、动漫游戏、数字电影、数字出版、新媒体应用、内容开发、传输覆盖等公共技术平台，以及投资融资、信息咨询、产品营销、行业交流、人才培训等公共服务平台，为企业发展提供全方位服务。

加强文化产业园区(基地)科技企业孵化器建设，搭建产学研结合平台，推进协同创新和合作研发，帮助文化企业提高研发水平，降低研发成本，推动创意成果和科研成果尽快转化为生产力，促进中小文化企业特别是初创型企业孵化和成长。

(四) 引导文化产业园区(基地)打造完整产业链

各地要通过建设文化产业园区(基地)，积极引进产业链关键环节的核心企业，带动和吸引处于产业链上下游的中小文化企业聚集发展，促进生产要素和文化资源整合，实现规模化生产和专业化分工。每个园区（基地）要明确主导产业、主体功能，不断延伸产业链。

鼓励文化产业园区（基地）重视产业价值链高端的文化内容、创意成果和知识产权，促进传统文化产业升级转型，大力发展数字文化、数字电影、数字电视、数字动漫、数字出版等新兴文化产业，提升物质产品与现代服务业的文化含量和附加值，加快构建现代产业体系。

办好中国（常州）国际动漫艺术周、南京文化产业交易会、苏州文化创意设计产业交易博览会等重要会展，支持园区（基地）、企业的品牌推介活动，继续扶持并帮助中小企业抱团参加国内外知名会展和重大艺术节，促进产品展示、交流、合作和交易。

（五）建立完善文化产业园区（基地）进入退出机制

严格控制新命名的文化产业园区（基地）数量，坚决防止盲目投资、重复建设，防止在文化产业发展过程中不切实际地将一些不符合条件的单位命名为文化产业园区（基地），或以文化产业园区（基地）名义开展与文化产业无关的建设、经营活动。

申报省级文化产业园区（基地）时，须严格通过申请推荐、评审考察、公示发布等程序，突出文化内涵，加强准入管理。园区内非文化类商业及其他配套面积不得超过园区总建设面积的 30%，园区内文化企业数量应占园区企业总数的 60%以上。

鼓励各类资金投资建设文化产业园区（基地），同时，要根据《国务院关于投资体制改革的决定》（国发〔2004〕20 号），按照核准权限和投资规模履行政府核准手续，评估投资风险。

对已命名的园区（基地）实行定期巡检和年度报告制度。各级文化、广电、新闻出版行政部门定期组织对文化产业园区（基地）的巡检，对巡检中发现的问题限期整改；对问题突出、不能发挥示范作用的，及时撤销其命名。文化产业园区（基地）应及时向命名单位报告年度发展情况。各级文化、广电、新闻出版行政部门要建立文化产业园区（基地）综合评价体系，从文化内涵、经济实力、产业结构、人才状况、创新能力、集约程度、行业影响、社会贡献和管理效能等方面评估文化产业园区（基地）建设发展情况，对作出突出贡献的，予以表彰奖励，并优先推荐申报上一级园区（基地）。

三、保障措施

（一）加强统筹协调

省文化、广电、新闻出版以及发展改革、科技、财政、国土资源、住房城乡建设、商务等部门在省文化改革发展领导小组的统筹指导下，进一步明确职责，加强沟通，整合资源，协同推进文化产业园区（基地）建设，并加强对地方的督促指导。省文化、广电、新闻出版部门要加强对省级文化产业园区（基地）的申报、命名、管理和考核，以及国家级文化产业园区（基地）的推荐申报和指导监管。各地要建立相应的协同推进工作机制，各级文化、广电、新闻出版行政部门及其他相关部门按照各自职能分工，从规划、内容、投资、建设、运营等环节加强对本地区文化产业园区（基地）建设的指导和引导，充分发挥文化产业园区（基地）的集聚作用、孵化作用和示范引领作用。

（二）完善政策扶持

各级人民政府要通过贷款贴息、项目补贴、补充资本金等方式，对国内外影响大、文化含量高、规模效益好、管理规范、示范引导辐射作用强的文化产业园区（基地）不断增加投入。

充分利用文化产业专项资金和文化产业发展基金，对文化产业重点园区、重点企业、重点项目进行重点扶持，发挥政府资金的导向作用。

对符合规划的文化产业园区和基地，在基础设施建设、土地使用、税收优惠、工商登记等方面按规定给予支持。坚持依法用地、节约用地，将文化产业项目用地列入年度用地计划统筹予以安排；将文化产业基础设施用地和标志性文化工程用地纳入重点项目用地服务范围，优先予以保障；各地的存量建设用地和收购储备的土地，可优先安排给文化产业建设项目使用；支持利用工业厂房、仓储用房、传统商业街和历史文化保护街区等存量房地资源转型兴办文化产业园区(基地)。探索将实体产业园区与无界域国际化的虚拟数字化网络相结合，尽量少占用土地资源。

对创建文化和科技融合示范基地及文化科技产业园、文化产业园区(基地)公共技术和服务平台建设等重大文化科技创新项目，在各级科技、产业、文化等有关财政专项资金中给予优先支持。国家级、省级文化产业园区(基地)评选，应向文化科技创新园区(基地)倾斜。鼓励和指导文化产业园区(基地)入驻企业按规定积极申报各类科技计划、科技成果和科技奖励。

鼓励金融机构创新和开发多元化、多层次的信贷产品，制定著作权、专利权、商标权等无形资产评估和质押办法，建立针对文化产业园区(基地)内文化企业的信用评级制度，加大对入园企业的信贷支持。完善贷款(投资)风险补偿机制，鼓励有条件的地方人民政府设立贷款(投资)风险补偿基金，引导、带动金融资本和其他社会资本投资文化产业园区(基地)。支持文化产业园区(基地)内符合条件的文化企业上市融资。对民营文化企业在申报文化产业园区(基地)、申请项目资金、享受优惠政策、参与评比表彰等方面，与国有文化企业一视同仁。

支持文化产业园区(基地)招商引资工作，鼓励园区(基地)自行制定入驻奖励、房租补贴、金融服务等优惠政策，吸引行业内龙头企业和配套企业入驻及文化产业项目落地；鼓励园区(基地)对优秀文化项目进行投资，或与入驻园区(基地)的优秀企业合作开发。

鼓励文化园区与高校、科研机构建立政产学研结合的文化产业高端人才培养基地，加强相关学科建设和专业理论研究，“十二五”期间，建立5个左右校企合作文化类博士后工作站。发挥文化产业创业基地等“文化人才孵化器”作用，鼓励文化园区和文化企业培养所需要的专门人才。加强对园区(基地)负责人的培训，培养具有国际眼光的文化产业领军人物。支持文化园区、文化企业面向海内外引进高层次领军人才和创新团队，对带技术、带项目、带资金来江苏创办科技型文化企业的，省文化产业引导资金给予优先支持，并享受其他各项优惠政策。

(三) 加大指导力度

各级文化、广电、新闻出版行政部门要加强调查研究，全面掌握本地区文化产业园区(基地)发展情况，密切关注国内外文化产业发展趋势，发挥行业协会、专业服务机构、高等院校、研究机构的决策咨询作用，指导文化产业园区(基地)加快发展。抓紧建立文化产业园区(基地)管理运行系统，以信息化、网络化手段处理园区(基地)申报命名、巡检考核、数据统计等日常工作，提高决策水平和工作效率。完善园区(基地)版权、专利等知识产权服务体系，不断创新技术服务形式，增强示范辐射能力。组织专家指导园区(基地)建设，开展园区基地经验交流和观摩活动，推动建立园区基地联盟，按照自主管理、自主服务和自我发展的理念，实现多方合作共赢。充分利用各类媒体，采取多种形式，加大对重点园区(基地)的宣传力度，及时总结和推广其成功经验，引导全省文化产业园区(基地)提升建设、经营和管理水平。

数据篇

江苏省分市分行业地区生产总值(2013 年)

(本表按当年价格计算,单位:亿元)

行业	南京	无锡	徐州	常州	苏州	南通	连云港	淮安	盐城	扬州	镇江	泰州	宿迁
地区生产总值	8011.78	8070.18	4435.82	4360.93	13015.70	5038.89	1785.42	2155.86	3475.50	3252.01	2927.28	3006.91	1706.28
第一产业	204.64	148.54	432.38	138.12	214.49	345.41	259.17	272.58	489.18	224.45	129.00	205.90	235.00
农、林、牧、渔业	204.64	148.54	432.38	138.12	214.49	345.41	259.17	272.58	489.18	224.45	129.00	205.90	235.00
第二产业	3450.58	4207.42	2118.32	2250.80	6849.59	2623.50	807.42	983.15	1635.98	1693.70	1549.40	1574.06	815.61
第三产业	4356.56	3714.22	1885.12	1972.01	5951.62	2069.98	718.83	900.13	1350.34	1333.86	1248.88	1226.95	655.67
交通运输、仓储和邮政业	367.08	185.88	345.59	177.24	409.94	199.30	99.49	79.72	137.43	123.85	131.90	161.39	80.05
信息传输、计算机服务和软件业	373.79	107.59	66.77	58.62	270.32	60.82	26.84	24.98	44.50	51.57	40.59	38.34	30.26
批发和零售业	828.74	1259.73	637.10	552.99	1813.09	509.89	153.18	164.48	331.67	241.02	279.36	216.26	132.32
住宿和餐饮业	144.60	244.79	68.95	120.22	347.41	102.24	24.22	55.01	51.58	52.89	66.70	75.86	27.11
金融业	846.20	451.43	154.67	249.66	960.65	263.55	67.99	65.10	126.44	158.15	132.90	133.39	72.85
房地产业	579.01	381.72	172.83	239.99	785.66	317.78	116.72	146.00	200.42	225.75	159.17	189.64	128.30
租赁和商务服务业	200.66	331.42	70.22	210.83	447.47	216.71	35.02	85.38	44.35	129.00	69.03	75.65	28.67
科学研究、技术服务和地质勘查业	177.78	76.44	23.50	24.99	112.85	36.94	9.82	15.92	19.14	41.00	37.00	16.11	4.24
水利、环境和公共设施管理业	51.25	41.16	12.07	38.90	63.57	24.95	8.59	13.33	18.55	22.00	15.55	14.79	6.12
居民服务和其他服务业	109.83	88.89	53.53	52.61	75.40	3.87	6.52	24.42	77.06	29.00	43.67	53.26	13.80
教育	278.77	143.87	74.17	79.89	188.06	157.97	59.81	74.53	90.92	82.44	75.46	64.42	40.90
卫生、社会保障和社会福利业	109.04	81.06	68.18	43.60	119.39	15.50	24.02	38.57	62.77	45.00	44.25	34.58	22.74
文化、体育和娱乐业	74.73	56.68	15.50	30.90	76.10	8.05	4.36	11.95	10.99	14.09	35.30	19.15	6.31
公共管理和社会组织	215.08	263.56	122.03	91.58	281.71	152.40	82.25	100.74	134.52	118.11	118.00	134.11	61.99

我国文化及相关产业法人单位分布(2013年) (单位:个)

地区	法人单位数		文化制造业		文化批零业		文化服务业	
		#三上单位		#规模以上		#限额以上		#规模以上
全国	**918482**	**41351**	**162478**	**18076**	**139885**	**7617**	**616119**	**15658**
北京	97752	3981	2418	185	16200	477	79134	3319
天津	19912	881	3134	324	4164	198	12614	359
河北	28826	954	5286	562	5238	175	18302	217
山西	14227	325	1075	60	1843	145	11309	120
内蒙古	9396	171	572	40	1391	53	7433	78
辽宁	26565	1042	3226	327	3677	229	19662	486
吉林	7920	228	916	80	861	69	6143	79
黑龙江	9673	197	1029	80	952	78	7692	39
上海	38551	2066	4232	468	7823	344	26496	1254
江苏	94856	5893	22880	2506	15712	1029	56264	2358
浙江	85683	3690	30320	1992	13292	680	42071	1018
安徽	35100	1273	4846	738	4512	243	25742	292
福建	34194	1897	8283	1152	4979	279	20932	466
江西	15969	699	4116	499	1050	39	10803	161
山东	59169	3227	12924	1837	13188	529	33057	861
河南	35082	1638	5249	844	4735	424	25098	370
湖北	33683	1407	2856	443	5473	386	25354	578
湖南	35978	2226	6180	1349	3422	401	26376	476
广东	104311	6406	29538	3518	15903	969	58870	1919
广西	17464	552	1787	268	2224	125	13453	159
海南	3566	104	227	6	463	22	2876	76
重庆	21110	481	2014	163	2999	121	16097	197
四川	26339	757	2633	350	1713	139	21993	268
贵州	9941	202	1910	49	1121	67	6910	86
云南	14200	344	986	81	1830	112	11384	151
西藏	846	12	104	5	130	4	612	3
陕西	17118	368	1571	78	2214	136	13333	154
甘肃	8859	155	1033	25	1236	86	6590	44
青海	2162	31	241	16	263	7	1658	8
宁夏	2756	54	241	11	416	22	2099	21
新疆	7274	90	651	20	861	29	5762	41

注:“三上”文化产业法人单位,即规模以上文化制造业单位、限额以上文化批零业单位和规模以上文化服务业单位。

分地区文化及相关产业近五年固定资产投资情况(2009—2013年)　(单位:万元)

地 区	2009年	2010年	2011年	2012年	2013年
全 国	75416950	90885175	104455303	156426250	190460073
北 京	1310447	1763215	1811466	2958510	2919865
天 津	961984	2003998	2231773	4087848	3583568
河 北	3857174	5238031	5576719	9624071	13324296
山 西	1281867	1701377	1834253	2722256	3715333
内蒙古	1484789	1960465	2689276	3061915	2947674
辽 宁	3226859	3755347	4715288	7366250	8618131
吉 林	1538414	2369582	1800830	3041038	3068861
黑龙江	953215	1416331	1795016	3638691	4235141
上 海	1881511	1143150	806375	1915334	2255632
江 苏	6058482	7636733	8716819	14383597	18226189
浙 江	4968869	5192974	5531592	6965973	8515517
安 徽	2906888	3511837	3918544	6674015	8198415
福 建	2330089	2825877	4078631	6108062	7577615
江 西	3091304	4296084	5150786	8097499	9566445
山 东	11509288	12889573	14113621	20163093	22219885
河 南	5242120	6791654	6805527	8466733	10396060
湖 北	3032072	3527568	3968475	6222233	8740314
湖 南	2954063	3347813	4815219	8643378	10458199
广 东	5189135	5500725	7068278	8767815	10044910
广 西	1694818	2125396	2844772	4078112	5398113
海 南	875456	923593	683962	842654	1114087
重 庆	1214712	1940720	2346382	3675129	4131973
四 川	3245313	4048637	3782082	5194133	6708817
贵 州	347571	460871	642014	715251	1063878
云 南	985359	1247579	1996848	2113237	2711661
西 藏	98769	118720	165556	320715	639234
陕 西	2068751	1948269	2816240	3715436	5591742
甘 肃	348308	439954	780165	1266001	2358266
青 海	158547	161868	176607	428814	628911
宁 夏	184700	138612	169311	225405	335158
新 疆	416076	458622	622876	943052	1166183

分地区规模以上文化服务业企业基本情况(2013 年) (单位:万元)

地区	企业单位数(个)	#亏损企业	年末从业人员(人)	#女性	资产总计	营业收入	营业成本	营业税金及附加	利润总额
全国	**15658**	**4021**	**2053781**	**817962**	**255366267**	**134817457**	**86568895**	**2386916**	**20534383**
北京	3319	998	320451	147358	40380110	29281315	19529562	410838	3166735
天津	359	88	48587	15249	12299375	4225976	3031416	54919	702865
河北	217	82	30865	12664	2164754	900600	568269	22279	53731
山西	120	52	15394	6457	1483784	271341	174518	8678	−3794
内蒙古	78	26	14048	5873	1494959	547620	398842	8662	49482
辽宁	486	156	91362	39528	5471442	2945742	2014404	59089	238718
吉林	79	25	15107	5204	1288031	423229	292615	10562	73593
黑龙江	39	16	8520	3065	640013	277983	170497	9411	22026
上海	1254	377	210413	84412	36488132	23087127	16038868	268252	3039226
江苏	2358	408	285784	107112	31366322	13548811	8870413	241660	1931997
浙江	1018	292	126232	49472	22919223	12307547	5635958	150246	4183132
安徽	292	58	40954	15180	5570609	2017150	1303807	33618	292075
福建	466	121	49973	20631	4846304	2174823	1283651	50893	337959
江西	161	36	24248	9782	1762406	926344	466974	30686	144064
山东	861	155	87556	36023	7901731	2954749	1681894	104333	534902
河南	370	43	73654	27742	6085037	2569850	1580900	56355	406529
湖北	578	78	81433	30245	9464628	4533926	3031899	130770	506869
湖南	476	118	56550	21234	8061936	2752520	1572378	74349	491528
广东	1919	502	270523	98593	29503729	20015917	12942087	354280	3285841
广西	159	55	25827	10084	1795031	818310	478964	25888	135065
海南	76	33	12808	5266	1559312	630419	314910	23285	107937
重庆	197	72	41766	15755	6002109	2092408	1562666	53049	143536
四川	268	70	34334	13488	4192353	1387247	908244	48559	196013
贵州	86	21	13085	5457	1306724	406966	286548	15966	44512
云南	151	46	26205	11190	3281166	916302	604168	25157	102307
西藏	3		280	179	7081	3963	951	139	1482
陕西	154	58	28590	12067	6832644	2196832	1451828	99035	263536
甘肃	44	15	6208	2929	488227	212847	142250	4384	30492
青海	8	3	1681	864	95905	40029	26962	1187	2546
宁夏	21	6	3205	1329	285105	113569	42414	3156	29523
新疆	41	11	8138	3530	328085	235999	160042	7232	19957

分地区规模以上文化制造业企业基本情况(2013 年)　　(单位:万元)

地 区	企业单位数(个)	#亏损企业	年末从业人员(人)	#女性	资产总计	营业收入	营业成本	营业税金及附加	利润总额
全 国	**18076**	**2048**	**4982795**	**2488414**	**247962237**	**370933096**	**320069989**	**2174900**	**22491756**
北 京	185	50	44468	17000	3931217	3156618	2528392	16199	206014
天 津	324	55	88368	43047	5870985	10998757	9600275	31842	546461
河 北	562	49	99955	36436	4940193	8228282	6961432	39182	726616
山 西	60	17	16063	6732	622641	481969	405487	3280	30046
内蒙古	40	4	7250	2891	863092	1417952	1163789	4544	190840
辽 宁	327	39	74856	35308	4627135	7442147	6495870	41531	481330
吉 林	80	6	12272	4777	807631	1024883	815624	28433	88641
黑龙江	80	12	12264	5927	401229	770063	682160	2415	38774
上 海	468	126	110070	53093	8000684	12560300	10992513	26071	591285
江 苏	2506	330	665102	339998	41490826	60777791	52863470	212387	4279954
浙 江	1992	294	339217	166773	24597928	22445361	19086194	100194	1180044
安 徽	738	61	136272	69427	7045628	10056889	8547816	56096	735990
福 建	1152	68	307260	143256	9487400	17832951	15266631	101732	1268828
江 西	499	26	135004	72347	4819328	10539236	8798839	150365	929534
山 东	1837	116	409690	209125	29516172	47741819	41186410	294544	2986550
河 南	844	31	270437	129544	12013306	17615400	14848251	98929	1644427
湖 北	443	42	87750	37664	4756146	7502325	6480899	51511	410934
湖 南	1349	24	328661	144617	8210744	21445341	17437227	433334	1498033
广 东	3518	582	1501613	800745	51685536	84229249	75475453	269700	3104855
广 西	268	28	100582	63178	2794887	4663653	3964706	40342	325398
海 南	6	2	5449	1415	3359946	796179	638699	4765	66556
重 庆	163	13	43818	21664	2884998	3130663	2563545	38324	285481
四 川	350	23	121191	57454	11136783	12106010	10141514	95402	511003
贵 州	49	2	6052	2729	369030	608742	477478	5143	64634
云 南	81	15	19375	8393	1161221	1242218	863659	7473	199287
西 藏	5	1	750	402	46425	26209	21934	750	1883
陕 西	78	13	18383	7441	1003828	1214828	939626	15458	121167
甘 肃	25	6	6127	2493	172878	138793	107127	1943	7166
青 海	16	7	6927	1613	890889	479139	477179	1768	−39451
宁 夏	11	1	4777	2150	293077	106184	102576	239	−6090
新 疆	20	5	2792	775	160455	153146	135216	1007	15569

分地区限额以上文化批发和零售业企业基本情况(2013年) (单位:万元)

地 区	企业单位数(个)	#亏损企业	年末从业人员(人)	#女性	资产总计	营业收入	营业成本	营业税金及附加	利润总额
全 国	**7617**	**1400**	**501205**	**280306**	**72356301**	**134256334**	**120013122**	**532597**	**4202796**
北 京	477	123	50904	28286	12998788	19114252	16861756	56692	529075
天 津	198	48	8911	3981	1754912	1790121	1613552	6684	61683
河 北	175	33	11380	6673	922885	1061966	926192	4121	23881
山 西	145	15	7610	3994	866470	1147215	1036768	6528	14275
内蒙古	53	18	2503	1405	199642	214698	179106	2496	—1028
辽 宁	229	63	9291	5115	877291	1400414	1228630	14273	35721
吉 林	69	11	3247	1729	204667	252893	203446	3869	9356
黑龙江	78	15	3708	2186	162875	393053	336330	1305	17055
上 海	344	102	29594	16110	11134222	29612023	27288829	75514	843411
江 苏	1029	150	55313	32015	5466776	9591658	8369102	58050	457692
浙 江	680	190	42485	25732	5747697	10316729	9465947	33299	133321
安 徽	243	27	13127	7163	1647486	4106079	3730424	8405	123449
福 建	279	40	10837	5794	1429106	2600025	2257337	16439	98612
江 西	39	7	8984	4489	911164	1411774	1157540	11203	136130
山 东	529	52	39729	21641	5429529	9878753	8906004	43818	435107
河 南	424	28	28419	16113	1702320	2689839	2299112	22604	150499
湖 北	386	34	19347	11071	1451375	2622530	2191486	24110	152193
湖 南	401	40	18626	10317	1544392	2835458	2314727	28688	128554
广 东	969	235	70318	37376	10420922	19626758	17915868	49096	422503
广 西	125	26	6037	3168	531316	579893	490932	2332	20608
海 南	22	9	1538	923	160094	112052	96281	559	—2749
重 庆	121	19	16156	11044	2113186	7204656	6388766	16038	205720
四 川	139	28	16720	9820	1501959	1878020	1537777	20348	70393
贵 州	67	10	2493	1230	405816	305608	261070	2289	14678
云 南	112	29	9458	5347	1285298	1219072	928110	10614	70535
西 藏	4	1	135	83	11846	13324	11072	36	709
陕 西	136	14	5917	2862	586572	809618	700656	9058	18245
甘 肃	86	19	3818	2128	299990	401664	344490	2082	8285
青 海	7	1	557	334	136847	688134	674875	231	2514
宁 夏	22	8	650	394	46904	42837	34391	124	780
新 疆	29	5	3393	1783	403953	335218	262548	1691	21591